中传学者文库编委会

主　任： 廖祥忠　张树庭

副主任： 蔺海波　李　众　刘守训　李新军　王　晖
　　　　　杨　懿　柴剑平

成　员（按姓氏笔画排序）：

　　　　王廷信　王栋晗　王晓红　王　雷　文春英
　　　　龙小农　付　龙　叶　龙　刘东建　刘剑波
　　　　任孟山　李怀亮　李　舒　张绍华　张　晶
　　　　张根兴　张毓强　林卫国　郑　月　金　炜
　　　　金雪涛　周建新　庞　亮　赵新利　徐红梅
　　　　贾秀清　高晓虹　隋　岩　喻　梅　熊澄宇

中传学者文库

主编/柴剑平
执行主编/龙小农
副主编/张毓强　周建新

传播的话语与主义

李继东自选集

李继东　著

中国传媒大学出版社
·北京·

图书在版编目（CIP）数据

传播的话语与主义：李继东自选集 / 李继东著 . -- 北京：中国传媒大学出版社，2024.8.

（中传学者文库 / 柴剑平主编）．

ISBN 978-7-5657-3690-2

Ⅰ . G206-53

中国国家版本馆 CIP 数据核字第 20241CZ390 号

传播的话语与主义：李继东自选集
CHUANBO DE HUAYU YU ZHUYI: LI JIDONG ZIXUANJI

著　　者	李继东		
责任编辑	温晓芳		
封面设计	锋尚设计		
责任印制	李志鹏		
出版发行	中国传媒大学出版社		
社　　址	北京市朝阳区定福庄东街 1 号	邮　编	100024
电　　话	86-10-65450528　65450532	传　真	65779405
网　　址	http://cucp.cuc.edu.cn		
经　　销	全国新华书店		
印　　刷	北京中科印刷有限公司		
开　　本	710mm×1000mm　1/16		
印　　张	15.75		
字　　数	245 千字		
版　　次	2024 年 8 月第 1 版		
印　　次	2024 年 8 月第 1 次印刷		
书　　号	ISBN 978-7-5657-3690-2/G · 3690	定　价	78.00 元

本社法律顾问：北京嘉润律师事务所　郭建平

总　序

媒介是人类社会交流和传播的基本工具。从口语时代到印刷时代，再经电子时代至今天的数智时代，媒介形态加速演变、融合程度深入发展，媒介已然成为现代社会运行的基础设施和操作系统。今天，人类已经迈入媒介社会，万物皆媒、人人皆媒，无媒介不社会、无传播不治理。今天，无论我们怎么用力于信息传播的研究、怎么重视信息传播人才的培养都不为过。

中国传媒大学（其前身为北京广播学院）作为新中国第一所信息传播类院校，自1954年创建伊始，即与媒介形态演变合律同拍、与国家发展同频共振，努力探索中国特色信息传播人才培养模式、构建中国信息传播类学科自主知识体系，执信息传播人才培养之牛耳、发信息传播研究之先声，被誉为"中国广播电视及传媒人才摇篮""信息传播领域知名学府"。

追溯中传肇始发轫之起源、瞩望中传砥砺跨越之未来，可谓创业维艰而其命维新。昔日中传因广播而起，因电视而兴，因网络而盛，今天和未来必乘风破浪、蓄势而上，因人工智能而强。在这期间，每一种媒介兴起，中传均吸引一批志于学、问于道、勤于术的

学者汇聚于此，切磋学术、传道授业，立时代之潮头，回应社会需求，成为学界翘楚、行业中坚，遂有今日中传学术研究之森然气象，已历七秩而弦歌不断，将传百世亦风华正茂。

自新时代以来，中传坚守为党育人、为国育才初心，励精图治、勠力前行，秉承"系统治理、创新图强、交叉融合、特色发展"的办学理念，牢牢把握高等教育发展大势、传媒业态发展趋势，瞄准"智能传媒"和"国际一流"两大主攻方向，以世界为坐标、以未来为向度，完成了全面布局和系统升级，正在蹄疾步稳、高质量推动学校从传统高等教育向未来高等教育跨越、从传统传媒教育向智能传媒教育跨越、从国内一流向世界一流跨越，全力建设中国特色、世界一流传媒大学。

中国特色、世界一流，在于有大先生扎根中国大地，汇聚古今、融通中外；在于有大先生执教黉门，学高为师、身正为范；在于有大先生躬耕杏坛，敦品积学、启智润心。习近平总书记更强调，高校教师要立志成为大先生，在教书育人和科研创新上不断创造新业绩。中传广大教师素来以做大先生为毕生职志，努力成为新时代"经师"与"人师"的统一者，做真学问、立高品行，践履"立德树人"使命。

2024岁在甲辰，欣逢中传建校70华诞，学校特邀约部分学者钩玄勒要、增删批阅，遴选已公开刊发的论文汇编成集，出版"中传学者文库"，意在呈现学校在学科建设、科学研究、服务行业实践等方面的最新成果，赓续中传文脉，谱写时代新声。

文库汇聚老中青三代学者，资深学者渊渟岳峙、阐幽抉微；中年学者沉潜蓄势、厚积薄发；青年学者踌躇满志、未来可期。文库与五十周年校庆所出版的"北广学者文库"相承接，大致可勾勒中传知识生产薪火相传、三代辉映之概貌，反映中传在构建中国特色新闻传播类、传媒艺术类、传媒技术类学科体系、学术体系和话语体系方面的耕耘与收获，窥见中国特色信息传播类学科知识体系构建的发展脉络与轨迹。

这一构建过程，虽筚路蓝缕，却步履铿锵；虽垦荒拓野，亦四方辐辏。一批肇始于中传，交叉融合、具有中国特色的学科，如播音主持艺术学、广播电视艺术学、传媒艺术学、数字媒体艺术学、政治传播学等，从涓涓细流汇入滔滔江河，从中传走向全国，展现了中传学者构建中国自主知识体系的学术想象力和创新力。文库展示的虽然是历史，实则是呈现今天；看似是总结过去，实则是召唤未来。与其说这套文库的出版，是对既有学术成果的展示，毋宁说是对未来学术创新的邀约。

回首过往，七秩芳华。我们深知，唯有将马克思主义基本原理与中华优秀传统文化相结合，才能推动中华学术创造性转化和创新性发展，推动中国自主知识体系的构建。我们深知，唯有准确把握媒介形态演变的脉动、深刻认知媒介形态变革所产生的影响，才能推动中国信息传播类学科自主知识体系的构建与时俱进。

展望未来，星辰大海。我们深知，以人工智能为代表的产业和科技革命正迅疾而来，媒介生态正在加速重构，教育形态正在全面重塑，大学之使命与价值正在被重新定义；我们深知，唯有"胸怀国之大者"、面向世界科技前沿、面向经济主战场、面向国家重大需求，才能确保中传始终屹立于中国乃至世界传媒教育发展之潮头。

如何应对人工智能带来的深刻变革，对中传而言是一场要么"冲顶"、要么"灭顶"的"兴亡之战"。我们坚信，不管前方是雄关漫道，还是荆棘满途，唯有勇敢直面"教育强国，中传何为？"这一核心命题，奋力书写"智能传媒教育，中传师生有为！"的精彩答卷，才能化危为机，奋力开创人工智能时代中传智能传媒教育新纪元。

功不唐捐，芳华七秩；风帆正举，赓续创新。

是为序。

第十四届全国政协委员，中国传媒大学党委书记、教授、博士生导师

序

　　传播研究是一种深嵌于历史与现实结构中的学者对人类信息交往系统的理论思考，往往从物质与精神、个体与集体、时间与空间以及时代需求和价值择选等多重维度来考量政治、经济、社会、文化和生态领域中人的信息交往关系，从而形成了种种学术话语与主义，汇聚为传播学术史与知识地图。话语是一种集言、行、象、道于一体的概念或使用中的语言，是一种基于道的言语行为与意象；而道则是一种价值体系，集中体现为各种主义。传播的话语与主义可以视为一代代学者基于一定的价值偏好对其所处时代及现实人的物质与精神信息交往关系的学理观照与表达，它常常聚焦于一些动态变化的重要议题。笔者作为一名传播学者，纵观20年来的学术研究轨迹，发现自己的研究兴趣先后专注于传媒规制变革、国际传播与传播生态三大话题，这也折射出这些年我国传播学界研究潮流之变。

　　讨论传媒规制变革是一个永恒的话题，因信息传播技术不断迭代更新，与之相伴的政治经济社会文化需求等也在发生动态变化，即变易才是常态。20年前即2003年，当时正值改革开放刚过25周年之际，党的十六届中央委员会第三次全体会议提出了我国深化经济体制改革的指导思想和原则，树立了全面、协调、可持续的发展观[1]。新闻传播行业也进入了事业和产业分类协调与全面发展阶段。此时的全球化进程不断深化，媒介融合进程也开始加速推进。由此，

---

[1] 中共中央关于完善社会主义市场经济体制若干问题的决定［EB/OL］.（2003-10-14）[2024-03-16］. https://www.gov.cn/gongbao/content/2003/content_62494.htm?eqid=d297bb640002fc570000000664967cd4.

探索媒介融合、广播电视等媒介公共服务以及全球化与规制变革的关系问题成为此后十余年的核心议题，进而又聚焦于探讨通过传媒规制变革、政策调整、体制改革乃至制度变迁来促使中国传媒公益性事业与经营性产业的结构变化、媒介融合转型以实现传媒公共利益与产业协调发展上，以此提升中国传媒业的国际竞争力。这些问题的研讨是以欧美特别是英国为参照体系来探索适合我国国情行情的转变之路，进而归纳出具有普遍性的传媒规制转型趋势与模式，即从统治（government）到治理（governance）的转变之势与复合规制模式。当时的我国传媒规制变革已是一种在商业化、市场化、资本化步入纵深阶段的多重转型，面临着入世后的全球市场竞争力与公共服务供给的提升以及媒介融合转型等多重挑战，关乎意识形态、价值理念等深层次根由，涉及中国特色社会主义发展观、权力结构观等的变化以及西方自由主义、全球化等对传媒行业的影响。进一步讲，这个阶段我们已经开始思考如何匡正市场失灵以实现社会效益与经济效益的平衡。

随着我国综合国力的提升、改革开放不断深化、全球化纵深推进、社会深度转型以及互联网等信息传播新形态的迅猛发展，加强国际传播能力建设已成为我国信息传播业发展的一种历史必然。在21世纪第二个10年尤其是党的十八大以来，国际传播不仅成为社会各界的热点议题，也上升到国家战略层面。国际传播话语体系建设问题也就成了近10年的研究重心之一。然而体系的形成并非一朝一夕的，它是一个由诸多内外因素交互形塑的历史变迁过程，因此就需要梳理中外国际传播话语体系变迁，探寻在国家与国际体系互动的历史结构中国家身份调适与话语变迁的关系，挖掘由此形成的相应的知识体系，以构筑世界对国际社会结构的认知、把控国际话语权并为其身份和地位提供话语支撑。对历史的观照总是源于并归宿于现实的，因此作为步入国际社会的排头兵与国际竞争的扛鼎力量的企业，自然就成为重点研究对象，发掘中国企业在国际舆论场的话语标识与现实形象以及其价值理念（自由市场主义、消费主义和集体主义）的超越与回归，由此生发出旨在提升我国国际话语权等的宏观思考。

如果说关注现实问题是研究起点，那么理论创新则不仅是一个学者的夙愿，也是当代中国学术界的时代使命，即自主知识体系的构建，这对于舶来已久的中国传播学界来说更加意味深长，近乎天命。这一追求正值中华民族伟大复兴战略全局和世界面临百年未有之大变局的历史性交汇期，加之数字文明扑面而来，人工智能拟人信息处理与精神交往系统勃兴，新兴传播形态喷涌而出，传播范式革命性转型，均呼唤传播理论的革新。其实，理论思考一直贯穿于研究生涯始终，只是步入21世纪第三个十年以来变得更加迫切，丰富多样的中国实践已远超传统传播理论的解释范畴，虚实共生互构与复杂性社会共振正在重构着传播生态，为此挖掘扎根于鲜活的中国基层、网络平台乃至人民群众的伟大实践经验，从信息供给与需求两端探寻传播的新模式、新范畴和新生态成为这个阶段与未来研究的着力点，也就生发出联结范式、人民传播、书香意境和微观话语等浸润着中华文明、技术文化、社会共感与生命体验的学理钩沉。

笔者有幸目睹了共和国近半个世纪以来的富强民主之路与信息传播领域翻天覆地的变革，有幸亲历了学校近廿年的蓬勃发展并见证了学校七十周年的辉煌成就，有幸在众师友、学生的鞭策支持鼓励下成长为一名传播学者，实属一大造化。新的廿年已开启，唯有温恭朝夕，念兹在兹，释兹在兹[①]。

李继东

[①] 陶渊明. 陶渊明集［M］. 逯钦立，校注. 北京：中华书局，1979；孔颖达，等. 尚书正义［M］. 北京：新华书店北京发行所，1982.

目 录

第一部分 媒介融合、公共服务与规制变革

复合规制：媒介融合时代的规制模式探微 …………………………………… 003

从统治到治理：国家在传媒政策全球化中的地位与作用 ……………………… 015

试论欧美传媒规制融合的趋势与问题 …………………………………………… 025

中国政治意识形态与传媒改革：关系与影响 …………………………………… 032

西方广播电视公共服务的价值理念、基本原则和运行路径 …………………… 046

论英国公共广播电视理念的缘起与嬗变 ………………………………………… 052

英国公共广播电视政策变迁的意识形态成因分析 ……………………………… 062

第二部分 话语变迁、主义抉择与国际传播

身份建构与世界想象：建党百年来中国国际传播话语体系变迁 ……………… 079

西方国际传播话语体系中国家身份的建构 ……………………………………… 101

超越与回归：谈国际传播的价值问题 …………………………………………… 112

基于全球英文媒体报道的中国企业国际形象研究 ……………………………… 118

提升中国企业国际传播力的思考和建议 ………………………………………… 130

中国影视文化贸易政策的变迁轨迹分析 ………………………………………… 139

第三部分　中国实践、范式变革与传播生态

数字文明时代信息传播的联结范式：生态与理论 …… 151

审视 5G 迷思：传播生态与范式变革 …… 164

从控制到联结：人类传播范式的转变 …… 185

加强以人民为中心的传播理论与实践研究 …… 189

首都多了群"社区新闻发言人"：走好全媒体时代群众路线的丰台启示 …… 192

近五年来网络流行语的青年身份认同与话语实践 …… 200

书香意境：纸质阅读的物质隐喻、身体感知与仪式构建 …… 212

构建舆论引导新格局需要重视微观话语的针对性 …… 226

增强全民族文化创造活力 …… 232

后　记 …… 235

第一部分
媒介融合、公共服务与规制变革

复合规制：媒介融合时代的规制模式探微*

随着融合进程的推进，传媒、电信和IT等行业跨界运作风起云涌，极大地挑战着现行以行业为对象的规制模式。近几年来，国际学界也对规制及其变化展开了广泛而深入的讨论，主要聚焦在以下三个层面：首先，媒介融合打破了行业和疆域界限，自律性也在提升，那么在此种情况下制定规制是否必要呢？一些人主张轻规制（lighter regulation）、放松规制甚至不要规制。不过，大多数人认为规制对于促进技术发展和应用、市场公平竞争、社会文化价值的实现仍具有不可低估的作用[①]，关键在于规制需要不断变革，并形成适应媒介融合的新模式。其次，媒介融合的规制框架应该包含哪些内容？传统内容规制、结构规制如何转变和拓展？最后，从规制类型上看，政府规制、自律以及跨国规制如何协调？本文通过分析规制主体的多元化、内容规制和结构规制的转型以及规制类型或方式的联合化，试图将媒介融合的规制框架归纳为"复合规制"模式，并阐述了其内涵。

一、一种融合规制框架：复合规制

随着媒介融合进程的不断深化，无论是产业发展需求还是社会文化价值的实现，都需要改变传统的行业规制模式，建构新的规制框架和模

---

* 本文原载于《国际新闻界》2013年第7期。
① IOSIFIDIS P. Global media and communication policy [M]. London: Palgrave Macmillan, 2011: 4.

式。首先，随着广播电视、电信和互联网等行业之间的界限日渐消失，信息传播和文化娱乐市场更加开放，主体更加多元，竞争更加激烈，也就更需要通过规制来确保公平竞争和提高效率。进一步讲，虽然频率频谱等资源由稀缺变得丰富，但这并不意味着资源分配会像技术演进那样自然而然地遍及所有市场主体，而是会出现新的资源分配不均衡和市场准入壁垒提高等现象。换言之，媒介融合使得大型集团更便于水平和垂直整合并形成垄断，它们通过控制技术标准、网络准入等手段抬高市场准入门槛，会造成不公平竞争和降低效率。其次，需要新规制来解决信息资源不平等、数字信息鸿沟以及实现促进政治民主、文化多样性等社会文化价值。全球和国家信息传播的不平等和不均衡并不会因媒介融合和技术发展而自然而然地解决和改变，而是出现了互联网、数字宽带等接入和使用的不平等问题，诚如伊莱·诺姆[①]所言，当今发达国家和发展中国家存在着电信连通性（telecommunication connectivity）、互联网接入（internet access）和电子商务（e-commerce）三种数字鸿沟，实际上这三种鸿沟同样存在于一个国家内不同地区和阶层之间，也体现在政策的商业价值与社会文化价值诉求之间。最后，需要新规制来保障和加强受众的接近权和话语权。过去传媒政策保障受众接近媒体的权利，强调的是媒体为受众提供言论自由的空间和受众可以通过多种媒介获得内容，而新技术正在改变着媒体主导时代的传授关系，用户生产内容（UGC）大量涌现，自媒体或我媒体时代由此到来。从理论上讲，任何个体都可以通过互联网、智能手机等发布信息，成为主动的传播者，生产者与接收者之间的界限日渐模糊，传受关系转变为主体间的互动关系。因此，在政策安排中就要将受众视为"发言者"而不仅是信息接收者或消费者，强调的是接近受众权（access to audience），即保护和提高草根等非组织和非专业传播者发布信息的权力，更多聚焦在能否促使UGC拥有平等的生产和传输机会，并排除那些阻碍草根平等地享用互联

---

① NOAM E. Overcoming the three digital divides[EB/OL].(2013-04-30)[2013-05-15]. http://www.citi.columbia.edu/etinoarn/articles/OvercomingtheThreeDigDiv.pdf.pdf.

网等现代传播体系的因素①。因此，在媒介融合时代，规制需要突破过去行业区隔的规制框架，避免单纯的经济性规制，而要重视社会性规制，逐渐形成复合规制框架，这至少涉及以下三个层面的问题：

（一）变与不变

内容和服务是传媒乃至整个信息传播业安身立命之本，而市场和产业结构又是影响内容表达和服务供给的关键因素，市场、政府和技术都不是万能的，促进民主、公平和保护文化多样性等社会文化价值的实现以及营造公平竞争、富有活力的市场格局仍然需要内容规制和结构规制；变化的是内容规制和结构规制的范围拓展了、主体多元了和对象丰富了。特别是需要理顺不同媒介、行业和不同生产主体的关系和平衡不同政治、经济和社会团体的利益。

（二）角度和理念

首要的是如何看待媒介融合及其影响，是将其仅仅视为一种技术和传播服务自然演进的结果，还是一种技术与社会复杂互动的结果？前者是一种自然主义或纯技术主义观念，据此一切人为的干预都是枉然，但媒介融合并不仅是一个单纯的技术问题，而是社会问题，涉及错综复杂的权力、利益博弈与平衡，关乎技术使用行为、习惯等的演变。接着是融合规制不仅要考虑经济价值，更要重视社会文化价值，促使政治、经济和社会文化三重福利的实现。还有一个很重要的理念，就是保护和提升公民的发言权和接近受众权，这是不同于专业组织传播时代最为突出的理念，也是言论自由的新内涵。

（三）规制形成和实施的方式

媒介融合时代规制的形成越来越成为一种多元协商、参与互动和开放透明的过程，跨国组织、民族国家、企业、非政府组织和个人都会通过各种途

---

① NAPOLI P M. Navigating producer-consumer convergence: media policy priorities in the era of user generated and distributed content [EB/OL]. (2013-04-25) [2013-05-17]. http://www.fordham.edu/images/undergraduate/communications/navigating%20producer-consumer%20convergence.pdf.

径参与和影响政策的制定和实施,社交媒体和智能移动等新业态为公众参与政治决策提供了更加便捷的通道,政府行为也因此变得更加公开和透明。

总之,复合规制框架的形成是传统规制在新语境下的一种转型过程,会随着媒介融合进程的深化而不断完善和成熟,体现在主体和对象的多元性、规制过程的复杂性、规制类型的多重性和方式的综合性上。从主体和对象上看,国际组织、跨国企业、非政府组织和个人正在改变着过去政府是唯一的规制主体与本国企业或其他从业者为主要规制对象的格局;从过程上看,合意的形成与推行成为一种多元主体、利益集团等交互博弈的历程;从类型和方式上看,既有经济性规制又有社会性规制,政府单一规制的方式逐渐会转向联合规制和整体规制方式。具体到传媒业乃至信息传播业来说,复合规制还是聚焦在内容与结构两个层面上。

二、挑战内容规制:隐私权、版权与言论自由

内容规制是一种社会性规制,是一个国家基于社会文化价值取向并依据有关法律法规对传媒行业内容和服务进行规范的。它通常运行于民族国家范围内,其核心目标是保护和实现民主、社会和文化的需求,防止不良内容对国民的侵害。内容规制主要包括积极和消极两种类型,积极内容规制旨在促进内容接近性、保障质量和保护多样性,而消极内容规制重在限制某类内容的传播和对广告的管理[①]。21世纪以来,随着媒介融合和全球化进程的推进,内容规制面临着许多挑战:其一,内容传播个性化、便捷性和丰富度空前提高,突破了以管理传媒组织为核心的规制框架,特别是对互联网和智能移动媒介内容的规范难度和复杂度胜于传统电视、广播规制等;其二,诸如对隐私权、版权的保护以及对淫秽和有害等不良和不当内容的防治已经超越了民族国家界限,需要国际组织、政府、公民社会、非政府组织和企业等协同治理;其三,言论自由与内容规制之间的矛盾更加凸显,互联网等新媒体为言

---

① IOSIFIDIS P. Global media and communication policy[M]. London:Palgrave Macmillan,2011:214.

论自由提供了更为便捷和广泛的空间，由此需要保护和提高公众的发言权和接近受众权，以最大限度地满足公众享用互联网等新媒体，这是规制的基石，但是这恰恰与各国防范政治、文化和社会不当言论的规制会发生冲突和抵牾，特别是互联网等新业态体现得更明显，由此创新成为规制的核心议题。

21世纪以来，欧美发达国家并没有因媒介融合而放弃内容规制，而是对规制进行了巩固和创新。从积极内容规制来看，欧美国家普遍拓展和延续了公共广播电视服务和补贴政策等。公共广播电视体制是英国等欧洲国家重要的内容规制传统，目前大多数欧洲国家不仅支持公共广播电视执照费模式，而且允许和鼓励公共广播电视台开发互联网等新媒体内容和服务。因此，公共广播电视机构仍是欧洲大多数国家在媒介融合时代最为重要的本土内容传播主体。特别是在英国，BBC不仅肩负着数字化英国和公共服务的重任，而且因国际市场的成功赢得了英国政界和观众的广泛支持与赞誉[1]。在消极规制方面，欧美国家规制的重点集中在惩治淫秽下流等不良内容和限制儿童节目的广告时间等。比如2005年美国开始实施《广播电视风化执行法2005》（Broadcast Decency Enforcement Act of 2005）对广播电视机构播放淫秽、下流和亵渎内容设定了明确的经济惩罚额度，FCC可以对触犯本法的个案处以最低32.5万美元，最高可达300万美元的罚款（109th Congress：2005—2006）。此外，2006年6月，FCC还公布了《关于规制广播电视淫秽、下流和猥亵内容的指导方针》（Obscenity, Indecency, and Profanity: Guideline for Broadcasters）[2]。而英国则拓展对有害或侵犯性内容的规制，《广播电视守则》（The Ofcom Broadcasting Code）第二部分"伤害和侵犯"对广播电视节目内容涉及暴力、危险行为、自杀以及驱魔、神秘和超自然等进行了约束和限定[3]。

---

[1] IOSIFIDIS P. Global media and communication policy[M]. London: Palgrave Macmillan, 2011: 216.

[2] FCC. Obscene, indecent and profane broadcasts[EB/OL].(2013-04-25)[2013-05-17]. https://secure.ucop.edu/irc/services/documents/guidelines.pdf.

[3] Ofcom. The ofcom broadcasting code. Section two: harm and offence[EB/OL].(2013-04-26)[2013-05-17]. http://stakeholders.ofcom.org.uk/broadcasting/broadcast-codes/broadcast-code/harmoffence/.

此外,Ofcom(英国信息通信管理局)内容委员会的核心理念之一就是规定广播电视机构必须对播出内容进行分级标记,以便于公众按需选择内容和防止不良内容对孩子的侵害。

实际上,迄今互联网对内容规制的挑战是最大的,其规制也是最具创新性的。一方面,互联网凭借其天生的融合特质与不断更新的样态,极大地突破了行业、产业和疆域之间的界限,重构着传受关系,为言论自由提供了更为广阔和便捷的空间;同时,人们获取不良内容的渠道变得多样化和个性化,诸如电子邮件、微博和位置服务之类都可以传播淫秽、色情等内容,往往使得规制传统电视、广播的手段和方式失去了效力,增加了规制的难度和复杂度。另一方面,媒介融合促使内容生产、传输平台和接收终端整合,互联网和智能手机等汇聚了文字、声音、视频等所有媒介,形成了整体化空间,跨媒介规制问题也聚集于此,这有利于规制简化和规制权力集中,规制融合也由此应运而生。近年来,有关互联网规制热点问题集中在隐私权、版权保护和言论自由三个方面①。

(一)隐私权

关于隐私权的讨论聚焦在如何平衡保护个人隐私和促进个人数据自由流动之间的关系,这又关乎国家、区域和全球三个层面。欧盟早在20世纪90年代就立法来加强个人信息安全,1995年10月24日发布的《个人数据令95/46/EC》,对个人数据的搜集和运用提出了严格的限制,并倡导成员国设立专门机构来保护个人数据②。2010年经济合作与发展组织(OECD)酝酿新的隐私法,以防止对个人数据的非法储存、披露等侵害基本人权的行为,并加大跨国保护隐私的力度。同年3月,国际电信联盟(ITU)设立了"儿童

---

① IOSIFIDIS P. Global media and communication policy[M]. London: Palgrave Macmillan, 2011: 218.

② Official Journal. Directive 95/46/ec of the European Parliament and of the council of 24 October 1995 on the protection of individuals with regard to the processing of personal data and on the free movement of such data[EB/OL].(2013-05-17). http://eur-lex.europa.eu/LexUriServ/LexUriServ.do?uri=CELEX:31995L0046:EN:NOT.

在线保护工作小组"(COP),并在其首次会议讨论社交媒体对儿童的负面影响,提出了针对政策制定、产业、家庭等的指南①;9月,全球互联网治理论坛(Global Internet Governance Forum)讨论在云计算时代如何确定和保护个人和实体的合理隐私;联合国教科文组织(UNESCO)举办的世界信息峰会(WSIS)从2010年起关注社交媒体负面影响和规制问题。同时,经合组织(OECD)等国际组织也在促进各国调整隐私法,以减少阻碍个人数据国际流动的不合理规制。

(二)版权保护

无论是在全球还是各国,互联网版权保护都是当今一个非常棘手的问题。世界知识产权保护组织(WIPO)尚在建构基于互联网的数字版权保护体系,而且在协调各国互联网版权保护上显得乏力,而欧盟等区域性组织则聚焦在跨疆界版权交易与保护以及如何平衡网络创意和生产多元主体的权利等问题上,美国和英国等也致力于知识产权法的改革,以应对互联网等数字版权问题。实际上,互联网版权问题集中在数字时代版权保护的范围、在线服务商的责任、网络表演权力、数字广电权、网络版权信息链接、数据库保护、点对点文件共享系统的管理等。

(三)言论自由

言论自由是一个老生常谈的话题,从世界范围内来看,政策制定主体和人权组织主要关注威胁网络言论自由的种种因素,集中在通过互联网限制和约束信息自由与对记者暴力侵害的不断增长两大问题②。联合国、国际互联网论坛等都曾发表声明,列数21世纪以来一些政府对互联网干预行为妨害了言论自由等事例,比如2010年3月,联合国发布的特别报告指出了政府控制等

---

① ITU. Children on line protection[EB/OL].(2013-01-22)[2013-05-17]. http://www.itu.int/osg/csd/cybersecurity/gca/cop/.
② IOSIFIDIS P. Global media and communication policy[M]. London:Palgrave Macmillan,2011:222.

10 种主要妨害言论自由的因素①。不过这些声明和呼吁尚停留在讨论阶段，还没有实质性规制行动。同样，联合国教科文组织、欧盟委员会等高度关注暴力伤害记者问题，通过发布联合声明等多种方式敦促有关国家保护记者的安全和呼吁国际社会关注新闻自由问题。实际上，这方面凸显了互联网规制的一个核心问题，就是互联网规制主体问题，互联网传播行为完全超越了地区与国家之间的界限，过去以各国政府为主导的内容规制模式受到了极大的挑战，谁来规制和如何规制互联网内容既是一个国家内部政策问题，更是一个全球性问题。

三、革新结构规制：透明与前摄

结构规制是一种经济性规制，是政府基于多样性原则对传媒产权结构、市场份额和市场准入等进行规范，以防止市场垄断，促进政治多元、文化多样和有效竞争。其中产权规制在传媒规制中起着最为重要的作用，特别是在美国，产权规制是调节市场的主要手段之一。不过，随着媒介融合和全球化进程的推进，约束和限制产权的难度在不断提高，产权规制的适用性也备受质疑。媒介融合必然会导致企业跨行业、地区和国家进行垂直和水平整合，联合、交叉和混合产权结构也随之产生，如何确定大型传媒集团的实际控制者和衡量其对文化与政治的影响程度成为一个大难题。尽管像维亚康姆、新闻集团等的产权所有者是确定的，但其内容生产、流通却又是分散在不同国家、地区与部门，很难确定其产品和服务的实际操控者，像谷歌等互联网企业更是如此。而且在影响公司决策和市场的因素中，产权虽然是最有效的，但资金、员工和市场合约同样起着非常显著的作用。早在 1994 年，欧洲媒介研究所（the European Institute for the Media）一项关于媒体控制者的研究结果已经证实了这一点②。同时，市场集中度的提高有利于传媒规模经济和范围经

---

① OSCE. Tenth anniversary joint declaration: ten key challenges to freedom of expression in the next decade［EB/OL］.（2013-04-26）［2013-05-17］. http://www.osce.org/fom/41439.
② IOSIFIDIS P. Global media and communication policy［M］. London: Palgrave Macmillan, 2011: 232.

济的实现,也是提升传媒企业国际竞争力与抗衡美国巨型传媒集团的必由之路。因此,产权规制存在一种悖论,即产权多元化与集中之间的矛盾,产权多元化能促使和保护文化多样性,但产业的发展壮大却需要产权集中,这使得产权规制变得更加错综复杂。因此,产权规制亟须革新,一些学者提出提高产权的透明度和前摄方法可能是有效防止传媒过度集中和确保多样性的可行之道。

提高传媒产权透明度,就是假设规制者及时准确和全面掌握企业的信息,便可以对其市场行为进行有效规制,这正是传媒规制多元主义的核心,透明本来就是多样性的重要内容[①]。21世纪以来,欧盟在这方面做了许多工作,在一些政策建议和法令中多次关注透明度问题,比如2007年的"视听服务令"要求成员确保本国视听服务提供商经常公布和更新以下信息:服务商名称、地址和详细联系方式等[②]。实际上,确保产权透明以约束企业的不当行为应是一种重要的规制方式,特别是互联网等新媒体为信息的公开和获取、为信息透明度的实现提供了强大的技术保障和渠道,而信息社会也促进了信息完全的理想状态的到来,而只有信息完全方能使产权信息更加透明,也更便于规制。

一直以来,产权规制都是应对市场行为的一种事后反应,或者说是一种被动监管思维模式,即认为多样化市场结果是一种善治,为此需要防止市场垄断进而限制产权过度集中。实际上,这种思维方式已经不适应媒介融合时代的规制需求了,新媒介和新经济需要规制者对产品和服务进行全面和深入的分析,多元性原则的内涵也需要细化和更新,而且要关注产权以外其他影响因素,因此,应转向前摄思维方式,更加主动积极和建设性地规制产权结构,拓展分析范围。进一步讲,规制的重心应该促进产权结构多元化,通过

---

① STOLTE V,SMITH R C. The European Union and media ownership transparency: the scope for regulatory intervention[EB/OL].(2013-03-20)[2013-05-17]. http://mediapolicy.org/wp-content/uploads/threeuropean-union-media-ownership-transparency.pdf.

② European Commission. The audiovisual media services directive[EB/OL].(2013-04-06)[2013-05-17]. http://ec.europa.eu/avpolicy/reg/avms/index_en.htm#top.

资助、参与股权等多种方式干预企业的产权结构，形成多种多样的商业、非商业和公共产权并存的格局，更有利于实现政治多元和文化多样等目标。同时，也分析和测量传媒产品和服务是否与人们日常生活的重要事务相关，对专业传媒从业人员培养的投入力度，对交通、卫生和刑事司法等曝光的准确度以及政治、经济等精英集团与媒体的密切程度等[①]。总之，媒介融合时代的规制要更加主动积极和全面把握各种影响多样性的因素。唯其如此，方能实现政治、经济和社会文化福利。

四、创新规制方式：转向联合规制

媒介融合时代的规制环境、主体、问题和进程更加错综复杂，行业区隔式的规制和单纯依靠政府规制已经不能适应日新月异的技术变革和社会需求。因此，需要将政府规制（statutory regulation）、非政府规制和自律结合起来，通过采用联合规制（co-regulation）的方式，进而形成复合规制模式[②]。值得注意的是，政府规制仍然是最主要的正式规制方式，非政府规制、自律是补充性方式。当然，政府规制本身也需要变革，应更多地倾向于拟定规则政策和监督市场行为，协同国际组织和非政府组织，激发和推动行业/产业自律的发展和公民自觉，其中的大前提是法律法规的健全、清晰与实施的刚性以及公民的规则意识。

联合规制需要政府、国际组织等正式规制主体拟定行为规范、原则与政策，而实施则最终有赖于企业组织等的自律，是一种规制主体与被规制组织的合作规范方式，是自律与他律的有机结合，其重心和落脚点是自律。实际上，规制

---

① BARNETT S. Journalism, democracy and the public interest: rethinking media pluralism for the digital age [EB/OL]. (2013-04-05) [2013-05-17]. http://reutersinstitute.politics.ox.ac.uk/fileadmin/documents/Publications/Journalism_Democracy_Public_Interest_for_website.pdf.

② 联合规制是复合规制框架和模式的具体方式，复合规制模式既包括内容规制和结构规制等规制类型，也包括自律、正式规制和联合规制等方式。从政府干预的力度来看，规制的方式由弱到强的次序为无规制、自律、联合规制和政府规制，而复合规制模式的方式更多地集中在联合规制和自律上。

的最终目标是促使企业等被规制对象高度自治,自觉维护公共利益和提高社会福祉。21世纪以来,倡导自律成为英国等欧美国家一种新规制浪潮,一改 20 世纪政府规制主导的局面,这种潮流并非简单地重返 19 世纪放任自由的自律,而是一种在政府、国际组织和公民等多元主体协商和推动下的自我规约。之所以如此,是因为相较于政府规制和无规制,自律更为专业和更富有效率,在处理行业事务方面,业界人士比政府官员更专业,更富有技能和责任感、自豪感、忠诚度,也更能及时了解和把握发展动态,获取相关信息的成本也要低得多,同时也能降低政府规制成本和行业规制负担[①]。尽管如此,自律必须基于公共服务原则,并合乎政府和国际组织的法律法规,满足公民或消费者利益。

联合规制实际上是一种多元主体民主协商的过程,是一种强调透明和社会责任的更为合理和科学的规制议程。目前国际社会越来越强调指向自律的混合规约的重要性,许多政策实践和讨论聚焦于此。比如,ITU 的 COP 小组在成立之初就倡导和鼓励社交网络服务商在保护儿童免受不良内容侵害方面坚持自律;Ofcom 也鼓励各种媒体强化自律、恪守业务守则,比如自觉对所传播的内容分级并明确标示等级等。诚如巴托和瓦斯所言,媒介融合使得过去的规制方式越来越不合时宜,面向所有不同介质媒体的业务守则变得越来越重要[②]。无疑,联合规制可能更能有效地规制互联网等新媒体,2009 年 UNESCO 在巴黎举办的"规制者世界峰会"上就明确指出,如果公私机构不能通力合作的话,就无法有效规制互联网。亦如一些学者所言,垃圾邮件、侵犯隐私和网络安全等网络问题已远远超越现行常规媒体治理方式,传统规制主体也常常对此束手无措,而具有自治特征的用户参与建构和监督的治理

---

① BARTLE I, VASS P. Self-regulation and the regulatory state: a survey of policy and practice[EB/OL].(2013-03-22)[2013-05-17]. http://www.bath.ac.uk/management/cri/pubpdf/Research_Reports/17_Bartle_Vass.pdf.
② BARTLE I, VASS P. Self-regulation and the regulatory state: a survey of policy and practice[EB/OL].(2013-03-22)[2013-05-17]. http://www.bath.ac.uk/management/cri/pubpdf/Research_Reports/17_Bartle_Vass.pdf.

规则能有效解决这些问题①。

五、结论

随着媒介融合时代的到来，跨行业和跨国界运作越来越普遍，自媒体或我媒体正在重构着信息传播格局，现行规制模式已经不能适应业已日渐融合的信息传播和文化娱乐行业的快速发展，亟须改变基于行业区隔的规制思维，突破单一的政府规制模式，构建复合规制模式。首先，规制对象和范围更为复杂多样，其对象不仅有国内还有国际，不仅有专业的还有草根，其范围将拓展到整个信息传播、文化娱乐乃至消费领域。特别是对于武装了现代传播设备的个体和民间组织，其传播行为可以跨越国界和行业界限，有时候国家或行业规制者很难规约他们的行为，美国棱镜门就是一个鲜活的例证。其次，内容规制和结构规制仍是规制的主要类型，只是需要不断创新，特别是传播自由与隐私权、信息安全和版权之间的平衡问题，挑战着规制者的智慧和能力。最后，规制方式越来越成为一种协奏曲，政府需要会同国际组织、企业和个体等协同作战，培育和提升市场主体的自治和自律能力。

---

① DUTTON W H. The fifth estate: through the network (of networks) [EB/OL]. (2012-12-01) [2013-05-17]. http://people.oii.ox.ac.uk/Dutton/wp-content/uploads/2007/10/5th-estate-lecture-text.pdf.

从统治到治理：国家在传媒政策全球化中的地位与作用*

21世纪伊始，中国加入了世界贸易组织（WTO），标志着中国正式加入全球经济竞争体系之中，成为世界经济体的重要一员，进入了中国主动应对、抗争和全面融入全球化进程的时期。一方面中国经济快速增长，国际地位和影响力迅速提高，开始主动走向世界，大力推行"走出去工程"，角逐于全球市场；另一方面，欧美发达国家踏入中国市场的步伐和力度加大，中国传媒业面临的挑战和压力增强，在有意无意地与全球化进程抗争着。自2008年国际金融危机爆发之后，欧美经济受到重创，新自由主义理念和自由市场体制受到普遍质疑，资本主义危机再现，大部分发达国家经济低迷，而中国却在高速发展，2011年一跃成为世界第二大经济体，由此，欧美发达国家对中国感到不安、不满、不服和不屑，陷入了既想借助中国改变经济颓势又担心中国话语权会超越自己的焦虑和矛盾状态中，"中国威胁论""中国殖民论""中国间谍论"等负面论调此起彼伏，质疑、否定和诋毁着中国发展道路和价值理念，遏制中国发展的政策也层出不穷。不过，中国与欧美发达国家等都已经步入了"你中有我，我中有你"水乳交融的全球格局，无论是哪个国家，在政策安排中必须考虑国家、区域和全球三个层面的因素，需要思考国际组织、跨国公司与国家在政策形成和实施过程中的互动关系和相互作用，步入了一个政策全球化时代。此时，自娱自乐了许久的中国传媒业，不仅需要迅

---

* 本文原载于《现代传播（中国传媒大学学报）》2013年第8期，收录到本书时有改动。

速熟悉和掌握世界信息传播的游戏规则,还需要及时更新理念和积极参与到全球信息传播政策形成过程中,更需要以负责任的大国身份构建世界信息传播新秩序。因此,有必要深入探讨政策全球化语境下多元主体的错综复杂的关系及其影响,这不仅是中国必须面对和亟须解决的一个现实问题,也是一个具有广泛性、前沿性和显著性的世界问题。

一、审视传媒全球化:谁的自由与多样性?

尽管全球化通常被视为一种经济现象和过程,但实际上也关乎政治、社会、文化和技术等领域,成为社会各个领域的实践问题和讨论的热点话题,其间均涉及政策问题。目前,对于全球化的认识和研究一般会呈现出两种相互对立的倾向,一种是赞同和支持全球化,认为全球化意味着国家、民族和地区间的界限弱化和消失,比如,加拿大学者马歇尔·麦克卢汉(Marshall McLuhan)关于"地球村"的论断、美国学者曼纽尔·卡斯特(Manuel Castells)关于"网络社会"的观点等等;另一种是质疑和反对全球化的,比如赫斯特(Hirst)和汤普森(Thompson)等的观点。实际上,现实情形要复杂得多,即使在这两种倾向中也各有许多细微的差异,在政策实践中也并非泾渭分明。斯科尔特(Scholte)梳理和归纳出五种关于全球化的主要观点,即将全球化视为国际化、西化或现代化、自由化、普世化和去地区化①。国际化是一种早期对全球化的看法,或者说是一种对早期全球化的观点,它尚未脱离国家和疆域区隔观念,可以称之为传统全球化,而开启于20世纪80年代的全球化则突破了国家和地区之间的界限;西化或现代化则将欧美发达国家和地区视为一个整体,视为现代文明的缔造者和传播者,欠发达国家和地区是现代文明的传承和接收对象,在一定程度上突破了疆域界限;自由化和普世化则进一步突破了地理区隔,是经济自由化与技术发展应用的全球化,

---

① SCHOLTE J A. Globalization: a critical introduction [M]. London: Palgrave Macmillan. http://www.google.fr/books?id=HQqUD4sNuEIC&printsec=frontcover&hl=zh-CN#v=onepage&q&f=false.

只是这两种看法都失之偏颇，它们仅看到了全球化的某一面，而没有看到全球化涉及社会生活的各个领域；去地区化则彻底突破了地理区域的观念，将全球化理解为一种社会空间的变化，这一观点更贴近与数字技术、互联网等新技术相伴的全球化的要义。

具体到传媒业而言，全球化体现为产品和服务及其价值理念的生产、流通和技术的研发与应用，跨越国家和地区界限，在全世界范围内展开。由此，传媒政策的形成已超越了一个国家和地区的内部事务，各种跨国组织越来越成为政策形成和实施过程中一个重要因素。也就是说，传媒政策全球化时代已经到来。早在 1999 年，罗伯特·W. 麦克切斯尼（McChesney）就指出，基于美国的巨型跨国媒介集团拥有遍布世界各地的报刊、广播电视、互联网等多种媒介类型，这些集团已经超越了国界和地域的界限，在全球范围内生产和传输其产品和服务。考林·斯帕克斯（Collin Sparks）也认为，跨国组织的增长和像比尔·盖茨、鲁珀特·默多克和斯蒂文·乔布斯等企业家的兴起，使得内容生产中心多元化、节目产制复杂化和全球交互化[1]。由此，全球传媒市场体系已形成，跨国组织、非政府组织在传媒政策制定和实施中的作用在不断增强，成为全球传媒产品和服务贸易、技术标准和知识产权政策制定中的重要主体，越来越有力地挑战着过去以国家政府为主导的传媒政策体系。在全球传媒政策形成过程中，跨国组织与国家及其政府之间的博弈与抗衡也愈来愈明显。不过，特别是 WTO 所推行的各种协定对全球传媒政策影响广泛而深远。更为关键的问题在于，倡导文化多样性和促进公民社会发展的 UNESCO 等机构目前仍无法与 WTO 抗衡，而 WTO 所奉行的全球贸易自由化并不能带来世界各国平等、公正和自由地交易及有效平衡经济、政治和社会文化价值和福利。

首先，全球贸易自由化是美国等强国的自由。在全球信息传播体系中，国家间完全平等、公正和自由不过是一种美好的幻想和愿景。迄今为止，美国仍主宰着 WTO 等世界市场的规则体系，在全球传媒政策制定中居于强势地位，由此，大多数 WTO 的政策是代表美国传媒巨头的利益的，而非公民

---

[1] IOSIFIDIS P. Global media and communication policy [M]. London: Palgrave Macmillan, 2011: 102.

社会的诉求，而且这些政策会对传媒弱国产生很大威胁和压力，会迫使不发达国家和地区被自由化和被资本化①。当然，随着金砖国家等新兴经济体的崛起，美国独霸的局面正在发生着变化，这也是全球经济自由化浪潮带来的正面效果，即文化弱势国家在被自由化过程中迅速壮大，成为制衡美国的重要经济力量，实际上，文化弱势国家唯有在全球化进程中自信自强，才能改变目前不平等的全球信息传播格局。

其次，全球传媒政策的制定、调整和实施往往受到强权的调控。美国等发达国家为了维护自身利益，一方面会左右全球传媒政策的形成，另一方面会迫使其他国家和地区调整和修改其传媒和文化政策，具体表现在：迫使其他国家和地区取消非商业媒体的公共资助、放弃对本土语言的需求和对本地媒体所有权的支持，强加美式版权法，强调全球电信的普遍获得性，推行传媒自由化和私有化以及允许大型跨国媒介集团在境内购并等②。美国不仅会操控WTO有关政策，而且会阻碍不利于自己的国际政策的实施，比如，里根政府为了阻止UNESCO所倡导的"世界信息和传播新秩序"，取消了对UNESCO的所有财政资助，并于1984年退出UNESCO，直至2003年才重返，这也是"世界信息和传播新秩序"最终没能推行下去的重要缘由。

最后，商业产品和服务多样化并不意味着文化的多样性。相较于经济和商业价值，社会文化价值往往会处于弱势地位，也得不到足够的重视。特别是随着自由市场主义深入人心和资本席卷到社会生活的各个角落，在政策安排中社会文化价值往往让位于对经济利益的追逐。但过度商业化的传媒产品和服务的繁荣并不一定能带来文化的多元和政治的民主，反而会导致内容生产、资源配置等以经济指标为准绳，从而造成各国传媒政策趋于融合，即在

---

① COSTANZA C S. Wisis, the neoliberal agenda and counter propasals from civil society [EB/OL]. http://www.nettime.org/Lists-Archives/nettime-l-0307/msg00051.html.

② COSTANZA C S. The globalization of media policy [EB/OL]. MCCHESNEY R，NEWMAN R，SCOTT B，(eds). The future of media: resistance and reform in the21st century. Melbourne: Seven Stories Press，2005：259-275. http://www-scf.usc.edu/~costanza/globalization_media_policy.pdf.

政策结构、过程和效果上越来越类同①，这会阻碍观点的多元表达、文化的多样性和公民社会的发展。

总的看来，有关全球化及其影响的思考大多聚焦在国家、地区与跨国组织在世界信息传播秩序和格局中的地位和关系的变化方面，思考一个国家在本土信息传播中的变化，反思资本力量和权力主导和形塑信息和文化传播的负面影响，特别是反思随着全球性商业化、市场化和资本化进程的推进，传媒社会文化价值被弱化和侵蚀的问题。具体到传媒政策而言，核心问题在于国家及其政府在政策制定和实施中如何处理与资本力量、公民社会、跨国组织等多元利益相关者之间的关系。进一步讲，在全球化语境下，过去由国家及其政府主导的管理和规制模式在转型，其取向是新自由主义所倡导的自由民主模式，还是多元主体参与的治理模式？

二、政策模式的转变：从统治到治理

在20世纪80年代中期以前，传媒管理都属于国家内部事务，一个国家的政府是唯一合法主体，而且出台的政策也是现代政府这台机器生产的主要产品，特别是在广播电视行业，更是如此。而自从80年代中期以来，全球化和互联网等新技术不断推动着政府管理方式和政策形成的模式由统治模式向治理模式（from government to governance）转变。两种模式的主要区别在于，国家及其政府的角色和作用不同，作为统治主体的国家，强调统治和控制以及权威和合法暴力手段的独占性，注重权力的掌控和主导，其领导力体现在推动整个社会朝着统治阶层的价值偏好方向发展，这种价值偏好更多地表达了统治者或社会主控阶层的意志，国家也更多地依托合法的强制和暴力手段来促使和确保国民臣服和顺从；而作为治理主体的国家，则强调全民参与和协同管理，注重发挥每个人自主管理的作用，其领导力表现为协调国民实现

---

① DREZNER D W. Globalization and policy convergence [EB/OL]. http://danieldrezner.com/research/policyconvergence.pdf.

社会全面发展的目标，更多地依靠多元主体共同管理公共事务。进一步讲，在传媒政策形成的空间中，传媒政策模式由国家及其政府的独奏曲，向国家、跨国组织、公民社会和商业公司等的协奏曲或交响乐转变。

毫无疑问，近30年来，WTO等国际组织以及欧盟等区域组织有力地推动着政策模式从统治向治理转变的进程，这不仅决定着全球和区域传媒政策问题，而且深远地影响着各国的政策制定和实施。由此，传媒政策和治理问题已经超越了国家、地区界限，已不再仅是一个国家的内部事务。问题的关键在于，这些跨国组织实质上已成为各国博弈的一种空间，那么它能否突破目前美国独大和西方中心主义的局面，向着UNESCO所提出的世界信息传播新秩序和CCD所主张的多元化和多样化方向发展，真正地实现多元参与、自治、共享和协同治理？

公民社会（civil society）同样是推动统治到治理转变的重要力量之一，公民社会是指非政府组织、非营利公司或非官方的国际组织，既有国家层面的（主要是非政府组织），也有跨国层面的（全球公民社会）。特别是近20年来，全球公民社会运动团体和非政府组织通过倡导、游说和服务等方式，在国际信息传播政策形成过程中起着越来越重要的作用和不可低估的影响，涉及世界环境保护、安全、健康、维护和平和保障人权等人类共同问题的各个方面。卡尔多（Kaldor）的《全球公民社会：对战争的回答》《全球公民社会年鉴》（编著）以及基恩（Keane）的《全球公民社会》等都对全球公民社会进行了系统的描绘和梳理。卡尔多认为全球公民社会至少包含三个层面：一是始于1968年的"新社会运动"，从20世纪60年代的公民权利和反越战运动、70年代的环境运动和妇女运动等，一直到80年代的和平运动和人权运动等，以及90年代的气候变化、艾滋病问题和反全球化运动等；二是国际组织和西方政府以社会运动的名义在世界范围内推行市场化和民主化改革；三是后现代主义、新宗教和种族运动。而真正意义上的全球公民社会应是在冷战结束之后，基于全球化进程更加深化和各国政治开放程度的提高[①]，和平与发

---

① KALDOR M. The idea of global civil society[J]. International affairs，2003，79（3）：583-593.

展成为世界主题的背景下方才出现的。

跨国商业公司为了牟取利润、提高效率和满足社会需求,在形塑和维护高效、安全和稳定市场秩序和规制方面积极参与到政策博弈过程中,已成为强有力的国际和本土政策主体之一。特别是在信息传播领域,新技术为跨国公司打破疆域和行业界限提供了极为有利的条件,由此,跨国传媒公司极大地推动了全球信息传播自由化进程,也促使媒介、传播和文化领域的融合,尽可能促使国家和地区降低市场交易成本和增强环境与劳动力资源的安全性等方面的规约的形成,无论是与国家及其政府之间博弈还是合谋,都在改变着传统的统治模式。

三、国家的作用：弱化还是强化？

在由统治向治理转变的过程中,一个核心问题是如何重新认识和定位国家及其政府在国际和本土传媒政策中的作用和角色。不少学者认为,国家在弱化和空心化,国家的权力在分化和下降。不过,更多的学者则认为,国家的性质、职能和作用确实发生了变化,其管理传媒的方式和手段也在变化,但这并不意味着国家的政策主体地位被侵蚀甚至被取代,而是一种更新、优化和提升。

英国政治学家罗德斯（Rhodes）早在1994年通过分析欧盟与去中央化改革对英国政策制定的影响,提出了国家空心化的论断。他认为,作为欧盟成员国之一,英国政府的权力由过去的中央向上转移到了跨国组织,同时在国有公司私有化和公共机构分化的过程中又向下分权,这样一来,国家正处于一种被销蚀或侵蚀的过程中[1]。基欧汉和奈（Keohane and Nye）在1998年出版的《信息时代的权力与相互依赖》一书中指出,随着信息时代的到来,世界日益形成了一种复杂的相互依赖关系,特别是信息依赖,这意味着更多

---

[1] RHODES R A W. The hollowing out of the state: the changing nature of the public service in britain[J]. The Political Quarterly, 1994, 65 (2): 138-151.

的事务和行为上升到国际层面，在全球治理形成过程中，国家权力在逐渐下降①；甘博（Gamble）、理查德和斯密斯（Richards and Smith）等也断言，在全球化、欧洲整合、权力下放和行政改革的影响下，当代英国政策制定变得越来越分化、碎片化、多元化。理查德和斯密斯集中分析了20世纪80年代中期以来英国的电视政策，认为这些政策的形成一改过去政府主导的规制模式，越来越成为一种多个地区和主体共同参与的过程②。

与上述论断不同的观点和看法主要包括能促型国家论、规制型国家论和国家资本主义三种。（1）能促型国家论（enabling state）认为③，正是基于政府与非政府组织、跨国组织等多元复杂的治理语境，政府才变得更加信息化，其管理水平更加优化和提升，其角色由过去的控制者向协调管理者转型，其管理手段和方式也更多地通过信誉和舆论而非暴力或强制手段。因此，国家的权力并未下降或弱化，而是通过与其他主体共享责任和达成共识变得更有效力。随着信息时代的到来，国家也向信息化国家转型④，协调合作机制已成为政府核心战略。进一步讲，国家仍然是政策制定的核心主体，只是其规制角色和作用转变了，成为多种利益的仲裁者和协调者，同时肩负着促进和平衡本土文化繁荣和产业发展的双重职责。（2）规制型国家论（regulatory state）则认为国家不仅仅是不同利益、需求和压力团体的协调者，实际上更是政策价值偏好的塑造者。也就是说，当代国家的作用并不是表达和调节国内外各种利益冲突以及促使合意的达成，而是发挥着更加主动积极的规制作用和谋求自身利益⑤。2003年，英国政府合并了原来管理广播电视、电信和计算机技

---

① KEOHANE R, NYE J. Power and interdependence in the information age [EB/OL]. Foreign Affairs.Sep/Oct1998, 77, 5. Alumni-Research Library. p.81. http://www.academos. ro/sites/default/files/power_and_interdependence.pdf.
② IOSIFIDIS P. Global media and communication policy [M]. London: Palgrave Macmillan, 2011: 115.
③ FLEW T. Understanding global media [M]. London: Palgrave Macmillan, 2007.
④ BRAMA S. Change of state: information, policy, and power [EB/OL]. http://courses.washington.edu/insc555/wordpress/wp-content/readings/Braman_2009.pdf.
⑤ IOSIFIDIS P. Global media and communication policy [M]. London: Palgrave Macmillan, 2011: 117.

术领域的五个机构，组建了传播委员会（Ofcom）就是一个很好的例证，这不仅说明国家在主动应对媒介融合和信息社会所带来的变化，而且意味着国家通过这一超级规制机构来掌控市场力量，以促进自由竞争。（3）国家资本主义（state capitalism）并不是一个新说法，只是一种重新回归。特别是21世纪第一个十年的后期，随着自由资本主义步入新的危机时期，在应对和解决恐怖主义、2008—2009年金融危机等问题时，美国政府开始广泛地干预社会和经济领域，并发挥了强有力的积极作用。更值得注意的是，在世界能源、金融等领域，国家控制和支持的公司所占的比重很大。2010年世界上3/4的原油由国家公司控制，而且占世界石油储量3/4的13家最大的石油企业，也全是由国家支持的；全球1/5的股票市场由国家公司控制，是2000年的2倍；全球3/4的最大资本化银行也是由国家控制的。在新兴经济体中，有政府背景的企业获得了2003—2010年全部外国直接投资的1/3[①]。由此，从2009年起，国家资本主义再次引起关注和热烈讨论，政治风险咨询公司欧亚集团（Eurasia Group）的创始人兼总裁伊安·布里莫（Ian Bremmer）在《麦肯锡季刊》《巴伦周刊》等期刊上发表多篇文章和访谈，论述了国家资本主义的崛起。2012年1月21日，《经济学人》杂志的封面文章便是《国家资本主义在崛起》。实际上，更为关键的问题并不在于讨论国家资本主义概念本身，而是需要关注和审视是否一种新的平衡国家和市场权力的模式在形成。在这种模式中，国家政策具有更强的操控力度，国有企业通常也有极大的运作自由度，并会对其政府及政府官员施加更多的影响力。这是资本主义发展的新阶段和新样式，是国家力量和资本力量紧密的结合，还是抗衡全球自由资本主义的新力量？

总的看来，随着传媒政策全球化进程的推进、跨国公司在全球范围的迅速增长，以及国际组织的拓展，国家在政策形成过程中的作用和角色发生了较大的变化，其管理手段和方式也在不断地调整，治理模式成为政策形成的

---

① 中国社会科学院宏观经济运行与政策模拟实验室，中国社会科学院经济所"宏观经济与政策跟踪"课题组.国家资本主义的崛起与未来（一）[J].经济走势跟踪，2012（17）.

新模式。尽管如此,国家和地区仍是本国和本地区传媒政策最为重要的主体,特别是在视听行业,国家在促进和保护本民族文化多样性、公共服务供给等方面仍处于决定性的地位。更为重要的是,不仅要讨论国家及其政府的弱化还是强化的问题,还要探讨国家在新信息传播语境下如何更加有效和富有创新地平衡和满足政治、经济和社会文化力量的需求。对于中国传媒政策实践和研究而言,在相当长的一段时间里,政策处于一种自话自说的状态。改革开放以来,随着经济的发展和国力的提升,逐渐步入了"我要说"的阶段,特别是加入世界贸易组织以来,这种急着向世界讲述中国故事的现象俯拾皆是。而从2008年以来,中国的成功和发达国家的疲软,让世人急着想了解中国和挖掘中国的经验,步入了"要我说"的阶段,而中国怎样说不仅关乎自身是否可持续发展,而且关乎世界游戏规则是否沿着既定的模式走下去,并且在建构一种新型的信息传播秩序,这是当前和未来中国政策实践和研究值得深思和慎重对待的重大问题,这不仅关系中国人的福祉,也关乎世界人民的福祉。

试论欧美传媒规制融合的趋势与问题*

2013年3月召开的十二届全国人大一次会议决定将"国家新闻出版总署"与"国家广播电影电视总局"合并为"国家新闻出版广电总局",这是继国务院发出《关于印发推进三网融合总体方案的通知》(国发〔2010〕5号)之后,国家加快媒介融合进程的又一重大举措,也是国务院机构改革和职能转变在信息传播和文化娱乐领域的重要体现。实际上,随着媒介融合进程的推进,许多国家都开始整合传媒乃至信息传播和文化娱乐管理机构,① 调整管理职能和方式,出现了规制融合(regulatory convergence)的浪潮,学界也对此进行了广泛而深入的讨论。

相比较而言,欧美发达国家的传媒等信息传播管理机构融合要比中国开始得早,融合的范围也要广一些,职能转变力度也更大,整合的方式也较成熟,有许多值得中国学习和借鉴之处,因此,有必要对此进行梳理和分析,以期有益于中国的政策实践和理论研究。目前国际上有关讨论聚焦在国家和跨国层面规制(管理)机构的组织结构和规范问题上,即探讨媒介融合是否会导致或需要管理机构融合,机构融合后又基于什么样的价值理念来制定和实施政策法规,进而讨论如何在电信、广电等行业融合语境下促进有效竞争,

---

* 本文原载于《新闻记者》2013年第8期,收录到本书时有改动。
① 通常来说,国际上习惯将依据法律对市场及其行为进行规范和管理的机构称为"规制机构"(regulatory bodies),将其管理行为称为"规制",而国内则称之为"管理机构""管制",其间无论是在内涵上还是历史文化传统与体制上,均存在一定的差异。本文考虑到中国现在需要用世界通用词语与其他国家对话,因此,倾向于采用"规制机构"和"规制"。

提高社会和经济效益，满足所有人的信息传播和文化娱乐需求。因此，本文拟从规制机构融合趋势及其问题、美英融合机构的经验和欧盟跨区域融合三个层面对此进行讨论。

一、规制机构融合是一种世界趋势

21世纪以来，规制机构融合无疑是大势所趋，国际电信联盟（ITU）的统计表明，2000—2007年，全球共组建近30个融合规制机构。不过因国家历史文化和制度体制的不同，融合机构所涉及的部门、领域和融合的程度也不尽相同，欧洲融合程度最高，单独管理信息传播技术（ICT）或电信的机构只占30%，亚太地区和阿拉伯国家融合程度相对较低，单独管理信息传播技术或电信的机构均占80%。① 近5年来（截至2012年），规制的范围不断拓展，ICT或电信规制机构延伸到广播电视内容、数字内容、网络安全和数据保护等新媒体领域，比如，仅2011—2012年，世界上40%以上的国家开始将网络安全纳入规制之中。总的看来，大部分国家还在探索整合不同行业管理机构以建构融合规制机构，而已经组建了多部门融合机构的（multisectorial agencies）国家的管理则日趋成熟。比如，2013年初，中国合并了国家广播电影电视总局和新闻出版总署，而西班牙则整合了8个相关管理部门组成新的规制委员会，涉及能源、电信市场、邮政服务、博彩、空运、广播电视、铁路等。②

实际上，欧美发达国家在进行规制机构融合时涉及两个关键性问题，一是横向整合传媒、电信和信息技术乃至文化娱乐行业，是否能有效应对媒介融合、理顺关系、提高效率和效益，尤其是一直只关注经济价值和技术发展的电信规制部门与重视社会文化价值和内容规制的广播电视管理机构合并，这两种不同的政策价值趋向如何平衡是个大问题；二是规制机构的独立性问

---

① ICT. ICT regulatory trends 2010/2012［EB/OL］. https://itunews.itu.int/En/2604-Regulating-in-a-broadband-world.note.aspx.
② ICT. ICT regulatory trends 2010/2012［EB/OL］. https://itunews.itu.int/En/2604-Regulating-in-a-broadband-world.note.aspx.

题，即随着融合进程的推进，欧美发达国家电信和广播电视行业逐渐由市场垄断向全面竞争转变，规制主体也由过去的政府管理部门向独立规制机构（independent regulatory authorities）转型，规制机构的独立程度越高，就越能排除政治和经济利益集团的干预，就越能为公共利益服务。

按照欧盟理事会（Council of the Europe Union）有关规制机构独立性的意见，确保规制机构独立性至少包括：（1）必须树立规制机构免受任何外在干扰的规则，特别是要排除政治和经济利益集团的干预，其成员的任命必须是民主和透明的，而且要避免因政治压力随意解雇有关成员；（2）确保规制机构财政独立，其资金运作需在法律明确规定下独立进行，政府当局不应利用其财政决策权来干扰规制机构的独立性；（3）在权力和责任上，规制机构有权执行规制和对广播电视行为进行指导，规制程序（执照费）应该清晰、准确，实施应该公开、透明和公平，规制机构参与广播电视频率频谱等资源分配，同时规制机构应对公众负责，所有决策和规制应该合理合法和公开。[①] 可见，规制机构的独立性核心目标是确保公共利益的实现，避免规制被外在权力干预或成为既得利益集团维护自身利益的筹码，保证规制公开公正和透明的大前提和基础是依法拥有权力和履行责任。实际上，规制独立的程度会因国家历史传统、制度体制、产业与市场结构的不同而异，即使是组建了独立规制机构的西方国家也是如此。伦敦政治经济学院教授马克·撒切尔（Mark Thatcher）曾对法国、英国、德国和意大利的独立规制机构的独立性进行比较研究，发现英国、德国和法国的政府官员很少用权力干预独立规制机构的人事任免，而意大利则高度政治化。[②]

二、FCC 与 Ofcom 的经验和面临的问题

美国联邦通讯委员会（FCC）从 1934 年成立起就开始统一管理着全美的

---

① Council of Europe Committee of Ministers. Recommendation No.R[EB/OL]. http://www.coe.int/t/dghl/standardsetting/media/doc/cm/rec (2000) 023&expmem_EN.asp.
② THATCHER M. Regulation after delegation: independent regulatory agencies in Europe[J]. Journal of European public policy, 2002, 9 (6): 954-972.

广播电视和电信行业,可以算得上最早的融合规制机构了,而且在促进美国行业融合和企业整合并购等方面发挥了重要作用,不过它也受到一些批评,如有评论认为,FCC 的规制被其所管理的产业左右,遵从经济价值以取悦于商业利益集团,而忽视了社会文化价值。① 一个具有代表性的实例是,2003年 7 月,FCC 提出进一步放宽传媒公司所有权的限定和单一公司所拥有电视台的全国家庭覆盖率上限,将单一公司的覆盖率上限由 35%提高至 45%,并基本废除了禁止一家公司在同一城市中拥有报纸和电视频道的限定。此举受到公共媒体等倡导文化多样性群体的反对和抗议,最终 FCC 在 2004 年有所妥协,将覆盖率上限只提高到 39%。尽管如此,这一决策还是为传媒企业跨行业整合和并购大开方便之门,比如,新闻集团并购了福克斯电视网,维亚康姆并购了哥伦比亚电视网。实际上这仍然关乎规制的独立性问题,在商业化程度极高的美国,FCC 奉行经济价值至上和市场自由主义,此举也在情理之中,但这样一来就会在规制中失之偏颇,漠视了社会文化价值。

英国传播办公室（Ofcom）是 2003 年英国政府为了应对信息传播业务等政策问题,整合了原来管理广播、电视和电信行业的 5 个机构而组建的。无论是在 Ofcom 组建前还是现在,有关其利弊的讨论从未间断过,主要集中在以下几个层面:一是电信领域的规制传统和模式会居于主导地位,也就是强调和重视经济价值和技术效率,而以社会文化价值为核心目标和动机的广播电视规制传统就会被置于次要地位和式微。② 二是尽管 2003 年《传播法案》明确规定了 Ofcom 既要促进公民利益的提升又要增进对消费者利益的满足并适当增强竞争,③ 但一些批判者认为,Ofcom 是一个经济规制体,在实际操作中会以满足消费者利益为上,而将公民利益置于从属地位,而且对竞争的强调实质上是以满足需求为导向的,这与消费者利益至上会形成协同作用,最终会导

---

① 有关这方面的论述很多,比如 DUNBAR J.（2005）Who is watching the watchdog；BROWN D H，BLEVINS J L.（2008）Can the FCC still ignore the public? IOSIFIDIS P（2011）Global Media and Communication Policy，P.197.
② VICK D W. Regulatory convergence?［J］. Legal Studies，2006，26（1）：26-64.
③ Communications Act［EB/OL］. http://www.legislation.gov.uk/ukpga/2003/21/section/3.

致对民主、文化和公民参与等社会利益的忽视。进一步讲，组建Ofcom这样的融合性规制机构的底线是将竞争作为解决媒介融合语境下经济和社会文化传播政策问题的首要工具和手段。① 三是对BBC的规制问题。Ofcom对BBC的市场行为具有规制权力，不过迄今为止，BBC仍是在《皇家宪章（2006—2016）》下实行自律（self regulation），而且是英国数字转型和革命的主力军。因此，一方面BBC具有确保公共价值延续和发扬的责任，另一方面BBC要避免影响市场竞争的公平性，不过随着BBC商业业务的拓展，一些研究者认为，Ofcom不会将BBC视为一个公共媒体而是会将其视为市场竞争主体来规制其行为。② 可见，有关Ofcom融合规制的核心问题也是聚焦在经济价值与社会价值、技术效率与内容规制、消费者利益与公民利益的冲突与平衡上。

三、欧盟委员会的跨国融合规制尝试

FCC和Ofcom所讨论的仍是在民族国家范围内的规制融合问题，而欧盟委员会（European Commission，简称EC）则探讨跨越国家的区域规制融合问题。从20世纪90年代开始，EC推进整个欧洲通信市场的整合，寻求建构一种面向所有信息传播服务的协调化规制框架。1997年12月，EC发布的有关电信、传媒和信息传播行业融合及其规制建议的绿皮书，开启了在欧盟层面讨论基于数字融合的规制改革和建构新规则问题，以提升欧盟传媒产业的全球竞争力和增进公共利益，以及实现欧洲信息社会。③ 1997年的"绿皮书"至少提出了三个富有价值的规制建议：一是规制的水平模式（the horizontal model），即媒介融合时代需要从过去基于行业的垂直规制向跨行业的水平规

---

① IOSIFIDIS P. Global media and communication policy[M]. London: Palgrave Macmillan, 2011: 196.
② FREEDMAN D. The Politics of Media Policy[M]. Cambridge: Polity Press, 2008: 169.
③ European Commission. green paper on the convergence of the telecommunications, media and information technology sectors, and the implications for regulation[EB/OL]. http://ec.europa.eu/avpolicy/docs/library/legal/com/greenp_97_623_en.pdf.

制转变;二是对基础设施等信息符号传输的规制与内容规制应该分开;三是强调竞争规则的重要性,促进信息传播市场更加开放和富有竞争力。

2007年开始实施的"视听服务令"取代了"电视无疆界令",聚焦在电视和类电视服务的规制问题上,尝试建构内容规制的欧式融合标准,主要创新点包括:规制范围由电视拓展到整个视听领域,包括传统电视和视频点播、移动电视等类电视服务;根据年龄和需求确定不同层次的内容限制,比如成人与儿童应有所区别,即所谓等级规制(graduated regulation);倡导欧盟各国推行联合规制(co-regulation),即在一些领域基于所有利益相关者达成共识基础上实施自律,同时与政府规制相结合。①

可见,EC在促进规制融合方面主要致力于建构面向所有传播服务的协调化规制框架,分别规制基础设施与内容,强调竞争规则以及简化和最小化规制。② 进一步讲,EC不仅寻求跨行业水平规制模式,也在探索推进整个欧盟地区合作、协调的规制模式,同时讨论在融合框架下的再分类或细化规制。此外,简化甚至去规制,也是EC讨论规制融合的又一主要问题,不过这与20世纪80年代以来兴起的新自由主义理念和英美政府放松规制的改革并无多大区别,即减少政府干预,促使市场自由化和促进竞争,而EC则倡导依托竞争法规制市场主体,这可能会流于一种单纯的经济逻辑而忽视了社会文化价值。

四、结语

综上所述,规制融合顺应了行业区隔日趋模糊和跨界运作已蔚为壮观的大势,规制行为和机构需要整合和再细化来管理融合中的信息传播和文化娱乐领域。相较于欧美,中国所面临的问题更加错综复杂,这不仅体现在条块分割的行业格局和体制模式尚未突破,狭隘的地方主义和部门主义观念仍存

---

① European Commission. The audiovisual media services directive[EB/OL]. http://ec.europa.eu/avpolicy/reg/avms/index_en.htm#top.
② IOSIFIDIS P. Global media and communication policy[M]. London: Palgrave Macmillan, 2011: 202.

在，还表现在规制（管理）理念和行为严重滞后于实践。一个鲜活的现实例证便可以说明这一点，近两年来，阿里巴巴、腾讯和百度等互联网公司汹涌澎湃的跨界商业运作，已经打通了新闻出版、广播影视、电信、IT、金融、物流和日常消费等领域，传统广电、电信、IT和物流等机构惊呼"后院失守"。其实最应该惊讶和反思的是规制机构，突然发现管理的理念是那样的陈旧，步伐是那样的缓慢，手段是那样的落伍……面对规制融合，中国传媒政策实践面临的问题主要集中在以下三个层面。

一是规制机构融合的范围和力度问题。从范围上看，国家新闻出版广电总局不过是传统媒体管理机构的一种整合，还没有拓展到互联网、移动通信等新媒体和新业务领域，而媒介融合的关键在于传媒、电信和IT行业之间融通，整合这三大行业的规制机构，方能有效规制日趋融合的信息传播行业和市场行为，特别是融合性市场业务和行为。如果国家新闻出版广电总局是阶段性融合的话，那么下一步融合是延伸到电信和IT，还是文化娱乐，抑或整个信息传播和文化娱乐领域？这需要未雨绸缪，而非仅仅是业界倒逼的急就章。从力度上看，最关键的问题是能否打破行政层级和消弭地区壁垒，这关系到体制改革的力度和决心，也关系到政府放权的力度和规制机构的独立性问题。

二是机构整合后的职能转变问题，这是重中之重。一方面是能否彻底打破过去新闻出版、广播影视、信息技术和通信行业区隔思维，突破过去条状规制模式，实现化学整合，而非物理撮合；另一方面是能否重新划分和细化管理职能，对融合后的内容生产、传输流通进行分类和分级规制，特别是对信息安全、版权保护、传播自由以及跨界新业务和新样态的规制。

三是规制方式问题。这不仅关系到能否实现由目前相对单一的政府规制转向政府、行业自律和国际规约联合规制的转变，而且关乎在规制过程中能否更多地通过立法和执法来规范行业行为，减少主观性政令，强化行业自律，进而形成适合融合时代的规制体系。当然，规制中如何平衡经济价值和社会文化价值，避免过度关注经济福利，也是中国传媒政策面临的重要问题，尤其是在推进三网融合的过程中，过多地强调技术效率和经济收益会造成新的不平等、不公平和不均衡局面。

中国政治意识形态与传媒改革：关系与影响*

纵观中国媒介发展历程，改革不仅是一个极为常见的词语，更是媒介业的一种常态。就 21 世纪第一个十年来说，从 17 号文件倡导以资本和业务为纽带进行结构调整，到 21 号文件开启公益性事业和经营性产业分类发展，再到《文化产业振兴规划》的出台；从构建跨地区、跨媒介的媒介集团到推进三网融合；从公益性事业改革与建立现代产权和企业制度，到公共服务体系的构建与资本化的深入：改革涉及媒介体制改革、产业结构变革、经营管理改革、媒介技术革新等各个领域和层次。若回溯改革开放 30 年以来的历程，同样如此。从 37 号文件的"四级办"到 82 号文件的"四级变两级"，从默许、允许进而鼓励媒介进行广告、自办发行等商业活动到"事业单位，企业化经营"模式的确立，等等。若追溯到新中国成立 60 年以来，更是如此。从国有化到商品化、市场化和资本化，从国有制唯一到国有为主导、多种所有制并存，从政治宣传功能唯一到经济功能和社会功能显现，从财政全额拨款到差额补贴和多种资金来源，等等。若再往前上溯到 20 世纪以来，又何尝不是如此呢？无论是辛亥革命、五四运动，还是新中国的建立，无不伴随着媒介的改革。而可预见的"十二五"及以后相当长的一段时间里，改革也将是中国媒介的一种基本现象。为何？这是因为中国的经济制度、政治制度和社会制度迄今还是个变量，是因为分分合合的中国历史演变轨迹，是因为思想文化断裂的危机一直是中国近代、现代思想脉络的困扰和问题，更是因为政

---

* 本文原载于《新闻大学》2013 年第 4 期，收录到本书时有改动。

治意识形态的不断变迁。进一步讲，媒介不仅具有意识形态属性，而且是塑造人们意识形态的重要载体，同时，意识形态变迁深刻地影响着媒介制度、体制，决定、推动或制约着传媒改革。

当前，经济、社会和技术的迅猛变化对传媒改革又提出了新的诉求，特别是信息传播技术的迅猛发展和应用并辅之以不断深化的全球化进程，带给媒介业的将是一场革命性的变革，同时也会极大地促动着价值理念与社会的变化，传媒改革与转型也将更加快速和猛烈。由此，"改革"一词仍是中共意识形态的一个关键词。十七届五中全会明确指出，改革是加快转变经济发展方式的强大动力，必须以更大决心和勇气全面推进各领域改革，大力推进经济体制改革，积极稳妥推进政治体制改革，加快推进文化体制、社会体制改革。因此，有必要梳理和分析中国政治意识形态与传媒改革的互动关系，研究中国社会主义意识形态变迁如何影响传媒改革，挖掘期间的变与不变，审视促使和制约媒介发展的意识形态根由。

一、中国共产党意识形态与传媒改革

（一）意识形态：内涵与关系

意识形态是社会科学领域一个非常复杂和多义的概念，迄今尚无一个能放之四海而皆准的定义，但这并不影响学界和业界运用这一概念及其相关理论分析政治、经济和社会文化现象与推动社会变革和社会活动。本文倾向于意识形态是关于世界的一套信念[①]，体现为个人、组织和阶层的思维方式特征。正如卡尔·曼海姆（Karl Mannheim）所认为的那样，意识形态可以分为具体或特别的个人观念与超越个人层面的阶层、组织和社会等全面或整体观念等

---

① 诺斯.制度、制度变迁与经济绩效[M].刘守英，译.上海：上海三联书店，1994：379.有关意识形态的定义非常多，本文不再赘述，可参阅 HEYWOOD A. Political ideologies: an introduction. second edition[M]. London: Macmillan Press LTD, 1998.本文吸纳了其中的许多观点。

层次①。同时，意识形态也是可以分领域的，如经济、政治、文化意识形态等。其主要功能包括对现存社会秩序予以解释，即世界观；塑造美好社会愿景和规划政治变迁及其影响，关乎政治信仰和理念体系、执政理念、社会各阶层利益分配观等②，集中在世界观、价值观、权力结构观、利益观和治理观等方面。中国传媒改革始终与政治变迁密切相关，与中国共产党的意识形态变迁密不可分。政治属性是中国媒介的本源性特征，喉舌论与意识形态宣传功能始终是中国媒介主要论断与首要职能，而且"党管意识形态"是中国共产党"在长期实践中形成的重要原则和制度，是坚持党的领导的一个重要方面，必须始终牢牢坚持，任何时候都不能动摇"③。进一步讲，研究与中国传媒改革相关的意识形态变迁，实质上是讨论作为政治组织的中国共产党意识形态变迁与传媒改革的关系。

（二）中国共产党意识形态及其变迁：理论与实践

组织的意识形态与阶层、个人的有所不同，组织具有明确的目标指向性、技术操作性，其意识形态应是一整套系统化的用于建构和运行组织的行为理念。而中国共产党意识形态则将个人层面和超越个人层面的意识形态糅合在一起，因为个人思想源于其所在阶级的社会母体，生于什么样的阶级可能就会有什么样的思想。理想的组织意识形态既要让个人忠于组织事业，还试图促使其正确地行动，中国共产党的意识形态一直在追求和实践着这样的双重效果。进一步讲，中国共产党意识形态包含了理论（纯）意识形态（pure ideology）与实践意识形态（practical ideology）两部分④，纯意识形态是核心理念，规定了是非正误的道德伦理价值，是洞察意识形态内部关系的本质理

---

① SCHURMANN F. Ideology and organization in communist China[M]. Los Angeles：University of California Press，1973：18.

② HEYWOOD A. Political ideologies：an introduction（second edition）[M]. London：MACMILLAN PRESS Ltd，1998：8.

③ 胡锦涛. 在全国宣传部长会议上的讲话[N]. 人民日报，2003-12-08.

④ SCHURMANN F. Ideology and organization in communist China[M]. Los Angeles：University of California Press，1973：18-28.

性；而实践意识形态则是行动的工具，规定行为及其预期直接效果的规则和规范，给予个人以具体行动的原则和方法。也就是说，不仅要有正确的思维方式，更要有正确的言论与行动，即立场。

中国共产党理论意识形态源于马克思列宁主义，关乎世界观和合法性问题，其普遍真理就是通常所言的"理论"；实践意识形态则来自中国革命的具体实践，关乎具体性和国情，也就是马克思主义理论的中国化——"思想""观念"等[1]。可简化为：马克思列宁主义的普遍真理＋中国革命、建设和发展的实践＝中国共产党意识形态。正如弗兰茨·舒曼（Franz Schurmann）所言，中共意识形态变迁可以概括为一种不变的普遍真理（马克思列宁主义）与变化着的个人（领袖）意识形态的不断结合过程[2]。

自改革开放以来，旨在建设和发展的实践取代了革命实践，成为意识形态的核心——"中国特色社会主义"。这一概念是邓小平在中共十二大开幕词中提出，此后历次党代会均明确运用并将其确立为伟大旗帜。实际上，毛泽东思想也可以纳入这一概念中，因为其马克思列宁主义的普遍真理与改革开放以来是同源的和一致的，只是实践意识形态的侧重点有所不同。正如哈佛大学经济学教授雅诺什·科尔奈（János Kornai）所言，社会主义体制有革命过渡体制、经典社会主义体制（经典体制）和改革社会主义体制（改革体制）三种不同的体制原型，中国在1949年新中国成立之后进入了经典社会主义体制阶段[3]，即中国经典社会主义确立和形成，改革开放以来中国步入了改革社会主义体制阶段。由此，对中国传媒改革与政治意识形态的研究集中在中国社会主义变迁与传媒改革的关系，具体到毛泽东思想、邓小平理论、"三个代表"重要思想和科学发展观与传媒改革的关系。

---

[1] SCHURMANN F. Ideology and organization in communist China[M]. Los Angeles: University of California Press, 1973: 30.

[2] SCHURMANN F. Ideology and organization in communist China[M]. Los Angeles: University of California Press, 1973: 33.

[3] 科尔奈.社会主义体制：共产主义政治经济学[M].张安,译.北京：中央编译出版社，2006：24-28.

(三) 中国共产党意识形态与传媒改革：中观与微观视角

传媒改革是多层次的，既有经营管理等微观层面和规制政策等中观层面，又有体制和制度等宏观层面。制度体制的变革往往取决于政治体制、经济体制等更为宏观的制度和体制变迁，中国传媒改革触及制度和体制层面的有新中国成立初期国有传媒制度的确立、改革开放以来基于社会主义市场经济的传媒体制的形成与嬗变，与此密切相关的是毛泽东思想和邓小平理论这两个中共意识形态变迁的关键点和转折点。毛泽东思想建构了中国媒介的基本制度，是对新中国成立前传媒制度的变革；邓小平理论开启了传媒的商品化、市场化和资本化，形成了"一元制度二元运作"体制模式，"三个代表"和科学发展观完善和丰富了这一体制。这期间作为理论意识形态的马克思主义是不变的，即邓小平所言的"老祖宗不能丢"，传媒国有制和基本职能也是基本不变的。而变的是基于革命、建设和发展时期的实践意识形态，传媒改革也集中在中观和微观层面的变化。因此，研究中共意识形态变迁与传媒改革的深层次关系，应聚焦探讨在现行制度和体制下，中国特色社会主义嬗变与传媒规制政策变迁的关系上。

二、改革开放前中国社会主义变迁与传媒改革

改革开放前是中国社会主义的确立和形成时期，这个时期中国共产党意识形态的主要功能是有利于获取新民主主义革命和斗争的胜利以及共和国的建立与巩固，其核心是毛泽东思想，中共七大将其确立为指导思想和方针，并写入了党章，被誉为中国的共产主义和马克思主义。由于处于革命和新制度确立和建设时期，意识形态对新制度的发展、稳定和最终固化起着重要作用，并为现实中出现的东西提供了合法性支持，因此，意识形态的泛化成为这个时期的一个典型特征，"所有'层面'都涂满了意识形态的涂料"[①]。传媒

---

① 科尔奈.社会主义体制：共产主义政治经济学[M].张安,译.北京：中央编译出版社，2006：46.

改革的指导思想、原则、体制和政策变迁皆以毛泽东思想为圭臬，应该说这是首次中国传媒改革，即建构与中国社会主义相称的传媒体制和政策体系，是对新中国成立前传媒体制等的重构与革新。

（一）矛盾论与权力结构观

矛盾论是毛泽东思想的核心，也是中国经典社会主义的基本世界观和方法论，集中体现在毛泽东的《实践论》《矛盾论》《论十大关系》《如何正确处理人民内部矛盾》等文章中。矛盾论直接源于马克思列宁主义的对立统一规律和阶级斗争学说，也与《易经》所言的阴阳对立等中国传统观念密切相关，认为无论是自然界还是社会和思想领域中的任何事物都存在着相互依存而又相互排斥和否定的对立面，并在这种矛盾性统一和斗争中不断发展。由此，推动社会历史发展的必然道路始终是阶级斗争或冲突的必然结果。也就是说，世界上总是存在着进步力量和反动力量之间的明显和潜在的对立和统一，在中国社会主义革命和建设初期，国内社会存在无产阶级与资产阶级的斗争，国际上存在社会主义与资本主义的斗争，这些斗争是一种常态，没有斗争就无法推动社会的发展，甚至做不成任何事情。

新中国成立后，矛盾论被推及政治、经济和社会等各个领域，大跃进和文革时期被演化到极端的程度，沦落为非此即彼的简单二元论。改革开放后，党和国家纠正了这种错误的导向，不过矛盾论的影响是深远的：在政治上表现为民主集中制，存在民主与集中、自由与纪律、中央与地方等的对立统一；在经济上表现为对立统一的结构观，存在长期目标或利益和短期目标或利益、农业与重工业和轻工业、中央与地方、国有与合作和私营以及大中小规模等行业和产业间的矛盾，还存在生产、增长和消费之间的矛盾，资本密集型与劳动密集型之间的矛盾；在社会上表现为社会阶层间的矛盾观，存在官僚与大众、官僚与干部（党）、领导与被领导的矛盾，还存在专与红、私人与集体、物质与意识形态、个人回报与集体回报、待遇与分配之间的矛盾。第一个五年计划后，第一代领导集团认为新中国成立后第一个五年的失误就在于厚此薄彼，突出矛盾的一端，而忽视了另一端的发展。由此从第二个五年计划开始强调同步发展，迅速推进和提高被忽视的另一端，但由于方式上的极端化、步伐上的理想化和方法上的简单化，酿成了乌托邦式的大跃进和"文化大革命"。

权力结构观是意识形态的重要部分，也是中国经典社会主义和毛泽东思想的根本。首先，强调权力的重要性。权力不仅是实现其他重要目标和执行任务的工具，而且是最终的善和内在价值，也就是权力既是手段又是目的，即"权力问题是革命的根本问题"，"夺取权力只是一个开始"，"关键是保持权力、巩固权力"①。其次，中国社会主义国体和政党制度是人民民主专政，即作为工人阶级的先锋队——中国共产党领导和代表人民（工人阶级、农民阶级、城市小资产阶级和民族资产阶级）对人民内部实行人民民主，对境内外敌对势力和犯罪分子实行专政。而专政是指"不受限制的、凭借暴力而不是凭借法律的政权"②。最后，只有中国共产党才能了解和代表人民的利益，并领导整个社会，社会权力结构具有家长制和自洽性特征，正如雅诺什·科尔奈所分析的那样，经典社会主义官方意识形态具有权力的自我合法性和"父爱主义"特征③。

（二）国有制与党管媒体

矛盾论和权力结构观在传媒领域集中体现为国有制和党管媒介。既然中国社会主义是与资本主义、封建主义等对立的，是对一切社会主义敌对势力的专政，而集体主义和结果平等又是社会主义不同于资本主义等的核心理念④，国有制和中央计划经济模式也就自然是私有制和自由市场经济模式的对立面，成为社会主义专政的有效模式。由此，国有化运动推及整个经济、社会和文化领域，传媒国有制也因此确立。传媒的社会主义改造实质上就是产

---

① 科尔奈.社会主义体制：共产主义政治经济学[M].张安，译.北京：中央编译出版社，2006：55.
② 列宁.列宁全集（第10卷）[M].北京：人民出版社，1984：186.
③ 科尔奈.社会主义体制：共产主义政治经济学[M].张安，译.北京：中央编译出版社，2006：51.
④ HEYWOOD A. Political ideologies：an introduction（second edition）[M]. London：MACMILLAN PRESS Ltd，1998：105-115.

权国有，组织及其人员的模式和观念乃至行为的国有化、集体化，而且将任何与资本主义和私有制有关的组织模式、观念等都纳入了被改造或敌对的范畴，传媒机构也因此成为全额财政拨款的事业单位。

具有父爱主义特征的权力结构视传媒为党、政府和人民的喉舌，政府是人民的政府，而人民的利益只有中国共产党才能代表，因此，党管媒体是天经地义和合理合法的，媒介机构属于意识形态宣传部门和行政机构，是党的舆论阵地和思想战线。这个时期的传媒政策集中在中共的新闻政策、宣传政策和文艺政策，党性原则也成为媒体的基本思想意识、政治要求、组织原则和行为准则。同时，权力集中与官僚/干部管理成为媒体的基本组织结构模式与协调机制，传媒机构及其人员也是按照行政级别来划分的，与中共的组织结构模式具有同构性。

在新中国成立的前三十年里，中国社会主义在意识形态泛化、运动化、斗争化与国有化等社会主义改造的过程中确立和巩固，中国传媒国有体制、官僚化的组织结构和行政化的行业格局随之形成。不过，这种以政治意识形态统合社会的各个领域，形成的"总体化社会"和"政治、经济、社会、文化一体化"[1]社会和全能型政府与权力高度集中的组织结构模式，与新民主主义革命和新中国成立时的富庶、平等和发展等美好承诺尚存在一定的差距，也没有很好地扭转经济发展滞后和社会文化生活相对空乏的局面，新的改革势在必行。

三、改革开放以来中国社会主义变迁与传媒改革

如果说新中国前三十年是用政治手段和计划经济模式统合和解决一切政治、经济和社会文化问题，所谓"政治挂帅"的话，那么第二个三十年则是经济或市场挂帅，经济或市场也曾一统天下，甚至经济指标一度成为社会的唯一评判标准，好在共和国 60 年诞辰前后国家开始审视和扭转这一态势。总

---

[1] 卢思骋.直面矛盾，加强社会建设：专访清华大学社会系教授郭于华[J].南风窗，2010，（24）：43.

的来说,在第二个三十年,中国社会主义政治意识形态从矛盾论和阶级斗争为纲向以经济建设和社会建设为中心转变,这期间作为理论意识形态的马克思主义是不变的,而实践意识形态随着三代领导集体更替而有所变迁,由此形成了由邓小平理论、"三个代表"重要思想和科学发展观组成的"中国特色社会主义"理论体系。具体到传媒改革来说,国有制和党管媒介是基本不变的,媒介的属性、行业结构、运营模式和机制等方面发生了很大的变化,从商业化、市场化和资本化到强调公平、协调和全面发展。

(一)以经济建设为中心的理念与传媒改革

中国特色社会主义的核心是强调经济建设的重要性,这是邓小平理论与毛泽东思想最大的不同点,也是中国改革社会主义与经典社会主义的主要区别之处。

1. "经济中心论"及其变化

十年浩劫使得当时的中国经济停滞不前甚至倒退,民生凋敝,百业待兴,如何迅速扭转这种局面成为新一代领导集体面临的首要问题。由此,邓小平提出"经济工作是当前最大的政治,经济问题是压倒一切的政治问题",而且"政治工作要落实到经济上面,政治的问题要从经济的角度来解决"[①],中共十三大正式确立以经济建设为中心的社会主义初级阶段党的基本路线,这也是邓小平理论的核心。中国社会主义的内涵也为之一变,即通过解放和发展生产力而非阶级斗争来消除两极分化,以达到共同富裕的终极目标。可以说,"经济中心论"成为邓小平时代中共意识形态的核心,即在坚持四项基本原则的基础上,推行市场取向的改革开放政策,对于"主义"不做讨论,一门心思"去实现别的许多国家在资本主义条件下实现的工业化和生产的商品化、社会化、现代化"[②],这也是中共十二大提出的中国特色社会主义的基本内涵。

江泽民时代延续和巩固了这一观念,首先表现在确立邓小平理论的指导

---

① 邓小平. 邓小平文选(第2卷)[M]. 北京:人民出版社,1994:194.
② 邓小平. 邓小平文选(第3卷)[M]. 北京:人民出版社,1993.

地位和旗帜作用，中共十五大报告中明确提出"高举邓小平理论伟大旗帜"的思想路线，认为"在当代中国，只有把马克思主义同当代中国实践和时代特征结合起来的邓小平理论，而没有别的理论能够解决社会主义的前途和命运问题"①，其次体现在将"代表先进生产力"置于"三个代表"的首要地位。

中共十七大提出的科学发展观，在坚持以经济建设为中心的基础上强调协调与和谐，即经济、社会和人全面、协调和可持续发展，并认为"社会和谐是中国特色社会主义的本质属性"，由此，中国社会主义的内涵又有所拓展和变化，形成了中国特色社会主义理论体系。

2. 传媒的市场化、集团化和资本化

基于以经济建设为中心，中国媒介开始了一系列市场取向的改革，先后经历了市场化、集团化、资本化和全面发展四个阶段。具体表现在以下几个标志性政策的出台：（1）1983年的37号文件等鼓励传媒机构实行企业化经营；（2）1993年中共中央、国务院在《关于加快发展第三产业的决定》中将媒介行业正式列入第三产业；（3）2001年的17号文件等提出了以结构调整为主线以及以资本和业务为纽带组建媒介集团的传媒改革；（4）2003年的21号文件强调事业和产业分类协调和全面发展，2009年的《文化产业振兴规划》将传媒产业等纳入国家发展战略和国民经济重要支柱性产业。可以看出，鼓励、促进和提高传媒机构和行业在经济方面的发展与壮大始终是改革开放以来传媒改革的主线和核心内容。

值得注意的是，中国传媒改革，特别是在经济上，开始步入了自觉时代，其核心是提升经济收益和实力，集中在经营管理机制上的变革。日益强大的经济利益集团开始游说和推动传媒改革，在一定程度上促动和加速了意识形态的变迁，曾是敌对的资本主义和私有制等观念开始融入实践意识形态之中，成为合理而有益的内核。

---

① 江泽民.高举邓小平理论伟大旗帜，把建设有中国特色社会主义事业全面推向二十一世纪：在中国共产党第十五次全国代表大会上的报告［EB/OL］.(2007-08-29)［2012-10-01］. https://www.gov.cn/test/2007-08/29/content_730614.htm.

（二）权力结构观变迁与传媒改革

1. 权力结构观的变化

自改革开放以来，中国经济、社会等各个领域发生了很大的变化，价值观念、社会阶层等日趋多元化和复杂化，"两个阶级一个阶层"相对稳定的格局已被打破，阶层分化与利益冲突在加大和加剧，国内外形势也在迅速变化，由此，中共的权力结构观开始由"父爱主义"和全能观向着分权和制衡的方向演进。

首先是中央与地方、政事企间权力范围的划分。这种旨在划分权责范围的理念可以上溯到中共八大，当时邓小平在《关于修改党的章程的报告》就提出，"凡属全国性质的问题和需要在全国范围内作统一决定的问题，应当由中央组织处理"，"凡属地方性质的问题和需要由地方决定的问题，应当由地方组织处理"①，同时也曾提出政企分开的主张。此后，从中共十四大以来的历次全国代表大会不断深化了政事、政企、事企、管办分开的理念。其次是建设和完善权力制衡的机制。邓小平曾强调，将不允许权力过分集中作为中国政治制度的一个重要原则，提出"要有群众监督制度，让群众和党员监督干部，特别是领导干部"②。江泽民提出要把党内监督、法律监督、群众监督结合起来，充分发挥舆论监督作用，建立完善的监督制约机制。中共十七大再一次强调要完善制约和监督机制，保证人民赋予的权力始终用来为人民谋利益。十八大报告也明确要健全权力运行制约和监督体系，让权力在阳光下运行。

2. 媒介行业格局和组织结构调整

权力观的变化对传媒改革影响至深至远。首先表现在媒介行业格局的调整，37号文件提出的"四级办广播、四级办电视、四级混合覆盖"事业建设体制实质上就是中央与地方权力范围划分的一种体现，此后的82号文件提出的"四级变两级"同样是一种权力范围的划分，只是聚焦在省市县地方层级之间的权力范围重组上。其次体现在行业组织结构的变化上，集中在一系

---

① 邓小平. 邓小平文选（第1卷）[M]. 北京：人民出版社，1993：228.
② 邓小平. 邓小平文选（第2卷）[M]. 北京：人民出版社，1993.

列旨在推动政企、政事、事企和管办分开的文件中。比如，17号文件提出的组织结构调整，意在突破区域、行业间权力范围，充分发挥市场调节的作用，组建以资本和业务为纽带的多媒体兼营和跨地区经营的媒介集团；21号文件将媒介业按属性的不同分为公益性事业和经营性产业两类，即事企分开；2006年初，中共中央、国务院发布的《关于深化文化体制改革的若干意见》提出，推进文化领域所有制结构调整，坚持以公有制为主体，鼓励和支持非公有资本以多种形式进入政策许可的文化产业领域，逐步形成以公有制为主体、多种所有制共同发展的文化产业格局。

（三）发展观及其变化与传媒改革

发展观关乎塑造美好社会远景、利益观等意识形态内容，就是通过推动经济、社会和文化的发展而非阶级斗争来分配利益和构建美好社会，这也是邓小平时代以来中共意识形态有别于毛泽东时代的又一关键点，先后经历了从局部突破到全面发展的变迁历程。

1. 发展观的变化

邓小平时代的发展观主要内容包括提出发展的重要性、紧迫性、阶段性与侧重性。首先是重要性和紧迫性。邓小平认为，解决中国所有问题的关键是要靠自己的发展，而且是刻不容缓的、一天也不能耽误和需要专心致志的；集中体现在1992年邓小平南方谈话时提出的"发展才是硬道理"的思想上。其次是阶段性和侧重性。从发展历程上看，邓小平提出了"三步走"的发展战略；从发展的突破点来看，先重点发展经济，然后是社会、文化等，让一部分人、一部分地区先富起来，然后实现共同富裕的目标。

江泽民时代再次强调发展的重要性，提出了"发展是党执政兴国的第一要务"的路线。十六大报告明确指出，贯彻"三个代表"重要思想，必须把发展作为党执政兴国的第一要务，用发展的办法解决前进中的问题，不断开创现代化建设的新局面。并且开始强调在经济发展的基础上，促进社会全面进步，不断提高人民生活水平，保证人民共享发展成果。

如果说第二、三代领导集体重在强调发展的速度和谋求在经济上重点突破的话，那么第四代领导集体则开始强调发展的质量和向度，突出公平和正义的重要性。十六届三中全会首次提出了"坚持以人为本，树立全面、协调、可持续的发展观，促进经济社会和人的全面发展"的科学发展观，胡锦涛在十七大报告中阐述了这一重要思想，该思想成为中国共产党的指导思想。十八大报告进一步指出，"必须把科学发展观贯彻到我国现代化建设全过程、体现到党的建设各方面"，"推动经济社会发展"为科学发展观的第一要义，"以人为本"是深入贯彻落实科学发展观的核心立场，"全面协调可持续"是深入贯彻落实科学发展观的基本要求，"全面落实经济建设、政治建设、文化建设、社会建设、生态文明建设'五位一体'总体布局"。由此，传达了新的美好社会愿景，赋予了中国社会主义以时代内涵。

2. 由大到强的媒介发展观

纵观中国传媒改革的历程，在发展历程上遵循上文所言的发展观，而且因其意识形态属性和相对幼稚，又成为相对第一、二产业以及其他文化行业而言的后发领域。中国传媒改革先后经历了在事业单位属性下的增量和优化以及在分类理念下的全向度发展。首先，从37号文件到1996年中共中央办公厅、国务院办公厅印发的《关于加强新闻出版广播电视业管理的通知》，重在数量上、规模上的增长，也就是谋求发展的速度和经济收入的增长，而82号文件等旨在解决快速增长导致的散、乱、弱，以提高质量等问题。其次，21号文件和"十一五"规划等重在解决媒介公共服务缺失问题和促使公益性事业和经营性处于全向度发展，而《文化产业振兴规划》《关于促进电影产业繁荣发展的指导意见》《关于金融支持文化产业振兴和发展繁荣的指导意见》等政策则突出了将传媒产业做强的观念，是以经济建设为中心科学发展观的一种体现。

在新中国第二个三十年里，随着中国特色社会主义理论体系的建构和完善，传媒改革在经济层面和经营管理上有许多突破，而随着经济、政治和社会等国内外宏观环境的改变，以及新技术的变革与应用，实践意识形态的变迁日趋深化，政治体制随之变迁，传媒改革的力度也将更深、更强、更大。

四、结论

以上内容,是就中国社会主义这一政治意识形态和传媒改革互动关系之变的一面而言的,聚焦在前者对后者的影响上。实际上,这期间又有不变的一面:在经济上公有制为主体,公有资产和资本、国有经济在社会总资本和经济发展中处于优势地位;在政治上,在中国共产党的领导下发展社会主义民主。因此,媒介的国有制居于主导地位,喉舌的性质不能变,党管媒体的原则不能变以及正确的舆论导向不能变。

新中国的第三个三十年业已开启,可以预见,政治意识形态与传媒改革的互动将继续深化,不仅是前者决定和影响后者,更为重要的是,传媒改革能在政治改革中发挥积极的功效和影响及促进的作用,特别是社交媒体等新媒体的发展正在影响着政治意识形态。我们希冀这种互动是良性的,即政治意识形态的变迁与独立、民主和综合实力强大的传媒改革之路相映成辉,避免媒体成为依附权贵和资本的工具,走向受制于另一种强权之路。

西方广播电视公共服务的价值理念、基本原则和运行路径*

一、西方广播电视公共服务的价值理念

目前在西方国家，特别是欧美国家，对广播电视公共服务的认识大都基于两种价值理念：一是公共广播电视传统，认为广播电视所提供的产品和服务是一种公共品，关乎市民社会、文化传承等非个人、非市场和集体价值取向，即不仅仅把受众视为消费者，而是将其视为更为广泛意义上的社会成员。因此，由独立于政府和市场的公共广播电视机构面向所有公民提供的信息（inform）、教育和娱乐就是一种公共服务，其存在的目的不同于商业机构为股民和产权所有者服务，而是为所有公民服务和建构公共价值，包括个人价值、市民价值和经济价值[①]。这种传统以英国为代表，从1922年BBC的建立至

---

* 本文原载于《现代传播（中国传媒大学学报）》2008年第1期，收录到本书时有改动。
① 个人价值是针对个体而言的，BBC为每一个公民提供信息、教育与娱乐服务；公民价值是将人们当作公民（citizen），关注的是为公民提供平等的服务，并有利于更为广泛的社会、民主和文化的健康发展；经济价值是指BBC对商业市场绩效与格局的正面和负面影响。这三种价值是BBC于2004年发布的题为"Building public value: Renewing the BBC for a digital world"（建构公共价值：重塑数字时代的BBC）的文章中提出，这些价值理念是基于瑞斯、Huw Wheldon等人的理念，结合数字时代公共广播电视的职能提出的。由此，公共价值也成为评价和考核BBC的重要标准。BBC.Building public value: renewing the BBC for a digital world［EB/OL］.（2005-03-16）［2007-12-20］.www.bbc.co.uk/thefuture/pdfs/bbc_bpv.pdf.

今，逐渐建构了以 BBC 为核心的多层次公共服务体系，包括公共广播电视机构 BBC、商业性的公共广播电视机构（commercial public service broadcasting）独立电视（ITV）、第四频道（C4 即 Channel4）、第五频道（C5 即 Channel5），这些机构之间的差异在于公共服务的职能、运行路径和模式不同①。二是以美国为代表的商业广播电视传统，认为广播电视像其他媒介产业一样所提供的信息、教育和娱乐产品和服务等是一种商品②，因此，公共服务就是任何人在本国法律范围内提供一种公众在一定的价位上能承受起的服务③，商业广播电视机构完全可以满足公民的需求。可见，这是一种指向个人的、市场的价值取向，是把公民视为消费者，这种理念从 20 世纪 80 年代以来随着有线电视、数字技术的发展和全球商业化进程的推进成为一种普遍被认可的潮流。不过，这并不意味着广播电视业完全等同于其他商业，它是一种特殊的商业，通过监管（或规制 regulation）机构来维护公共利益，比如美国的 FCC 等。当然，美国也存在公共广播电视机构，但商业化的传统根深蒂固，PBS 和 NPR 并没有形成像 BBC 那样的模式，成为商业体制的一种补充，满足少数边缘群体的需求，而且在资金来源上始终没有独立，靠政府拨款和商业财团赞助，迄今仍处于非常尴尬的地位，也很难发展起来，以至于成为一种另类商业机构④。

实际上，自由主义价值观是上述两种价值理念的基础和源头，只是西欧与美国因环境和历史文化传统的不同，而各有侧重和变化。先后经历了从 19 世纪古典自由主义的消极自由、20 世纪初期现代自由主义的积极自由、80 年代以来的尊奉古典自由主义的新自由主义，到 90 年代以来的第三条道路理论的提出又在修正新自由主义过分青睐市场的观念，自由市场与政府干预就都成为一种应对新的环境与变革的手段，寻求政府、市场和社会之间新的平衡

---

① 李继东. 英国公共广播电视政策变迁和问题研究［M］. 北京：中国传媒大学出版社，2007.
② TAYLOR L，WILLIS A. Media studies：texts，institutions and audiences［M］. 北京：北京大学出版社，2004：119.
③ 基恩. 媒体与民主［M］. 郏继红，等译. 北京：社会科学文献出版社，2003：107.
④ BARSAMIAN D. The decline and fall of public broadcasting［M］. Cambridge，MA：South End Press，2001：5-11，16-17.

点。由此，广播电视公共服务的生产和供给组合关系开始趋于多样化，公共广播电视传统和商业广播电视传统也不再水火不容①。

二、西方广播电视公共服务的基本原则

基于上述两种公共服务价值理念，西方广播电视公共服务的基本原则呈现出两种类型：一是公共广播电视的原则，二是美国 FCC 对商业广播电视机构基于公共利益、必要和便利三项基本原则的监管，其中公共利益原则关乎公共服务，而对公共利益的理解基本上是自由主义的价值理念，即政府要保护个人利益免受他人的损害。本文着重探讨公共广播电视的基本原则，这不仅仅是因为广播电视所提供的产品和服务具有弱排他性、消费的弱选择性及政治属性，即广播电视业具有基础设施固定成本高、沉淀性大、非重复和覆盖广的特点，具有规模经济效益，极易形成自然垄断，而且因为以 BBC 为代表的公共广播电视价值理念成为目前广播电视公共服务原则的重要准绳之一。

2000 年世界广播电视委员会（the world radio and television council）发布了有关公共广播电视现状与发展趋势的调研报告，认为普适性（universality）、多样性（diversity）、独立性（independence）等基本原则对于当今的公共广播电视来说，仍然是极为重要的，仍应是公共广播电视服务的最基本目标。普适性至少包括以下三个层面的含义：一是为一个民族国家内的所有公民服务，二是满足所有公民的不同需求，三是为被市场忽视或边缘化的群体服务；多样性在这个多媒介和人们的需求多样化的时代则显得尤为重要和突出，这不仅体现在节目内容的多样性上，而且表现在产供组合关系的多元化上；独立性是指公共广播电视机构要独立于政府和商业，这不仅仅意味着资金来源上的独立，更是体制上的独立。不过这些原则在多媒介和全球化的市场格局下会体现出时代特征或富有新的内涵，增加了独特性原则（distinctiveness），这是相对于商业广电机构而言的，即公共广播电视要提供不同于商业媒介机构

---

① 李继东.英国公共广播电视政策变迁和问题研究［M］.北京：中国传媒大学出版社，2007.

的服务，这不仅仅意味着要生产具有普适性的节目内容，而且要不断创新[①]，提供商业机构不能、不愿提供的产品和服务。另外，这些原则在不同的国家各有侧重，比如英国公共广播电视的基本原则包括普适性、公平性（equity）以及责任性（accountability）。普适性与上文的含义相同，公平性是指满足所有公民的需求和利益诉求（reflect the needs and interests of everyone），责任性是指向公民负责，而非向政府负责，也指塑造公民的社会责任感等。

这些原则归纳起来有以下几个层面：（1）从服务对象上讲，广播电视公共服务是面向所有公民提供广播电视产品和服务，而且服务应该是公平的，即普适性原则（实际上独特性原则已包含在普适性原则之中，只是为了强调公共广播电视与商业机构不同才提出的）；（2）从服务内容和运行结构上来看，要体现当代社会公民的多样化需求和产供组合关系的多元化，即多样性原则；（3）从组织构架和体制上讲，公共服务机构应具有免受商业和政治干扰的制度设计和组织模式，即独立性原则。

三、西方广播电视公共服务的运行路径

无论是价值理念还是原则，最终都要落实到实处，付诸实施，这就涉及治理结构、资金来源和监管、评价体系等具体运行问题。

治理结构不仅体现和维护了广播电视公共服务的基本原则与价值理念，而且关乎整个广播电视，乃至传播业的格局问题。因以美国为代表的商业体制下的广播电视机构基本上是商业的治理模式，本文着重探讨公共广播电视的治理结构。一般来说，西方公共广播电视的治理结构包括相对独立的监管机构和执行委员会，前者是公民的代理人，基于维护公民的利益来监管运营机构，比如 BBC Trust（BBC 信托委员会），其前身是 BBC 理事会，代表英国公民（执照费缴纳者）来监督 BBC 执行委员会，德国的监督部（supervisory

---

① World radio and television council. Public broadcasting：why?how?［EB/OL］.（2004-01-08）［2007-12-20］. http://www.cmrtv.org/radio-publique/radio-publique-comprendre-en.htm.

board）也是这样的机构；后者负责日常管理和运营。目前以英国 BBC 为代表的公共广播电视的治理结构变化的走势至少可以从以下几个层面去理解：首先，是确立了公共广播电视机构的独立性、合法性与基本原则，但规章制度仍需保留和完善，比如 BBC 的皇家宪章和执照协议。其次，像 BBC 信托委员会等与政府保持一定距离的独立监管机构仍然是未来公共广播电视的治理模式，但须强化独立监管机构的监督与规制职能，厘清其与执行委员会的职能，将基于公共利益的监督职能与日常运营职能分开。可见，增强监管和运营机构的透明度与公开性，促进广播电视公共服务的多元化与有效竞争是广播电视公共服务治理结构的发展趋向。

就世界范围来看，广播电视公共服务的资金来源结构不外乎以下几种：（1）执照费模式。完全或几乎全部以此为收入来源的，除 BBC 之外，还有日本的 NHK，以及挪威、瑞典、澳大利亚和丹麦的公共广播电视机构。（2）以执照费为主的混合模式。比如德国电视台 ARD、德国电视二台 ZDF 以及土耳其、比利时、荷兰、法国、捷克斯洛伐克和意大利等公共主导型的广播电视机构。（3）执照费仍然是资金来源之一，但主要部分是政府补贴和商业收入，比如法国、波兰、丹麦和南非等国肩负公共服务职能的商业机构[①]。可见，大多数国家的广播电视公共服务的收入结构趋于混合模式。而广播电视主要的资金来源有三种：一是执照费等用于公共广播电视的公共资金（public funding）；二是广告费；三是订购费。用于公共服务的主要是公共资金，1998—2003 年，美国、英国、德国等国公共资金的平均增长率为 6%，高于广告费（3.3%），不及订购费（17%）[②]，而且新西兰、葡萄牙、美国和法国的公共资金增长幅度最大，都超过了英国。可见，高度市场化的美国等国家对公共服务的投入是在不断增加的。

目前西方比较完善的针对广播电视公共服务的评价体系是 BBC 公共价值

---

① KOPS M. 公共广播电视及其经济来源分析[J]. 何勇，编译. 媒介研究，2004，(1).
② McKinsey and Company. Review of public service broadcasting around the world[EB/OL].（2006-01-06）[2007-12-20]. http://www.mckinsey.com/practices/mediaentertainment/home/content/pdfs/PSB_Review.pdf.

评价模式，主要包括公共价值测评和对市场影响的评估，前者涉及公共价值的内涵和服务的目标、服务质量和影响、覆盖率和成本核算，后者主要是指经济价值和对商业的影响。可见，对于广播电视公共服务的评价不应该以收视率和收入等指标来考核公共服务供给主体，而应该基于非市场化的标准和与公共服务的价值理念、原则相适应的评价标准进行评价。

论英国公共广播电视理念的缘起与嬗变*

自20世纪80年代以来,英国传统的公共广播电视理念受到了前所未有的质疑与冲击,欧美发达国家的学界和业界对此进行了较为广泛的探讨与研究,形成了公共服务与自由市场模式之争①。自由市场主义者重新诠释了公共服务,认为传统公共广播电视的建立是当时为了解决频率、频谱等资源相对稀缺等问题,这种稀缺性问题已随着卫星、有线等技术的发展和应用而不复存在了。而且BBC之所以成为公共机构,更多的是基于政治上的考虑,是当时的政府为了控制或监督不断壮大的工人阶级的闲暇活动和其他潜在的社会不安定因素而冠以维护公共利益的名义,②不过是为了维持中产阶层对较低阶层的支配,并未改变资本主义社会的权力结构,其所提供的产品与服务是倾向于既得利益集团而不是公众。③随着多媒介时代的来临,消费者(公众)有了更多的选择,而提供者应是自由竞争的商业机构。用新闻集团总裁默多克(Rupert Murdoch)的话来说,公共服务就是任何人在本国法律范围内提供一种公众在一定价位上能承受起的服务④,即广播电视等媒介所提供的信息、教

---

* 本文原载于《现代传播(中国传媒大学学报)》2007年第3期,收录到本书时有改动。

① GARNHAM N. Capitalism and communication: global culture and the economics of information [M]. London: Sage Publications Ltd, 1990: 131.

② ROBINS K, WEBSTER F. Broadcasting politics: communications and consumption [M] // ALVERADO M, THOMPSON J O. (Eds.). The media reader. london: British Film Institute, 1990: 135.

③ HOOD S. On Television [M] // TAYLOR L, WILLIS A. (Eds.). Media studies: texts institutions and audiences. 北京: 北京大学出版社, 2004: 112.

④ 基恩. 媒体与民主 [M]. 邓继红, 等译. 北京: 社会科学文献出版社, 2003: 107.

育和娱乐等应是一种商品①。因此，传统的公共广播电视已不能满足多频率频道和多选择的需求，只有放松规制、走商业化的道路，打破公共垄断或双头寡居的格局，倡导消费者至上的理念，促使市场主体自由竞争，媒介业方能更具竞争性、更有效率，也更利于满足消费者的多种需求。从这个角度来看，消亡的不仅是曾处于垄断地位的公共广播电视机构，还有公共广播电视的理念本身，甚至包括广播电视的公共服务职能。那么，事实是否如此呢?

从2006年3月英国政府发布的白皮书及其后的有关讨论和2006年10月出台的BBC新宪章来看，BBC仍然是英国公共广播电视体系乃至广电业的核心，肩负着维护公民和公民社会，促进教育和学习的发展，激励创新与提供优质文化，反映和加强国家、地区和社区的文化认同感，让国民了解世界和让世界了解英国，促进新传播技术应用和服务的公共利益的实现，以及在未来的数字转换中发挥主导作用等公共服务的责任。②公共服务理念仍是英国广播电视业发展的重要原则，而且公共广播电视体系得以扩展，除BBC之外，还包括独立电视（ITV）、第四频道（C4即Channel4）、第五频道（C5即Channel5），人们称之为商业性的公共广播电视机构（commercial public service broadcasting）③。

可见事实并未朝着自由市场主义者所预言的方向发展，公共广播电视非但没有消亡，反而得以发展，或者说公共服务理念有了新的内涵。因此，我们有必要分析英国广播电视公共服务理念的缘起和嬗变，厘清其发展脉络，剖析公共服务理念的内涵及其变化，以期更好地认识广播电视公共服务的实质与实现手段的变化，使得正在建构中的我国广播电视公共服务体系有所借鉴。

---

① TAYLOR L，WILLIS A. Media studies：texts institutions and audiences[M]. 北京：北京大学出版社，2004：119.
② Department for Culture Media and Sport. broadcasting：copy of royal charter for the continuance of the british broadcasting corporation[EB/OL].（2007-03-09）[2007-03-15］. http://www.bbccharterreview.org.uk/pdf_documents/Cm6925_BBCRoyalCharterFinal.pdf.
③ Department for Culture Media and Sport. A public service for all：the BBC in the digital age[EB/OL].（2006-03-16）[2007-03-15］. http://www.bbccharterreview.org.uk/have_your_say/white_paper/bbc_whitepaper_march06.pdf.

一、广播电视公共服务理念的缘起与发展

（一）缘起

成立于1922年的BBC原本是一家由许多无线电制造商和财团共同投资的、旨在获取商业利润的公司，即英国广播公司（British Broadcasting Company），由邮政局（the Post Office）负责管理。其收入主要来源于收音机税收和执照费（license fee），但是处于草创阶段的BBC在收入来源、管理与盈利模式上都存在许多问题。为此，当时的邮政局于1923年组建了以赛克斯为首的独立委员会（Sykes Committee），对公司的财政状况等问题进行调查研究，并发布了报告。两年半后，克劳福德委员会（Crawford Committee）也发布了有关BBC发展状况的调研报告。基于此，BBC于1927年改组并获得皇家宪章，改名为the British Broadcasting Corporation。company和corporation虽然都可指公司，但公司的性质发生了本质上的转变：由商业机构转变为公共公司，并且是具有垄断性质的公共公司（public service corporation），其最高权力机构是理事会，是公民的信托直接授命于皇家行使，其职能力求独立于政府；公司的资金来源于公民缴纳的执照费，以保证其不受商业力量的左右，其宗旨是最大限度地为所有公民提供信息、教育和娱乐服务。那么，这些公共服务包括什么呢？BBC首任总裁瑞斯认为，大众不知道真正需要什么，知道想要什么的人很少，而知道需要什么的人就更少了。因此BBC应提供公民应该需要的，而非其想要的，把人类最优秀的知识、创造和成就传播给尽可能多的英国公民[1][2]。由此我们可以归纳出BBC的基本公共服务理念为：一是服务范围和宗旨上的普适性；二是治理模式和组织结构上的独立性，以免受商业和政治权力的左右；三是服务提供上的高质量化，不是迎合受众或公民的需求，而是提供精英阶层认为是无害而有价值的内容和服务。

---

[1] REITH J. Broadcast over Britain [M]. London: Hodder, 1924: 34.
[2] HUTCHISON D. Media policy: an introduction [M]. Oxford: Black Well Publisher Ltd, 1999: 20.

（二）发展

从 1927 年开始，长期以来英国公共广播组织与管理结构有三大基本原则，即垄断、执照费模式和独立的公共管理机构[①]。直到 1951 年，劳埃德（Selwyn Lloyd）发表了少数派报告（Minority Report）[②]，明确反对 BBC 继续垄断英国广播电视业。此后，当时的保守党政府于 1951 年和 1952 年发布了两份白皮书，旨在结束 BBC 的垄断地位，成立商业电视台。1954 年 7 月，电视法案（The Television Act 1954）出台，英国首家商业电视网——独立电视台 ITV 正式建立并于 1955 年 9 月开播，打破了英国广播电视业被 BBC 垄断的格局。不过从政策安排上来看，ITV 除了采用商业运营模式之外，无论是在治理结构还是在服务宗旨上几乎都是 BBC 的一种翻版。[③] 尽管 ITV 在成立之初秉承了公共服务的传统，但是商业机构最大和本质的目的是获取高额利润，其节目制作的主要意图是为广告商制造受众。为此，1960 年 6 月，皮金顿委员会（Pilkington Committee）对整个英国广电产业格局与节目内容发展趋向等问题进行了调研，其发表的调研报告批驳了 ITV 所倡导的"公众所需即我们所要提供"的观念，认为这不过是一种假民主和假象，只是把公众当作大量的同质化的受众看待而已，这无疑低估了公众的品位，从而导致内容的低俗化。1963 年政府出台的电视法案采纳了该报告的建议，强化 ITV 为公共利益服务的职责。自皮金顿报告发表特别是娱乐性的 BBC2 开播以来，BBC 和 ITV 的竞争步入了双头寡居的平稳时期，双方互相影响却又互相依存。这种双方相安无事的格局到 20 世纪 70 年代就引起了人们越来越多的不满：一方

[①] PAULU B. British broadcasting: radio and television in the United Kingdom[M]. Minneapolis: University of Minnesota Press, 1956: 12.

[②] 1949 年，当时的英国工党政府组建了以经济学家贝佛瑞吉（William Henry Beveridge）为首的委员会对 BBC 进行审核，并于 1951 年 1 月公布了调查报告（Beveridge Report），建议维持 BBC 垄断地位，延续 BBC 宪章和执照费模式（但审核期限为 5 年）。同年 7 月，工党政府就此公布了白皮书，认可了贝佛瑞吉报告。在贝佛瑞吉委员会发布报告的同时，其成员之一的劳埃德（Selwyn Lloyd）也提交了一份少数派报告（Minority Report），只是当时没有被工党政府采纳，后来却成了支持成立商业广电机构游说者的重要理论依据。

[③] 参见 1964 年电视法案（the television act 1964），该法案是 1954 年和 1963 年电视法案修订而成的，（2005-07-15）[2007-03-15]. www.terramedia.co.uk/law/broadcasting_laws.htm.

面这两个垄断机构变得越来越保守和自负，越来越迷恋于谋求和保护自己的利益，从而阻碍了创新能力的进一步提高与富有创意和艺术性产品的供给，未能很好地反映日渐多元化的英国社会文化；另一方面，各党派政治人士、研究机构、学者等对当时电视节目内容存在的问题和公共责任感不强等提出了许多批判意见。① 此外，随着格林内达媒介公司（Granada Media）等节目制作公司的发展，它们对节目制作独立性的要求也日渐高涨。为此，经过近三年的调研，安南委员会（Annan Committee）于1977年2月发表了关于英国广电业未来发展的报告（Report of the Committee on the future of broadcasting）。其核心目的和内容有以下三个方面：一是维护英国广播电视公共服务的传统，广电业的管理应由独立的公共权力机构负责，这些机构必须独立于政府，从维护公共利益的角度出发对节目内容负责；二是要促进广播电视业的多样性和多元化，打破双头寡居的格局，建议成立一个实行商业化运营模式的公共服务电视频道，即C4（于1982年成立）；三是要保证广电机构编辑的独立性，免受政治、既得利益集团的左右。可见在安南委员会看来，为公共利益服务是英国广播电视业的基本和重要职能，进一步拓展了瑞斯所提倡的为全体公民提供信息、教育和娱乐服务的信条，即延伸公民的利益范围，为公民提供更多的选择和服务，也就是报告中所言的丰富性（enrichment）。这意味着公共利益不再仅仅是将公民作为一种同质性的大众来看待，而是要满足不同群体和个人的多种文化需求，为此在政策安排上就要促使产业结构和竞争主体的多元化，同时加强对内容的规制。

　　总的说来，从赛克斯报告到安南报告，由BBC垄断到双头寡居，BBC的公共服务理念以及英国公共广播电视传统得以形成、发展、传承。当然，在不同的时期，政策安排上表现是不同的：（1）在英国广播电视发展初期采取皇家宪章、执照契约与执照费收入模式使得BBC免受政治和商业力量的干预，保证了BBC的独立性，而垄断的形式促使广电技术得以有效推广，加以与资源的整合可以最大限度地满足公共利益；（2）处于竞争格局中的BBC和ITV

---

① FRANKLIN B. British television policy: a reader[M]. London: Routledge, 2001: 9.

皆负有公共责任，这不仅能确保大量本土节目内容的高质量化，而且可以促使产业格局的平衡与节目内容的丰富，以满足公民的多样化需求，即多样性。

二、广播电视公共服务理念的嬗变

（一）皮考克报告及其影响

1979年，撒切尔夫人开始入主唐宁街10号，在长达11年的执政历程中，她大力推行私有化和市场化改革，实行放松规制等自由市场主义经济政策，从而开启和形成了英国历史上的撒切尔时代。其后的梅杰政府、布莱尔政府也基本延续了这种市场自由主义的政策理念。由此，英国广播电视公共服务理念乃至整个媒介政策也发生了很大的变革，发布于1986年的皮考克报告极具代表性，可谓英国广播电视政策史上的一个里程碑。其后，政府出台的1990年广电法案、1994年广电白皮书等几乎都成了这个报告的克隆版，以至于此后的英国广播电视政策变迁历程被称为后皮考克时代（post-peacock）。

发布于1986年5月的皮考克报告基本上维护了现存公共广播电视的格局，对BBC赖以生存的资金模式和治理结构并未给予全面否定，不过在肯定的同时也指出了公共广播电视现存的两大问题：一是BBC和ITV缺乏消费者至上的市场理念，而且由于BBC依赖于公共资金与政府的规制管理，现存的管理与组织结构模式就很难避免受到政治以及其他特殊利益团体的左右；二是公共广播电视组织结构本身存在难以克服的弊端，即对成本的控制和效率的追求都不及其他商业机构。基于此，皮考克报告认为英国广电业应当转向高度发展的基于消费者至上的市场体制，这就要认识到观众和听众等完全可以根据自己的利益与喜好作出自己的最佳选择，即通过自由购买产品和服务来满足其需求。同时，一个理想的市场应该为所有节目制作商提供自由进入的机会，而流通体系则应能承载足够量的节目内容以及诸如按次计费（pay-per-view）等功能。当然，这种转型需要一个过程，在政策安排上至少要经历三个阶段：在第一个阶段，BBC仍旧延续执照费的收入模式，到第二阶段要逐步实现节目或服务订购费（subscription）以代替执照费模式，直至第三个阶段，才能实现全面市场体制，建构具有多种频道和流通渠道以及多元化的收入与付费方式的广播电视市场运行体系。这是这个报告的核心理念，也是对公共广播电视乃至整个广电业冲击最大的，可以说是完全改变了英国公共广播电视传统，即由公民至上转向消费者至上，由关注公共利益转向关注个人利益，这是一种政策理论基础和价值理念的根本转型。进一步讲，在皮考克委员会看来，英国广电政策最基本的目的就是增强消费者选择的自由和促使节目制作商为公众提供更多的、丰富的节目内容，向消费者至上的市场体制转变应是英国广播电视发展的趋向。

此后，1992年英国国家遗产部发布题为《BBC和公共广播电视的未来》的白皮书，阐释了面对频率频谱资源不再稀缺与流通渠道多样化的时代，公共广播电视应当具有的目标，其实就是指出了公共广播电视应具有的新理念和应提供的符合时代特点的节目与服务。在白皮书所罗列的8个目标中，除了提高质量、保证编辑独立性、满足所有国民多种需求的节目与服务的普适性以及提高民族认同感之外，其他几条均是对皮考克报告的消费者至上理念的进一步阐释。首先就是要以受众为中心，受众的利益要高于广电机构、广告商、政党等任何利益团体；其次是多样性和选择问题，公共广播电视应重在提供多种多样的信息和教育节目内容，而适当减少娱乐性节目，但实际上这与普适性是相互冲突的；最后是提高效率以充分实现公共资金（执照费）的价值。

总的来说，自皮考克报告发布以来，英国广播电视政策的价值理念发生了根本性的转变，公共广播电视传统也受到了前所未有的冲击，商业价值超越了文化价值，公民自由选择的理念取代了被动告知、受教育和娱乐的传统观念。

（二）公共广播电视的内涵与治理结构变迁

皮考克报告使得英国广播电视政策的价值理念发生了根本性转变，而1999年的戴维斯报告、2000年的政府白皮书以及2003年的传播法案则赋予了英国公共广播电视新的内涵，构建了新的治理结构。

戴维斯报告承袭了皮考克委员会的观点，认为在没有确定BBC在新时代下的服务目标和范围时，就无法讨论其资金来源等问题，其实这关乎在频率频谱资源不再稀缺的时代如何界定公共广播电视的问题。进一步讲，就是公共广播电视在融合了提高创造力和市场竞争能力双重压力的复合广电生态环境下如何实现为公共利益服务的问题。现阶段英国社会普遍认为公共广播电视至少具备三个基本原则[①]：一是作为公共广播电视机构的BBC所提供的产品与服务不可能全部属于公共服务，而其他机构也不是完全就不提供此类服务，但BBC所提供的绝大部分节目内容与服务应是符合公共服务标准的，而且这也正是商业机构绝对不肯提供的；二是全球化和数字化促使媒介公司产生规模经济和范围经济效应，这会导致新的垄断，而受众群体却日趋分化，这样一来，就会造成市场失灵，公共广播电视正是起到匡正市场失灵的作用，提供私人机构所不愿供给的信息、教育和娱乐；三是多年来ITV和C4成功地提供了公共服务，说明广播电视公共服务也可以通过私人领域来实现。这意味着：（1）BBC等公共广播电视在数字时代仍居于重要的地位，甚至是更为重要的地位。2000年政府白皮书也明确阐释了这一点，认为迄今为止，公共广播电视是满足英国公民所需和供给原创节目的最佳途径，而且公共广播电视能考虑到全英公民的利益，可以消除因所有权集中而造成的多样化缺失等问题，体现具有强有力文化的合理性[②]。（2）无论是戴维斯报告还是2000年政府白皮书都认为，尽管公共广播电视在英国有着举足轻重的地位，但为了实现公共利益的最大化，现行资金模式和产业格局必须进行改革与调整，可以通过执照费、广告费与多元化产供主体等来为用户提供大众化、高质量和多样化的英国原创节目内容。也就是说，在频谱频率资源稀缺时代，为了公共利益而采用单一的执照费和垄断运营的模式，而在此类资源不再稀缺的时

---

① 英国贸易工业部，英国文化媒介体育部.英国政府通信白皮书［M］.顾芳，等译.北京：中国法制出版社，2002：61-63.
② Davies Committee. The future funding of the BBC［EB/OL］.（2005-09-16）［2005-11-05］. http://www.culture.gov.uk/NR/rdon-lyres/E506C90B-5D57-47AD-82F1-AB4EFC4A8EFC/0/reviewcobbc.pdf.

代，就应当拓展资金来源和建构多元化的公共广播电视体系，进而形成公共广播电视机构和纯粹商业广电公司相互竞争、相互制衡、竞争和质量并举的良性格局。进一步讲，英国公共广播电视的内涵扩大了，除了BBC是纯粹的公共广播电视机构之外，肩负着公共服务责任的ITV、C4和C5都属于公共电视的范畴。可见从戴维斯报告，始谈及英国公共广播电视不再仅仅是BBC，而是囊括了纯公共广电公司和商业模式的公共服务机构，包括BBC、S4C（Sianel Pedwar Cymru 或 Channel Four Wales）与C4、ITV及C5[①]。

2000年白皮书提出，建立统一的规制机构Ofcom和三层治理结构，2003年传播法案将此确定下来，并详细地规定了Ofcom的职能以及三层治理结构的内涵[②]。三层结构是一种对不同性质和职能的广电机构进行分类规制的治理结构，第一层是针对所有广电机构的包括内容制作的最低标准、广告和赞助的规制、客观公正准确的新闻标准和欧共体有关电视台的配额制度等；第二、三层都是针对公共广播电视的，前者由Ofcom负责确保可量化的公共服务，比如独立制作和原创节目的配额、完成地方性节目的目标等，后者是指公共广电公司根据有关法律对无法量化的定性的东西进行自律。具体而言，各个机构的公共服务职能和受规制的程度是不同的。BBC是公共服务的主体，面向全英公民提供具有普适性、多样性和独创性的节目内容与服务，对其管理更多地体现为通过理事会进行自我规制，涉及皇家宪章和执照契约的有关规定，保持其独立于政治和编辑独立性等，Ofcom主要规制BBC的商业行为。S4C也是由其理事会进行自我规制，其核心任务是提供威尔士语节目内容。C4、ITV和C5是由Ofcom来规制和管理的，C4主要服务于小众和边缘化的群体，主要播放独立节目制作公司的节目内容，是非营利的商业公共广电公司，戴维斯报告曾建议其私有化，2000年白皮书否决了这一建议以确保其提

---

① 英国贸易工业部，英国文化媒介体育部.英国政府通信白皮书［M］.顾芳，等译.北京：中国法制出版社，2002：59.
② 英国贸易工业部，英国文化媒介体育部.英国政府通信白皮书［M］.顾芳，等译.北京：中国法制出版社，2002：65-71.并参见CommunicationsAct2003［EB/OL］.（2006-01-12）［2006-05-06］.http://www.opsi.gov.uk/acts/acts2003/30021-f.htm#198.

供独创性节目；ITV 的重心在于提供地方性节目内容，政府原则上对其采取放松规制的策略，特别是减少对其管理的具体规定；而 C5 的公共服务义务最轻，其存在的主要目的是促进公共广电公司的竞争和提供流行节目。这样一来，就形成了一个多层次、多元化、多样性、相互竞争和相互补足的复合型公共广电体系，其中的核心是 BBC，外围的第一层是 C4、S4C 和 ITV，第二层是 C5。2006 年 3 月，英国政府发布的白皮书及其后的有关讨论和 2006 年 10 月出台的 BBC 新宪章承袭了这些理念，并把除默多克的 BSkyB 以外的英国本土广播电视机构都纳入了公共广播电视体系当中。

可以看出，从戴维斯报告开始，特别是从 2000 年政府白皮书发布以来，英国政府重申公共广播电视要提供信息、教育和娱乐服务的基本目标不变，确立了公共广播电视在数字时代的重要地位和作用，拓展了公共广播电视的内涵与外延，构建了 21 世纪初英国公共广播电视整体格局和公共政策框架。首先，从价值理念上由消费者至上向保护公民利益和消费者利益并举，将确保公民言论自由与道德和隐私间的适度平衡以及消费者的经济利益纳入一体。其次，在规制和治理结构上提出了分类规制的理念，对肩负不同公共服务职能的机构采取不同的方式，同时建立统一的规制组织——Ofcom 以有效应对复杂多变的传播市场。再次，在公共广播电视产品与服务的供给方式上，倡导为实现公共利益的最大化而采取纯粹公共资金、商业运营等多种产供组合模式。最后，有效竞争是建构富有活力的公共广播电视体系的保障，多层次的竞争格局有利于产品和服务的多样性、多元化与保持高质量的水准。

英国公共广播电视政策变迁的意识形态成因分析*

从 1922 年 BBC 组建到 1927 年 BBC 获得首个皇家宪章、成为公共广播公司，从 20 世纪 50 年代 BBC 与 ITV 双头寡居到 80 年代以来的多元竞争格局，从瑞斯（John Reith）的家长主义到皮考克（Peacock）的自由市场理念，英国广播电视公共服务政策几经变革与调整，这期间信息传播技术的进步与政治经济社会环境的变迁自然是促使政策变化的重要因素，而意识形态的变化则是其重要根由之一。

英国学者哈奇森在论及媒介政策时曾说过，政府在媒介领域所制定和实施的公共政策往往体现了统治者和被统治者之间的关系，透视出一个政府如何看待自己的公民及其社会作用①，也体现了政府执政的政治观念和价值理念。首先，任何公共政策都是一种政治行为，是对公共利益的一种政治安排，而公共利益实质上就是一种共同价值观，体现为对诸如自由、公正、安全、繁荣等共同价值的选择与偏好。而政治行为的重要基础之一就是意识形态，这是因为意识形态构筑着一个社会的世界观，公民对世界的看法往往表现为一些根深蒂固的信念、观念和设想等。其次，不同的政治体制具有不同的特征，往往体现为一些特定的价值和原则，意识形态有助于塑造这些价值和原则。再次，意识形态起着凝聚社会的作用，在某一群体或社会中往往体现为一整套统一或共有的信念与价值。最后，非正式制度是维系社会生活的主体，且

---

* 本文原载于《新闻大学》2007 年第 3 期。

① HUTCHISON D. Media policy：an introduction [M]. Oxford：Black Well Publisher Ltd，1999：85.

扩展、细化和限制着正式制度，而意识形态是非正式制度的核心，构成了正式制度的理论基础和最高准则[①]，而正式制度决定公共政策的制定与实施。

一、现代自由主义的影响

现代自由主义是自由主义意识形态的一种自我修正[②]，主要集中在以下两个方面：一是米尔（John Stuart Mill）对自由主义的核心——个人主义的反思，他承认个人与生俱来的生存、自由和财产权是不可剥夺的，不过自由的价值还应能促使个人能不断地发展、获得与提高技能和知识等；二是英国哲学家格林（T. H. Green）和霍布豪斯（L. T. Hobhouse）等审视消极自由，认为古典自由主义之所以造成新的社会不平等和贫穷，是因为过分地强调人都是谋求个人利益最大化的自私自利的个体，而且自由放任的资本主义剥夺了许多人自我实现的机会，从而导致这些人贫穷[③]。实际上，人是具有同情心和利他性的，是有社会责任感的。因此，所谓自由不仅仅意味着自由选择，而是个人应该有机会认识自我、获得技能和知识并实现自我，也就是积极的自由。可见，现代自由主义并未否定个人应该拥有言论自由、宗教信仰自由等

[①] 卢现祥. 西方新制度经济学（修订版）[M]. 北京：中国发展出版社，2003：38.

[②] 自由主义的理念与价值塑造和形成了西方国家强调有限政府与对公民负责的自由民主政治体制，成为西方工业化国家的主导意识形态，以至于整个19世纪被称为自由主义的世纪。这个时期的自由主义又被称为古典自由主义，其核心理念是信奉消极自由，自由被理解为个人免受任何外在的约束，把市民社会视为自由王国，而把国家视为强制的王国，是一种必要的祸害。因此，国家的存在只是为了保护个人免受他人的伤害或约束，国家应该维持在最小规模。这种理念推及经济领域就是亚当·斯密所倡导的用"看不见的手"而非通过政府干预来调节市场的自由放任的自由市场主义，由此形成的自我规制的市场机制使得资本主义工业化在19世纪取得了飞速发展，也促使了财富极大地增长。但到19世纪末期，自由市场主义理念却日益受到人们的质疑与批判。为此，自由主义者开始思考古典自由主义的弊端，同样这种反思也是最早发端于英国，美国直到20世纪30年代经济大萧条才出现了匡正自由市场主义的罗斯福新政。这就步入了20世纪上半叶倡导国家干预的现代自由主义，而英国公共广播电视恰恰诞生和发展于这个时期。

[③] HEYWOOD A. Political ideologies: an introduction (second edition)[M]. London: MACMILLAN PRESS Ltd, 1998: 56-62.

基本权利，也没有否认这些个人自由等权利是属于国家不得干预的私人领域，而是强调机会平等。也就是说，国家应该为所有人特别是那些弱势群体提供同等的发展机会。这些思想在政治和经济领域分别表现为社会自由主义（social liberalism）和凯恩斯主义。

社会自由主义倡导国家通过社会福利来为公民提供摆脱贫困、无知和疾病的机会。也就是说，国家干预社会生活的主要手段是通过社会福利的形式，而不是直接干预私人领域，是一种补足性的手段。英国早在第一次世界大战前就开始建立福利国家，当时的安斯奎斯自由党政府（Asquith Liberal government）就提出了实施养老金、有限医疗保险和失业保险等，到二战后这种福利国家的理念在工党政府得以更广泛地推广，形成了较为完善的社会保障体系。而凯恩斯主义则试图匡正自由放任的自由市场主义，建议政府通过控制储蓄和投资来调控和管理经济运行，以解决经济危机和两次世界大战所造成的失业、贫穷等社会不平等问题。二战结束后，特别是工党自执政以来，大力推行国有化，形成了公共领域由国家控制和私人领域实行商业运作的混合经济模式。现代自由主义看待国家和政府的态度不同于古典自由主义，无论是提供福利还是调控经济运行，都是就国家和政府的积极的一面而言的，而古典自由主义却只看到了国家和政府的消极面，即国家是作为自由个人的对立面而不得不存在的一种制度安排。同样，以商业公司性质成立的BBC为何最终选择了公共体制模式，从这个角度来看就不难理解了。首先，在社会自由主义者看来，公民不仅仅要有言论自由等消极自由的权利，而且应该有接受教育、获取信息和技能等福利的社会权利。面对处于稀缺状态的广播资源，只有采取公共管理的模式，方能为每个公民提供平等的机会，而这正是BBC的服务宗旨——为所有公民提供信息、教育和娱乐，这是公共广播电视普适性原则的理论源头，也是英国公共广播电视传统得以延续和发展的重要缘由。进一步讲，任何新技术只是政策安排和社会发展的重要条件，而如何安排和应用却不单单是技术层面能解决的问题，更多的是政治理念与意识形态的问题。美国广电业之所以延续了商业体制并于20世纪60年代出现公共广播电视的一个很重要的缘由，是古典自由主义在美国一直到20世纪30年代经济大萧条时才彻底显露出其弊端与不良后果。从罗斯福新政起，国家开始对媒介产业进行规制和干预，现代自由主义开始在美国得以发展，到20世纪60年代，肯尼迪政府的"新边疆"政策（New Frontier）和约翰逊政府的"大社会"政策（Great Society）达到了顶峰。于是才会有1934年建立的旨在保护消费者利益和规制商业行为的FCC，也才会在1967年出现公共广电机构PBS和NPR[①]。不过经济自由主义在20世纪的美国仍居于主导地位，因此，PBS和NPR只是作为商业体制的一种补充，满足少数边缘群体的需求，而且在资金来源上始终没有独立，靠政府拨款和商业财团赞助，致使美国的公共广电机构处于非常尴尬的地位，也很难发展起来，以至于成为一种另类商业机构[②]。其次，现代自由主义虽然强调机会平等和社会福利，但绝不会将社会或国家置于个人之上。也就是说，国家不能为了提高社会福利而去强制个人，而是为个人提供可以进行选择和决策的机会，因此，免受国家和政府干预的个人自由仍旧是现代自由主义的基本价值理念。这也是BBC及后来的ITV等之所以采取独立管理机构进行管理的政治理念和意识形态基础，BBC独立于政府的组织模式正是基于有限（小）政府的自由主义理念，而由理事会进行自我规制和管理的模式也是基于亚当·斯密所提倡的自我规制的市场机制。进一步讲，BBC作为一个公共组织，其与政府之间的关系就如同个人与国家之间一样，BBC享受诸如独立、自由和公正等消极自由的权力，政府无权直接干预其运营，只能保护这些权力并为其提供发展的机会。最后，从19世纪末到20世纪70年代，无论是自由党、保守党还是工党执政，现代自由主义一直都是英国的主流意识形态。也就是说，反对自由放任的自由市场主义、强调福利社会和国家干预经济运行的理念是这个时期英国公共政策的基本价值理念，因此，以最大限度地满足公共利益的BBC服务宗旨得以延续和发展，以至于在1955年建立的商业机构ITV的主要政策安排几乎都是仿照BBC的。

---

① FCC即美国联邦通讯委员会（the Federal Communications Commission）；PBS即美国公共广播电视（Public Broadcasting Service）；NPR即美国国内公用无线电台（National Public Radio）。
② BARSAMIAN D. The decline and fall of public broadcasting[M]. Cambridge, MA: South End Press, 2001: 16–17.

二、英国式保守主义及其影响

保守主义的基本理念是遵从传统、权威和社会秩序，认为人性是不完美的，因此个人需要生存在有组织的社会之中。当然，保守主义因所在国家的文化传统和实际而各有千秋。英国保守主义思想发端于政治学家伯克（Edmund Burke）1790年出版的《反思法国大革命》一书，发展于迪斯累里（Benjamin Disraeli）等，一般称之为家长式保守主义（paternalistic conservatism），其典型特征是将自由市场主义与前工业革命时代的等级观念与家长式价值观相融合。保守主义一方面赞许自由市场，认为自我规制的市场经济模式是有效和公平的，也是自然和必要的，即自由市场资本主义本来就已是英国的一种传统，以至于市场法则在英国成了一种自然法则①。另一方面，工业化会造成社会分化，形成贫富两个社会，这就会导致工人阶级的革命。因此，又需要维护传统秩序、权威和对财产权的尊重等传统理念，表现在倡导富人和特权阶层要有社会责任感，应该对穷人和弱势阶层负责，即通过强化富人阶层道义上的责任感和提高工人阶级的权力来消除社会不平等。比如，在迪斯累里执政时期的保守党政府于1867年颁布的《第二次改革法案》(the Second Reform Act)就增加了工人阶级的选举投票权，并改善他们的居住和医疗卫生条件等。这些措施使得英国保守党从19世纪末期就赢得了工人阶级的广泛支持，并成功地击败了自由党，成为20世纪主宰英国政坛的第一大党。这些理念也成为战后保守党的主导思想，在1951年重新执政的保守党政府承袭了工党政府国有化等政策方略，信奉凯恩斯主义，进一步拓展了国家干预经济和社会的范围。不过，保守党所推行的国家干预主义与工党在价值理念上是不同的，工党是基于促进社会平等和建立社会主义的理想，而保守党则是出于增强同情心和责任感等家长主义的基本价值理念，也并不想消除等级和权威等。可

---

① HEYWOOD A. Political ideologies: an introduction (second edition) [M]. London: MACMILLAN PRESS Ltd, 1998: 84–89.

以看出，英国保守主义与现代自由主义有许多相同之处，都坚守自由主义的基本原则，都是在试图修补自由市场存在的不足，而且都是想通过提高社会福利来解决社会不平等问题。也就是在维护资本主义基本制度和核心意识形态不变的情况下，在工业化的不同时期和不同技术、社会环境下的一种自我修正或演化，以便促使资本主义的进一步发展、社会平等和整体繁荣。当然，英国保守主义在看待人的问题和解决社会不平等问题与现代自由主义上有不同之处，保守主义认为人是有缺陷的，不像自由主义那样认为人是可以谋求自己利益最大化的理性动物，这种缺陷表现在心理上的依赖性、道德上的不完美和智力上的有限性。因此，人需要社会秩序的稳定与传统的延续，更需要接收教育来觅求安全和道德上的提高。那么作为社会的精英阶层就有义务和责任提高那些贫困和弱势群体在道德和知识上的不足，这正是保守主义试图提高同情心和责任来改变社会不平等的理论逻辑。这种家长式保守主义理念直接影响了 BBC 首任总裁瑞斯的家长式作风和运营理念，他认为大众不知道真正需要什么，BBC 应该提供公民需要的，而非其想要的，把人类最优秀的知识、创造和成就传播给尽可能多的英国公民[①②]。这种理念虽然有瑞斯的个人色彩，但保守主义的意识形态才是这种理念得以发展的本质根由与重要基础，此其一。保守主义认为人的智力的有限性使得人无法应对复杂多变的世界，因此，他们重视传统与历史经验，反对激进的变革，在他们的眼里，法国大革命和俄国革命只是带来了新的苦痛、压迫与混乱。这就使得 20 世纪以来英国的政策变迁依赖于经验和传统，其演变过程更多的是一种修修补补的渐变历程。BBC 建立的背景之一是当时已有诸如林业、供水、电力等大量的公营公司的运营经验在先，而负责管理 BBC 的邮政局本身就是国家运营的早期范本。可见，与其说 BBC 是英国人的一种创新，倒不如说是一种经验的总结和应用，ITV 的建立亦是如此。而且英国公共广播电视传统一旦形成，以后的政策变迁基本上都是在原有基本框架和理念不变的情况下进行改进的。

---

① REITH J. Broadcast over Britain[M]. London: Hodder, 1924: 34.
② HUTCHISON D. Media policy: an introduction[M]. Oxford: Black Well Publisher Ltd, 1999: 20.

因此，从英国公共广播电视政策变迁的历程来看，其政策基本上是在延续和维护 BBC 皇家宪章和执照费模式的基础上，因技术和社会环境的不同而增加了广播电视产品和服务提供方式，这种政策变迁上的渐进主义与谨慎的态度无疑是保守主义的风范，此其二。不论是现代自由主义还是英国保守主义，都在强调超越个体的共同价值，试图在利己的自由市场资本主义的框架内建立利他机制。只不过格林等是从人性的角度出发的，而迪斯累里等则是基于道德和责任的视角。尽管这种利他机制是针对每一个个体的，是基于个人是自适的权力主体的自由主义理念的，但是，英国公共广播电视所服务的公共利益实质上是以大多数人的意愿或喜好为准绳的，而且这种大多数往往体现为中产阶层的偏好。不过，这种强调公共利益的价值取向也是促使英国公共广播电视传统形成和发展的重要缘由，这不仅塑造了 BBC 最大限度满足公共利益的服务宗旨，也在一定程度上决定 BBC 的组织和治理结构，此其三。尽管在 1951 年重新执政的保守党也信奉凯恩斯主义，延续了混合经济的理念，但保守党在基本理念上不同于工党，自由主义是保守党的根基，也是英国保守主义的核心价值理念之一，何况自由主义在英国已是根深蒂固，成为一种最基本的价值理念体系。也就是说，保守党所推行的国家干预是自由市场主义的一种自我修正，从一定程度上讲，它是私营商业体系的一种补足，其出发点和归属都是针对自足的个人，而工党则关注的是集体利益。因此，1950 年发布的贝佛瑞吉报告所提出的维持 BBC 公共垄断的建议，被新上台的保守党政府否决，而劳埃德（Selwyn Lloyd）的少数派报告所倡导的打破 BBC 垄断和组建商业台等意见，却得到了保守党政府的青睐，并成立了商业机构 ITV。可见这种略带戏剧化的政策变化，实际上是意识形态在"作祟"，此其四。

三、新右派与第三条道路的影响

从 20 世纪 70 年代开始，英美等国的保守主义者开始反思，甚至是激进地批驳凯恩斯主义的福利社会与国家干预理念，加上对二战后共产主义在苏联的成功与拓展的惧怕和应对冷战、重塑世界强国的愿望，使得英美保守主义重返亚当·斯密的自由市场主义和传统保守主义，推崇市场原教旨主义和捍卫社会秩序、权威和纪律，形成了新右派思潮（new right）。随着撒切尔夫人主宰英国政坛和里根执掌美国白宫，新右派就成了英美的主流意识形态，也影响了法、德等西欧国家，甚至波及全球。新右派由两条主线构成：一是在经济领域推行古典自由市场经济，奉亚当·斯密的理念为圭臬，人们称之为新自由主义；二是在社会生活领域强调传统价值，重提古典保守主义理念，人们称之为新保守主义[1]。实际上，这二者存在内在的冲突，新自由主义信奉个人主义和自恃（self-reliance）的人性观，强调自由、选择和竞争等价值理念；而新保守主义则认为人是脆弱的、有缺陷的和依赖社会的，尊奉权威、责任、纪律等观念。全球化的不断推进会加剧这种内在的矛盾，资本的流动越来越超越国界，传统的社会秩序与价值理念越来越受到冲击，出现了一种相互依赖却又具有无法预测性、人为的不确定性和破裂的全球化秩序[2]。于是在世纪之交，步入唐宁街10号的新工党推崇和实践着吉登斯的第三条道路，试图在国家和市场之间、左和右之间觅求一种新的价值理念体系。

（一）新右派

从历史上看，撒切尔—梅杰保守党政府对BBC的态度很是耐人寻味：一方面想促使BBC私有化和市场化，甚至是欲彻底摧毁之，将自由市场主义深入整个广电产业；而另一方面无论是皮考克报告（Peacock Report）还是政府出台的白皮书和法案都延续了BBC既有的管理与收入模式，BBC皇家宪章的期限从1981年一直延续到1996年，成为BBC历史上最长的一次。这种看似矛盾，甚至是悖论的政策安排实质上源于新右派的双重性，表现在：（1）新自由主义又称自由主义新右派，这是因为以哈耶克（Friedrich von Hayek）和佛雷德曼（Milton Friedman）为代表的新自由主义理论者直接承继的是古典自

---

[1] HEYWOOD A. Political ideologies: an introduction (second edition) [M]. London: MACMILLAN PRESS Ltd, 1998: 91-100.
[2] 吉登斯. 超越左与右: 激进政治的未来 [M]. 李惠斌, 等译. 北京: 社会科学文献出版社, 2000: 266.

由主义，而非现代自由主义。首先，在对待经济问题上，推崇放任自由的市场主义，相信用亚当·斯密所言的"看不见的手"来左右市场和调节经济运行，远比国家干预要有效得多。针对凯恩斯主义所倡导的需求管理和通过国家干预来提高社会福利和降低失业率等理论，新自由主义者提出了货币主义（monetarism）和供给经济（supply-side economics），认为政府的职能仅是确保金融体系的稳定和维护自由市场的正常运行，通货膨胀和失业等滞胀问题只能靠市场的自我调节来消除。也就是说，经济运行中的货币数量多寡决定了市场价格水平，市场中流通的货币数量大于产品和服务时就会产生货币的实际购买力下降，从而导致通货膨胀，反之则会导致通货紧缩。而这种此消彼长的现象是自由市场经济运行的一种规律，故此，一定的失业率和通货膨胀率是正常的，政府可以通过缩减政府开支来降低通货膨胀率，从而缓解就业问题，但这些问题最终要靠市场来调节。此外，政府通过降低个人和企业的税收来促使产品和服务供给的增加，为消费者提供更多的选择。可见，在新自由主义者看来，与其说国家干预能解决经济问题，倒不如说许多经济问题正是因此而滋生的。因此，政府的主要职能就是促使和保证自由市场的正常运行，而非直接插手经济活动。基于这些理念，撒切尔—梅杰政府大力推行私有化和放松规制政策，相信商业化可以促进有线电视网络、卫星等新技术的推广和应用，也笃信私有化和市场化是英国广电业发展的必然趋势。其次，新自由主义者在政治理念上信奉个人自由，而且这种自由是重返古典自由主义的消极自由，排除任何外在约束的自由。他们把20世纪以来政府基于提高福利和维护公共利益的扩张，视为对个人自由的最大威胁，因为社会福利本身导致而非医治不平等，福利完全是个人事务[①]。因此，尊重个人自由的选择、满足其所需就成了一种公共服务。这也是皮考克报告以来，英国广播电视政策所提出的消费者至上、促使节目内容多样化和市场结构多元化等的根由所在。（2）二战结束后，特别是在20世纪60年代，英美年轻的一代开始质疑和批判传统的道德与社会规范，传统的价值理念趋于崩溃。加之新自

---

① HEYWOOD A. Political ideologies: an introduction (second edition) [M]. London: Macmillan Press Ltd, 1998: 96.

由主义对个人主义的强化，年轻人有权选择自己的道德理念和社会方式，这会导致许多并不道德的行为，甚至是错误的生活方式，造成多样、杂乱和相互抵牾的价值理念的产生和并存，这无疑会降低社会的凝聚力和民族的认同感。为此，新保守主义者强调社会秩序、权威和纪律等传统价值理念，试图强化民族认同感和塑造强大的国家。撒切尔夫人倡导和支持维多利亚时代的价值和国威，而美国政府高扬重视家庭的传统价值理念，故此，新保守主义又被称为保守主义新右派。要重塑国威和加强社会凝聚力，主要应从两个方面着手：一是可以通过武力征服他国或地区来彰显国家之强大，比如，1982年英国发动的马岛战役和1975年美国发动的越南战争等；二是通过媒介，特别是电视来弘扬传统历史文化、增强民族认同等。正如爱德加（David Edgar）所言，英国新保守主义实际上是本着善（good）为先而自由为后的观念来改革的[①]。因此，英国政府在广播电视政策安排上特别强调国家、民族和社区的认同感和弘扬本土文化与价值理念，加强对媒介内容的规制，强化媒介的社会责任，比如1990年广电法案规定了ITV商业广电机构的节目标准，1981年成立了广电投诉委员会（the Broadcasting Complaints Commission），1988年成立了旨在规范广电内容和行为的广电标准局（the Broadcasting Standards Council），等等。而英国公共广播电视体系，特别是BBC不仅开创了英国广电业，而且在很大程度上塑造了英国20世纪以来的媒介文化，传承了英国的传统文化，更为重要的是，其中立与公正的新闻等节目内容和公共体制享誉世界，为英国赢得了良好的国家形象。这些不仅仅暗合了新保守主义的价值理念，而且离开了BBC等公共广播电视的撒切尔夫人在电视时代将凭借什么来实现其保守主义新右派价值理念呢？又因何能弘扬传统价值理念呢？这样一来，BBC在政府的爱恨交加中演化发展，英国公共广播电视在新右派理念中传承嬗变，就像新右派信奉个人自由与自由市场，但又不能废弃了国家与传统；就像人渴望自由与富有，但又不能抛却了责任与平等一样，这似乎是人性乃至人类的悖论。

---

① EDGAR D. The free or the good[M]//LEVITAS R.（Ed.）.The ideology of the new right. Oxford：Polity Press，1988.

（二）工党的再度崛起与第三条道路

新右派是在矫正凯恩斯主义和与苏联为首的共产主义对垒中发展壮大的，随着东欧剧变和中央计划经济体制的失败，自由市场主义固有的弊端也就显露出来了，就像19世纪末期的古典自由主义那样，短期经济危机的频发、社会不平等的加剧等问题又重现，而个人主义同样在加剧竞争的无序、社会的变化与不稳定。尽管新保守主义试图用传统价值来促使社会凝聚，然而放任的市场与个人却促使了新右派的衰落。在1997年的大选中，完成了自我嬗变的工党在沉寂了10多年后重新执掌英国政坛，并三次获得大选胜利，这也是英国工党历史上绝无仅有的。这在很大程度上得益于布莱尔和吉登斯所倡导的第三条道路，这是因为意识形态是政党的武器，任何政党的兴衰荣辱都与之密切相关[1]。其实，如果说二战后的凯恩斯主义和工党的国有化和公有制的

---

[1] 英国工党是在20世纪初随着工人阶级和工会的壮大而诞生的，不过英国工党从开始就并不主张颠覆资本主义制度，而是在既定的制度框架下力图提高工人工资和改善其工作条件。在两次世界大战中，特别是在安德里领导期间，工党逐渐在英国建立社会主义共同体和实现公有制，并以此赢得了首次主宰乾坤的机会。不过随着二战后英国国民生活水平的提高、工人阶层的内部分化和社会结构的变化，安德里工党政府所推行的国有化日益显露出其弊端，而以伯恩斯坦（Eduard Bernstein）和克罗斯兰（Anthony Crosland）为代表的修正主义（revisionism）认为资本主义制度本身在发生着彻底的变革，特别是股份制的实行使得企业的所有权和经营权分离，财富不再集中在少数资本家手中，而是流向管理人员、专家和技术人员等中产阶层。也就是说，资本主义制度不再是一种阶级剥削压迫的制度，那么以国有化和中央计划经济为核心、旨在消灭阶级压迫的工党理念就显得过时了。而这些理念正是社会民主主义的核心价值观，即通过生产资料和财富的所有权的集体化来实现阶级的消亡和社会不平等的消除。特别是从20世纪70年代末以来，作为工党基础的工人阶层的人数逐渐在减少，而中产阶层却在增加。据当时的统计表明，约58%的人属于工人阶层，39%的人是中产阶层，而且1958年的民意调查表明，超过半数的公民认为自己属于中产阶层。从1979年开始，工党连续四次败北，而自1987年起，经过金诺科（Neil Kinnock）、史密斯（John Smith）和布莱尔等三任领导人的改革，工党改变了原来对市场经济和私营企业的看法，反思国家强制干预与福利社会的弊端，特别是1994年布莱尔执掌工党之后，工党发生了很大的变革，于1995年废止了工党党章第四条中关于公有制的有关规定，修改为建立富有活力的市场经济等肯定和促使市场经济和私营企业发展的市场自由主义理念。同时伦敦政治经济学院院长吉登斯（Anthony Giddens）于1994年和1998年先后发表了《超越左与右：激进政治的未来》和《第三条道路》，反思英国激进的保守主义和社会主义，特别是对新右派和战后国家干预主义进行了批驳，提出了超越左和右的第三条道路。布莱尔上台后的第二年也发表了《第三条道路：新世纪的新政治》一书，阐述了新工党第三条道路的执政思想，从此第三条道路就成为英国政坛和工党的主流意识形态（刘成，2002）。

执政理念是激进的左派，而奉行市场自由主义和推行私有化和传统价值的撒切尔主义是激进的右派的话，那么第三条道路就是力图吸纳二者基本价值理念的一条中庸之道。首先，从哲学理念上讲，第三条道路力图打破意识形态领域二元对立的观念，寻求在国家干预与自由市场、国家与市民社会等之间新的平衡点，以兼顾效率与平等、发展与正义、权利和义务、个人责任与集体责任，建构新的个人与社会关系①。可见，第三条道路承袭了社会民主主义的基本思想，同时吸纳新右派的合理内核，是资本主义制度的一种自我演化。其次，在政治上淡化传统意识形态间对峙的理念，推行旨在促进地方分权的宪政改革，改善中央和地方的关系，增强地方议会自主权和推进政府民主化进程等。再次，在经济上推行公私并存的混合经济模式，试图克服纯粹的国家干预与自由市场的弊端，将这两者都视为促进经济发展和调控经济运行的必要手段。最后，在社会管理上，倡导参与性社会，强调社会公正，改革社会福利制度，试图通过市场机制来改造传统的福利制度，实现社会福利的多元供给。

总的来说，我们可以归纳出几个关键点：(1)第三条道路及布莱尔的新工党政府超越前贤的核心价值理念就是试图消除商业与公共、私营与公营及市场与国家之间的对立。也就是现在问题的关键不是去争论自由市场和国家干预优劣的问题，而是如何平衡这两者之间的关系问题。具体到公共广播电视政策来说，表现在以下几个方面：一是公共广播电视体系的内涵扩大，不仅包括依靠公共资金生存的BBC，而且包括实行广告等商业运营的C4、S4C，甚至ITV、C5。进一步讲，广电公共利益的实现可以通过公共、商业等多种途径。二是作为公共广电体系核心的BBC在以公共服务为主导的前提下，也可以从事商业活动，以获得足够的资金为公共利益服务。诚如新工党政府媒介政策思想库——英国公共政策研究中心（IPPR：Institute for Public Policy Research）代表人物柯林斯（Richard Collins）和玛若尼（Cristina Murroni）所

---

① GIDDENS A. The third way: the renewal of social democracy[M]. Cambridge: Polity Press, 1998: 64-65.

言，没有任何理由认为公有的公共广播电视机构就不可能成功地从事商业活动，问题的关键是如何解决公共服务与商业运营之间的冲突，以确保为消费者和公民服务。因此，BBC应当肩负双重责任：继续为英国公民提供公共服务和通过向海外提供节目和服务来增加收入，这种双重职能可以通过内部分类管理得以很好地协调①。这不仅仅体现在BBC所发表的《建构公共价值》一文中将实现经济价值和个人利益纳入其基本服务范畴之中，而且表现在BBC现在从事的商业活动机构就有10多个，涉及节目内容、技术支持和专业培训等方方面面②。三是在整个广电产业中将公民利益与消费者利益并举，比如2003年传播法案（Communication Act2003）在谈及有关Ofcom的主要职能时就提出为市民－消费者（citizen-consumer）的利益服务③的理念，这样一来，就将皮考克报告等所提出的消费者至上的理念拓展了，开始强调公民价值，体现工党关注社会平等的价值理念。进一步讲，任何一个现代国民都有公民和消费者的双重身份，广播电视服务应当兼顾这种双重身份的需求，其实这是将消极个人自由与个人的利他机制融合在一起。（2）第三条道路对于社会公正问题的强调并不是什么创新，不过不同时期对于此的理解是不同的。凯恩斯主义等国家干预主义是通过提高社会福利等再分配政策来促使社会公正，新右派则认为确保个人能自由地选择就是公正，而在新工党看来，一个真正的自由社会是基于所有公民都平等的价值理念的，也就是说，满足人最基本的需要是公民的权力，而个人的自尊和自治有赖于最广泛的机遇与选择

---

① COLLINS R, MURRONI C. New media, new policies: media and communications strategies for the future[M]. Cambridge: Polity Press, 1996: 137-147.
② BBC从事商业活动的机构包括向海外销售节目和服务以及相关的杂志、图书、DVD等产品的BBC世界有限责任公司（BBC Worldwide Limited）；销售节目制作技术与设备的BBC资源公司（BBC Resources）；提供频道管理等服务的BBC Broadcast（2005年8月组建成为广播创意服务有限公司 Creative Broadcast Services Limited）；汇集世界各地大众媒介的新闻、信息和评论的BBC Monitoring；提供有关广电节目制作等研究服务的BBC研究中心（BBC Research Central）；向海外提供电视技术设备的BBC国际部（BBC International Unit）；专门负责培训广电人才的BBC Training & Development 以及 beeb.net 等4个商业性网站。
③ Ofcom. About ofcom[EB/OL].(2005-01-08)[2006-01-12]. http://www.ofcom.org.uk/about_ofcom/?a=87101.

的可能性。就媒介政策而言，其核心目的是维护和保证公民自由获取参与经济、政治和社会生活所必需的信息的权力，因为这是现代社会公民应有的主要权力之一[①]，可见，这种社会公正观是将平等和自由选择融合在一起。为了保证这种社会公平，在公共广播电视政策安排上，就要确保节目内容的多样性和供给机构的多元化。

---

① COLLINS R，MURRONI C. New media, new policies: media and communications strategies for the future[M]. Cambridge: Polity Press, 1996: 13, 76.

第二部分
话语变迁、主义抉择与国际传播

身份建构与世界想象：建党百年来中国国际传播话语体系变迁[*]

2020年5月31日，习近平总书记就加强我国国际传播能力建设主持中央政治局第三十次集体学习，总书记的重要讲话为站在新历史节点的中国国际传播指明了方向、明确了任务、确立了战略地位。在总书记讲话精神的指导下，我们要从中国共产党国际传播的百年实践中梳理、提炼、升华中国理论，为纷繁复杂的国际传播工作提供学理支撑。换言之，我们需要围绕"中国精神、中国价值、中国力量"来深入研究中国国际传播话语体系的演变历程，以更好地"打造融通中外的新概念、新范畴、新表述，更加充分、鲜明地展现中国故事及其背后的思想力量和精神力量"。作为国际传播理论指导和具体实践的国际传播话语体系，生成于"世界结构"中的中国革命、社会主义建设和改革开放等历史实践，[①]并与国际政治的宏观结构体系密切关联。本文基于"结构—行动者"框架梳理了建党百年来中国国际传播话语体系的构建和转型历程，探讨其演进特征、范式及动力机制。

一、国家身份是国际传播话语体系转型的动力与落脚点

话语作为社会化、历史化及制度化形构的产物，是特定社会和历史实践

---

[*] 本文原载于《中国新闻传播研究》2021年第5期，与姜楠、金明珠合作。
[①] 姬德强.探究中国对外话语体系的多重维度：专访国际知名传播学者赵月枝教授[J].对外传播，2014，21（5）：13-15.

语境中的文本，其意义被遍布于特定时空的社会关系结构限定，因此需要突出历史进程中的意义结构，①将话语置于"结构—行动者"的连续统一体中分析其宏观结构和微观单位的交互作用。②同时，话语也是特定身份的实践行为，不同的词语使用方式与不同的身份相关，代表不同群体的价值和利益。③因此，国际传播话语体系的内涵不是给定或静止的，而是在中国与世界的互动关系中不断变迁的。作为国家行为体主导的言语行为，国际传播话语体系是国家宏观战略的重要组成部分，内含国家话语整体特性的阐释，表达国家意志和利益。由此，如何处理中国与世界的关系始终是国际传播话语体系建设的核心命题，深受国家身份定位、选择和调整的影响。

随着建构主义国际关系学派在 20 世纪 90 年代的兴起，"身份"这一概念成为研究国家利益和行为的重要变量。建构主义社会理论的基本原则是行动者依据物质条件和其他行动者对其施加的意义采取相应的行动。④身份也就成为有意图行为体的一种主体或单位层次属性，根源于行为体的自我领悟；又依赖于行为体对其他行为体的再现与此行为体自我领悟之间的一致性，具有主体间或体系特征。同时，身份影响行为体动机和行为的产生，⑤因此，身份是为个体提供自我意识的机制，描述并规定了行动者应该如何思考、感受和评价，以及在相关情境中的行为，是行为体理解外部关系环境的重要手段。⑥

---

① 费斯克等. 关键概念：传播与文化研究辞典［M］. 李彬，译. 北京：新华出版社，2004：85；HOLZSCHEITER A. Between communicative interaction and structures of signification: discourse theory and analysis in international relations［J］. International studies perspectives, 2014, 15（2）: 142-162.

② HOLZSCHEITER A. Between communicative interaction and structures of signification: discourse theory and analysis in international relations［J］. International studies perspectives, 2014, 15（2）: 142-162.

③ Gee. An introduction to discourse analysis: theory and method［M］. 3rded. London: Routledge, 2010.

④ WENDT A. Anarchy is what states make of it: the social construction of power politics［J］. International organization, 1992, 46（2）: 391-425.

⑤ 温特. 国际政治的社会理论［M］. 秦亚青，译. 上海：上海世纪出版集团，2014：220.

⑥ CHAFETZ G, SPIRTAS M, FRANKEL B. Introduction: tracing the influence of identity on foreign policy［J］. Security studies, 1998, 8（2-3）: 7-22.

作为国际社会单一行为体（unitary actor）的国家也具有自我意识，①其身份是国家在对自身特性的领悟、理解以及国家间互动的基础上形成的，②关乎自身相对于国际社会角色的定位以及对主导国际社会的认同程度。③据吉登斯的结构化理论，④这既要重视身份建构的主体性，又应强调身份形成的社会结构性因素。⑤从国内层面看，国家的意识形态、政治制度、社会转型等对国家身份的选择和定位具有重要影响，⑥塑造国家意图的形成。从国际层面看，国家身份是物质实力和国际社会观念综合作用的结果。一方面，国家身份具有物质特性，物质实力是国家身份选择的基础；另一方面，国家间的共有观念影响着国家自身与他者相互对待的方式，对国家身份的塑造有重要作用。如此看来，国家身份具有结构属性，即随着国家间互动形式的变化而变化，⑦是国内与国际两个层次互动的结果。⑧

在国际社会层面，国家根据各自身份在外交活动中进行角色扮演，⑨并在互动中大致形成了敌人、对手和朋友三种不同的身份类型。不同的身份赋予

---

① 温特．国际政治的社会理论[M]．秦亚青，译．上海：上海世纪出版集团，2014：94-195．
② 李慧明．国际关系中的国家身份[J]．学术论坛，2007，30（12）：63-71；刘智勇．中国国家身份与外交战略的选择（1949—2004）[D]．北京：外交学院，2005．
③ 秦亚青．国家身份、战略文化和安全利益：关于中国与国际社会关系的三个假设[J]．世界经济与政治，2003，17（1）：10-15，77．
④ 吉登斯指出，行动者和结构二者的构成过程并不是彼此独立的两个既定现象系列，即某种二元论，而是体现着一种二重性。社会系统的结构性特征对于它们反复组织起来的实践来说，既是后者的中介，又是它的结构。参见吉登斯．社会的构成[M]．李康，等译．北京：生活·读书·新知三联书店，1998：89．温特认为结构化理论是对"行动者—结构"问题的一种解决方案，它将主体和结构概念化为相互构成或共同决定的实体。参见 WENDT A. The agent structure problem in international relations theory[J]．International organization，1987，41（3）：335-370．
⑤ 袁正清．国际关系理论的行动者：结构之争[J]．世界经济与政治，2003，17（6）：39-44，79；李慧明．国际关系中的国家身份[J]．学术论坛，2007，30（12）：63-71．
⑥ 袁正清．建构主义与外交政策分析[J]．世界经济与政治，2004，18（9）：4，8-13；赵良英．中国负责任大国的身份构建：兼评西方中国责任论[D]．武汉：武汉大学，2010．
⑦ 赵良英．中国负责任大国的身份构建：兼评西方中国责任论[D]．武汉：武汉大学，2010．
⑧ 庞珣．国际角色的定义和变化：一种动态分析框架的建立[J]．国际政治研究，2006，27（1）：133-143．
⑨ 陈翔．负责任大国：中国的新身份定位[J]．世界经济与政治论坛，2016，36（6）：33-50．

国家不同的利益，塑造国家行为体的基本行动框架和对外战略行为。① 而国际传播与国家利益紧密相连，天然受到国家权力的制约与控制，② 国际传播话语体系作为国家身份在国际传播活动中的实践行为，是国家行为体与国际体系的互动结果。鉴于此，国家身份为国际传播话语体系的转型提供动力与归属。在中国与国际体系互动的历史进程中，国际传播话语体系的发展演进与国家身份的转换相适应，并为国家身份的不断调适提供话语支撑与依据。

二、独立统一共和国的缔造者（1921—1949）：新民主主义话语与多方位外交活动的开端

1921年，当中国共产党作为一支独立的政治力量登上历史舞台时，中华民族被帝国主义列强抛到了世界秩序的最底层，处于殖民地、半殖民地的深渊，且大国力量深度介入中国内政，操纵中国军阀展开争夺，多次引发大规模战争，给中国人民带来深重灾难。由此，中国共产党将"取消一切不平等条约""推翻国际帝国主义的压迫，达到中华民族完全独立"作为自身的奋斗目标。在世界政治格局的不断变化中，中国共产党始终站稳民族立场，并根据中国革命运动的发展规律制定对内对外政策。由于当时中国并非世界斗争中心，中国共产党也非执政党，难以采用直接、全面的外交方式实行党的政策。为此，中国共产党的主要方针是"准确把握大国对中国关系的变化，利用他们的矛盾与分歧，争取形成对中国革命有利的外部环境，减少在国内斗争中的困难"。③ 侵略国之间不断因利益冲突产生矛盾，为中国共产党提供了联"友"抗"敌"的发挥空间。延安时期，中国共产党在思想、理论和组织上逐步走向成熟，对国际形势的判断与认知能力迅速提升，在纷繁复杂的大

---

① 袁正清.建构主义与外交政策分析[J].世界经济与政治，2004，18（9）：4，8-13.
② 张桂珍.国际传播是国际关系的一部分[J].现代传播（中国传媒大学学报），1998，20（2）：2.
③ 郑俊琰.中共对外关系研究的又一次突破：评牛军新《从延安走向世界——中国共产党对外关系的起源》[J].党史研究与教学，1992，14（3）：90-93.

国关系中掌握了发展壮大的契机,形成了灵活务实的外交话语体系,[①]因此以 1935 年为界,分为如下两个阶段。

(一)反帝反封建的新民主主义话语(1921—1935)

中国共产党成立之初将苏联与共产国际视作思想路线的指导者,随着革命实践的发展,中国共产党从中国具体情况出发,主张压迫中国平民阶级的势力并不以内外分野,而外人侵略中国亦只限于列强特权阶级的政府,其余各国平民与我们处于同样的命运,[②]并指出革命的首要问题是辨清"敌"和"友"。1922 年 7 月,党的二大确立了反帝反封建的革命纲领和民主联合战线的中心任务,这一时期的对外宣传工作主要是为了联"友"抗"敌"。

建党初期,中国共产党以"各阶级的联合"的大众话语形式表达政治主张,促使工农群众认识到中国共产党是代表他们根本利益的政党,赢得社会各阶层无产阶级的支持,扩大了影响范围。对于帝国主义列强,《向导》《新青年》《前锋》等刊物分工协作,形成强大的宣传攻势,尤其是《向导》发刊词《本报宣言》旗帜鲜明地指出"国际帝国主义的外患,在政治上在经济上,更是钳制我们中华民族不能自由发展的恶魔",[③]并设立"外患日志"一栏,借助事实报道和马列主义理论,揭露帝国主义列强竞相控制中国命脉、操纵军阀内战和压榨中国人民的真相,与《顺天时报》和《字林西报》等帝国主义宣传工具展开了激烈的舆论斗争。共产党早期的革命宣传将"打倒帝国主义、打倒封建军阀"的革命话语传遍全国,不仅时刻提醒、矫正国内革命的主题,还有助于获得其他民族拥有相同境遇的民众的认同,与全世界无产阶级形成统一战线。

(二)团结内外的"抗日统一战线"话语(1935—1948)

延安时期,国民党政府的新闻机构把控着国内的信息源,对共产党进行

---

① 冯建玫.延安时期中国共产党的世界眼光[J].湖北行政学院学报,2014,29(6):56-60.
② 杨立德.三民主义教育在西南联大:评陈雪屏向常委会的报告[J].云南师范大学学报,1993,36(5):85-87.
③ 本报宣言[N].向导,1992-09-13(1).

新闻封锁，并在报纸上大肆抹黑和污蔑共产党形象。同时，日本帝国主义加紧对中国的侵略，企图变中国为其独占殖民地。面对日益严酷的斗争环境和民族危机，共产党逐渐摆脱教条主义束缚，开始运用外交思维应对国内外复杂的局面。①1935年12月，中共中央高举"抗日民族统一战线"的旗帜，明确提出"执行灵活的外交政策"，"同一切和日本帝国主义及其走狗相反对的国家、党派，甚至个人，进行必要的谅解、妥协，建立国交，订立同盟条约的关系"。为配合党的政策，这一时期的对外宣传主要是为了塑造中国共产党良好的国际形象，争取国际社会对中国革命和建设事业的同情和支持，推动世界反法西斯统一战线的建立和发展。中共中央本着外交政策积极化的原则，展开了全方位的民间外交，广邀外国记者来访。埃德加·斯诺是第一个进入陕北苏区访问的美国记者，他所著的《西行漫记》在中外华侨聚集区引起极大轰动，吸引许多进步青年投身革命。至1939年9月，中国共产党邀请了近百名外国记者、军人和传教士到访陕甘宁边区，这些来访者向世界介绍了一个欣欣向荣的"完全不同的中国"，有效塑造了党的正面形象，也为中国共产党赢得了一批忠实的国际友人，他们成为党对外传播的喉舌和获取信息的关键通道。

第二次世界大战全面爆发后，大国关系发生重大调整，英、法、美等国出于各自国家利益的考量，需要集中人力物力以增强对日作战力量。同时，中国共产党抗日武装在敌后战场取得节节胜利，逐渐受到国际社会的重视和承认。1940年毛泽东指出，虽然共产党反对任何帝国主义，但是须将日本帝国主义与同日本帝国主义相对立的英美帝国主义加以区别，且明确提出建立太平洋抗日统一战线的主张，强调与英美人士作诚恳坦白的通力合作。②"皖南事变"后，中共南方局通过同英美记者的联络，将事件真相迅速公布于英美等国的报纸上，引起国际舆论对国民党政府的强烈抨击：

1942—1943年，周恩来多次邀请美国派官方代表团访问延安；1944年7—

---

① 冯建玫.延安时期中国共产党的世界眼光[J].湖北行政学院学报，2014，29（6）：56-60.
② 张同乐.简论中共关于建立太平洋反日统一战线的策略思想[J].河北师范大学学报，1996，41（S1）：4.

8月，中外记者西北参观团和美军观察组先后进驻延安，对中共根据地和抗日武装实地考察，并撰写大量报道，通过电台和报刊将中共的真实面貌向外界广为传播。随着对外联络对象的不断增多，中国共产党同外界的交往逐步由民间上升至半独立外交的层面，借外媒的"口"突破国民党的封锁，将"团结内外""维护抗日统一战线"的话语传向世界。

三、维护主权独立与世界革命的推动者（1949—1978）：革命话语与"内外有别"原则的确立

作为诞生于第二次世界大战结束后和冷战爆发初期的革命国家，新中国在建立初期的核心使命是维护主权独立完整、保卫新生政权和争取国际社会承认。[①] 与此同时，冷战格局不断增强，东西方阵营对峙激烈，中国以革命性的体制外国家进行自我身份定位，[②] 成为全世界无产阶级革命的推动者。

这时期对外宣传的主要目的与任务是宣传新中国的革命和建设成就，支持世界人民的革命斗争。基于传播目的、内容、范围等方面的需要，这一时期的国际传播即对外宣传，其话语体系建设的主要特征表现为强烈的革命话语，以及"内外有别"的实践原则。1966年"文化大革命"开始后，革命话语不断升级，对外宣传方式也发生改变，以此为界可分为前后两个阶段。

（一）政权初立的"主权维护型"话语（1949—1966）

新中国成立初期，国内面临着恢复战争创伤、巩固新生政权和进行社会主义改造等问题。在国际上，中国被裹挟到美苏争霸的冷战格局中，受到以美国为首的帝国主义阵营的包围和封锁，国家安全面临威胁。自《威斯特伐利亚和约》之后，国家成为国际关系的中心，国家的主权原则和国际社会的

---

① 吴志成，温豪.从独立自主走向复兴自强的中国特色大国外交析论［J］.东北亚论坛，2019，28（5）：3-16，127.

② 秦亚青.国家身份、战略文化和安全利益：关于中国与国际社会关系的三个假设［J］.世界经济与政治，2003，17（1）：10-15，77.

无政府状态是国际关系的主要特征。在自助性的国际体系中，国家只能依靠自我保护以求生存，①排他性的绝对主权被摆脱殖民统治获得政治独立的国家视作维护独立的根本保障，并成为在国际关系中自由行动的法理依据。②因此，作为国际体系的新生组成单位，维护国家安全、求得生存发展、确立主权独立的国家身份成为新中国国家战略的首要考量。③

这时期的对外宣传也就承担起了展现新中国建设成就和争取国际社会同情与承认的重要任务。周恩来指出，要"把中国人民对世界各国人民的友好愿望传播得更广更远，并且加强我们同他们的团结"。④毛泽东提出，"把地球管起来，让全世界都能听到我们的声音"。⑤通过发挥多种宣传工具的作用，对外宣传工作有声有色，此时的宣传工作同我国的国际地位和国际影响相适应。⑥

书、报刊和广播是这一时期的主要媒介形式，为配合国家内政外交理念，对外传播媒体被作为意识形态宣传的工具，带有浓厚的政治功利色彩。⑦中央广播事业局在第五次全国广播工作会议上提出"广播是阶级斗争的工具"，要为中心工作宣传服务。⑧1950年1月，由国际新闻局创办的《人民中国》是中华人民共和国成立后出版的第一份对外宣传刊物，以刊发中国政府的政策和声明为主要任务。一年后，另一份英文版对外刊物——《中国建设》创刊，强调以客观的笔触展示中国社会的发展和变迁。为了提升对外宣传效果，周

---

① 秦亚青.权力·制度·文化[M].北京：北京大学出版社，2005：34.
② 苏长和.发现中国新外交：多边国际制度与中国外交新思维[J].世界经济与政治，2005，19（4）：4，11-16.
③ 陈以定.当代中国外交中意识形态建设与国际话语权建构：基于中国外交话语分析视角[J].学术界，2012，27（7）：79-87，272-275；陈以定.略论中国外交观念的演进：基于话语分析视角[J].长白学刊，2012，28（1）：39-44.
④ 谢良鸿.向世界说明中国，让中国走向世界：新中国外宣事业五十年[J].新闻战线，1999，44（10）：26-29.
⑤ 毛泽东.毛泽东新闻工作文选[M].北京：新华出版社，1983：182.
⑥ 甘险峰.中国对外新闻传播史[M].福建：福建人民出版社，2004：145.
⑦ 江卫东.中共对外新闻传播思想史初探[J].重庆三峡学院学报，2014，30（2）：140-149.
⑧ 习少颖.1949—1966年中国对外宣传史研究[M].湖北：华中科技大学出版社，2010：38.

恩来总理强调，这些刊物"要针对各自的目标受众"，① 以此"争取对新中国和各项政策的理解和可能的支持"，正是在这一理念的基础上逐步确立起"内外有别"的宣传模式，成为此后我国对外传播中长期奉行的重要准则。

"内外有别"强调传播内容要有针对性，国内外受众予以分别对待。1952年，中央在批准中新社的《华侨广播工作草案》中指出，"国内报道与国外报道的目的和作用不同，选择主题的角度和方法应有区别"②，规定中新社稿件要降低政治声调，减少宣传气味。1959年6月，在中央政治局扩大会议上，毛泽东指出，"广播是要讲给人家听的，不看对象不对，不照顾对象，不吸引人不行"。③ 1961年外文出版社在"澄清业务思想"的学习和讨论中一致认为，对内与对外宣传要有读者对象、宣传目的、宣传内容、宣传方法和语言文字五个方面的不同，④ 由此深度挖掘"内外有别"原则，实现从笼统到具体化的过程。

（二）阶级斗争下的"革命外交"话语（1966—1978）

随着国际格局的重组与中苏关系的演变，以及国内"左"倾思想的不断升级，中国领导人在严峻的安全形势下对世界革命形势和战争爆发可能性的估计趋于严重化，且过高认识了中国的国际影响力，加之近代以来受到西方列强欺辱的历史记忆的影响，⑤ 这时中国更多以"敌人"角色对他国进行再现建构，且更倾向于霍布斯逻辑的相互征服性国际关系。在以"敌人"建构其他国家身份时，这个国家通常会采取强有力的方式与"敌人"打交道以改变

---

① 李彦冰，荆学民. 全球化背景下我国对外传播"内外有别"原则的困境与出路[J]. 华北水利水电大学学报（社会科学版），2010，26（2）：24-27.
② 朱鸿军，蒲晓. 新中国成立70年对外传播媒介与传播观念之变迁回顾[J]. 对外传播，2019，26（6）：11-13.
③ 中共中央文献研究室. 建国以来毛泽东文稿（第12册）[M]. 北京：中央文献出版社，1998：274.
④ 沈苏儒. 对外传播的理论与实践[M]. 北京：五洲传播出版社，2004：81.
⑤ 吴志成，温豪. 从独立自主走向复兴自强的中国特色大国外交析论[J]. 东北亚论坛，2019，29（5）：3-16，127.

现状，即试图消灭或征服敌人，国家决策也常不得不为最坏的情况做准备。[1]在权力政治内部的利益驱使下，新中国成立初期温和的和平外交观念逐渐让位于世界革命和无产阶级国际主义的革命外交观念，[2]力图通过动员国际社会力量推动世界革命发展，以此在动荡的国际关系体系中抵御侵袭，谋得生存。

20世纪60年代中国形成的革命外交倡导以世界革命推翻西方资本主义国家主导的国际体系，坚信只有通过激进的政治和社会革命，才能从根本上改变中国在国际社会任人宰割和欺凌的屈辱地位，这使长期处于国际体系边缘位置的新中国一度成为主流国际社会与秩序的挑战者和反对者。在国内"文化大革命"阶级斗争成为社会主导思想和行动基础的趋势下，革命和阶级斗争意识更为强烈，并映射到中国与世界的关系构建中。在马克思主义关于世界革命和反霸权思想的影响下[3]，中国将自身定位于"国际反帝反修的号召者""世界革命的推动者"[4]和"国际体系的革命者"等身份。

这一时期，一方面中国与美苏两个超级大国对抗，维护国家主权和领土完整、争取中间地带的支持是对外宣传的主要任务；另一方面，中国将阶级斗争和输出革命、推动世界革命视作对外宣传的核心目标，以意识形态和社会制度为宣传重点。因此，口号、语录、社论等成为主要的话语内容，"文化大革命"文件大都全文播出，要求"不加码，不减码，不想当然，不自作主张"，严格按照中文稿翻译。1967年12月，中央发出《中共中央、国务院、中央军委、中央文革小组关于对中央广播事业局实行军事管制的决定》，强调毛泽东思想的国际传播是中心任务，"必须保证毛主席的声音，在任何时候，任何情况下，都能准确、及时地传播到……全世界去"。[5]而这些内容往往"政

---

[1] 温特.国际政治的社会理论[M].秦亚青，译.上海：上海世纪出版集团，2014：257-258.
[2] 陈以定.略论中国外交观念的演进：基于话语分析视角[J].长白学刊，2012，28（1）：39-44.
[3] 陈以定.当代中国外交中意识形态建设与国际话语权建构：基于中国外交话语分析视角[J].学术界，2012，27（7）：79-87，272-275.
[4] 田丽.中国共产党对外宣传战略研究[D].北京：中共中央党校，2016.
[5] 周庆安，吴月.断裂的平衡：中国对外传播制度史探析（1966—1976）[J].全球传媒学刊，2017，4（3）：61-77.

治术语太多"①，对外宣传受众范围也被窄化，主要针对亚非拉地区，局限于革命的、进步的受众。革命型意识形态下的对外传播完全成为革命的宣传工具，服务于中国相对于世界体系挑战者的身份，在激进的政治话语主导下，推动世界革命的发展。

四、国际社会的参与者与负责任的大国（1978—2013）：发展话语与"外外有别"原则的推进

1978年以来，中国逐步从战争与革命话语转向和平与发展话语，中国对自身和他者身份的认识逐渐由霍布斯文化逻辑中的"敌人"关系过渡到洛克文化逻辑中的竞争性国家间关系。② 这直接影响了中国的国内外议程，推动中国对自身利益和国际身份进行重新认知，从国际体系外的、挑战型的、革命性的国家逐步转变为认同并主动融入现存国际体系、现状性的国家。③ 随着中国对日趋多边与合作的国际体系和国家间关系认同的加深，促进国家现代化发展成为首要战略考量，为服务国家发展和经济建设大局，国际传播的目标、任务和对象也将重新定位。

（一）国际社会的一员与"和平发展"话语（1978—1989）

中国国内发展目标的变革推动了中国与国际关系的转变。一方面，在积极发展外向型经济、与各国开展交流与合作的进程中，中国开始与国际接轨，积极参与国际体制建设，一改国际制度"挑战者"和"革命者"的身份，转向洛克文化逻辑，在以"和平发展"为导向的外交话语中建构起"国际社会的一员"的身份象征，将国际交流与合作视为推动国家现代化进程的重要路

---

① 周庆安，吴月. 断裂的平衡：中国对外传播制度史探析（1966—1976）[J]. 全球传媒学刊，2017，4（3）：61-77.
② 温特. 国际政治的社会理论 [M]. 秦亚青，译. 上海：上海世纪出版集团，2014：273.
③ 钟馨. 1976—2001年中国对外传播史研究 [M]. 武汉：武汉大学，2010.

径。① 另一方面，以经济建设为中心的国家总体战略目标决定了以利益为导向的国际战略，为此，中国需要争取相对稳定的国际环境以保障国内经济建设和各项改革事业的顺利开展。②

由此，中国对外传播话语的主要目标转变为加强国际社会对中国的认识，增进中国与世界各国的友谊，创造有利于改革开放和社会主义现代化建设的国际舆论环境。这不仅体现在党对外传播理念和政策的转变，也体现在中央对外宣传领导小组等组织构建上。早在1979年3月，时任中宣部部长的胡耀邦就指出，对外宣传要增进各国人民对我国的了解和友谊，创造有利于我国实现"四个现代化"的国际条件。③ 一年后的4月，中央书记处整合中联部、中宣部、外交部、文化部、人民日报社、新华社、广播局、外文局等部门骨干力量组建了中央对外宣传小组（1991年在国务院系统挂名为国务院新闻办公室），时任中宣部副部长的朱穆之兼任组长。1982年4月，中央对外宣传小组首次召开了全国地方对外对台宣传工作会议，奠定了历史新时期大外宣格局的基础。1986年的全国对外宣传工作会议指出，这一阶段的对外宣传要严格遵循实事求是原则，将改革开放后全新的中国形象展现给世界。朱穆之指出要让各国对中国有全面深入的认识，增进中国与世界各国和人民的相互了解，发展友好往来和互利合作关系。④ 另外，对外传播应与经济贸易等结合，主要为改革开放和国内经济建设服务。同时，基于传播的针对性和受众的差异性，"内外有别"的原则再度确立。这意味着中国将自身视为现存国际体系中的一员，力图融入国际经济结构中，为中国的和平发展服务，并且逐步认识到不同国家、阶层和文化的差异，同时具备了对象细分的宣传意识。

---

① 门洪华. 压力、认知与国际形象：关于中国参与国际制度战略的历史解释[J]. 世界经济与政治，2005，19（4）：4，17-22.
② BUZAN B. China in international society: is "peaceful rise" possible? [J]. The Chinese journal of international politics, 2010, 3 (1): 5-36.
③ 何国平. 改革开放30年来中国外宣思想的演进[J]. 当代传播，2008，24（6）：94-97.
④ 秦汉，胡慧民. 改革开放40年中国对外传播观念的演变[J]. 对外传播，2018，25（12）：15-18.

（二）经济全球化的参与者与"融入型"话语（1989—1999）

东欧剧变与苏联解体结束了半个多世纪的两强争霸局面，美国凭借超强的综合实力成为超级大国，国际格局呈现"一超多强"的单极特征。[①] 同时，全球化浪潮席卷世界，新兴经济体、发展中国家及其他处于边缘地带的国家迅速发展，开启了国际体系向多极化转型的进程[②]，国家间相互依赖日渐加强，国际合作成为国际关系的主旋律。随着国际交流的进一步活跃，各类冲突和摩擦事件也不断出现，尤其是中西方之间的意识形态与文化冲突日益加剧，西方主流媒体倾向于妖魔化中国，宣扬"中国威胁论"。面对复杂多变的国际舆论环境，中国坚持国际合作，进一步扩大开放，工作重心仍放在经济建设上，步入深化改革与加速现代化发展的社会结构转型期。

在国内外因素的影响下，中国继续致力于构建融入经济全球化的"国际社会参与者"的身份象征，高度关注与重视国际传播话语体系建设，目标定位于全面地向世界介绍中国，为中国树立良好的国际形象，为改革开放和现代化建设创造良好的国际舆论环境，[③] 与同时开展的传媒改革一并推动国际传播由对外宣传向对外传播转变。

20 世纪 80 年代末的一些重大事件暴露了中国对外传播工作薄弱、分散、缺乏强有力的领导等诸多问题，对外宣传工作一度陷入了十分被动的局面。中央对这些问题及时进行反思，认识到对外传播工作的重要性和紧迫性，于 1990 年 3 月恢复了 1988 年因精简机构而被裁撤的中央对外宣传小组。[④] 在同年 10 月召开的全国对外宣传工作会议上，对外传播更是被提升到"国家总体外交的组成部分"的外交战略布局中，根本任务是为我国社会主义现代化建设和祖国统一大业服务，为我国路线、方针、政策服务，为世界和平、各国

[①] 史志钦. 百年未有之大变局与中国身份的变迁［J］. 人民论坛·学术前沿，2019，8（7）：13-20.

[②] 门洪华. 压力、认知与国际形象：关于中国参与国际制度战略的历史解释［J］. 世界经济与政治，2005，19（4）：17-22，4.

[③] 戴延年，陈日浓. 中国外文局五十年大事记 2［M］. 北京：新星出版社，1999：263-264.

[④] 1991 年该小组改建为一个具有独立编制和财政预算配额的实体机构，1992 年更名为中央对外宣传办公室。

人民友谊和人类进步服务。①"内外有别"原则得以再度确立，并升华为"外外有别"。会议指出："外国人和海外同胞，由于生活在不同的社会中，他们的生活方式、思维方式和语言习惯和我们有很大不同，而各个国家和地区的情况也很不相同，必须认真研究这些特点，区别对待。"②朱穆之还指出：不仅要区别西方世界、苏联东欧和第三世界情况的不同，还要对各界、各阶层予以区分，不仅要认识到"内"与"外"的差别，还要认识到"外"与"外"的差别，对国外受众的分析更加细致化。

20世纪90年代后，世界信息技术发展迅猛，广播、电视等媒介成为信息传播的重要载体，并且，互联网的迅速崛起开始重构信息传播的媒介格局，积极运用新技术成为国际传播话语体系建设的重要一维。面对媒介环境的变化，中国对外宣传的核心思想理念与时俱进，"重点发展对外电视和广播""联合起来，走广播电视大外宣的路子"③成为工作重点。1994年4月印发的《进一步做好新形势下对外宣传工作的意见》指出，中国国际广播电台、中央电视台、《中国日报》《北京周报》——"两台一报一刊"是外宣"手段的重点"。④同年，中共中央办公厅、国务院办公厅发布的《中共中央文件》（第27号）明确了"广播电视并重、内宣外宣并举、中央与地方联合、发挥系统优势"的指导思想，并提出"建立一个以国际台为龙头，以各省市电台为依托，相互弥补，相互支持的全国性的广播对外宣传协作网"，开启了体系化国际传播话语建设时期。⑤

（三）负责任的大国与"和谐型"话语（1999—2013）

自20世纪90年代中后期以来，世界日趋多极化。随着经济全球化进程

---

① 姚遥.新中国对外宣传史［M］.北京：清华大学出版社，2014：332.
② 王建，肖正涛."内外有别"原则在对外传播中的发展［J］.青年记者，2011，71（26）：81-82.
③ 钟馨.1976—2001年中国对外传播史研究［D］.武汉：武汉大学，2010.
④ 姜飞，张楠.中国对外传播的三次浪潮（1978—2019）［J］.全球传媒学刊，2019，6（2）：39-58.
⑤ 钟馨.1976—2001年中国对外传播史研究［D］.武汉：武汉大学，2010.

的逐渐深化，国家间竞争与合作关系并存，国家实力的消长带来了国际权力结构与力量格局的变迁，西方世界实力和地位普遍性相对下滑，而非西方新兴国家的国际塑造能力集体上扬，推动国际体系转型。加之后冷战时期贫穷、饥饿、恐怖主义等人类共同威胁的出现，使国家安全与国际安全紧密相关，多边主义与大国合作成为一种共识性的理念。

同时，中国经济快速发展，综合国力持续增强，国际地位和影响力达到新的高度，成为重新崛起的大国。自身实力的壮大促使中国渴望在全球和地区性国际机制中发挥更大的作用。1999年11月中美签署中国"入世"双边协议，2001年中国"入世"，这是中国主动融入全球化的象征，意味着中国与世界的关系更加紧密。[1] 由此，中国对国家身份重新定位，确立起"负责任的大国"的身份认知。[2] 进入21世纪后，中国对"和平与发展"时代主题的认识进一步深化，在追求国家利益与维护人类共同利益相统一的思维的基础上，确立了促进世界和谐与共同繁荣的外交理念，"和平发展""互利共赢""和谐世界"和"统筹国内国际两个大局"等和谐型话语[3]彰显了中国基于世界本位的理念与"负责任大国"的身份定位，致力于提升国际话语影响力，构建更加公正合理的国际传播新秩序。

但实际上，自20世纪90年代以来，"中国威胁论""中国崩溃论"等曲解性言论和负面评价甚嚣尘上，中国同国际社会之间需经历长期复杂的磨合与适应阶段，再难独善其身，这样一来，对国家行为内涵进行充分解释成为构建中国国际话语体系的关键环节。江泽民同志在1999年初召开的全国对外宣传工作会议上提出了"向世界说明中国"的新外宣纲领，成为我国国际传播新阶段的话语体系理论中心。他指出："对外宣传工作的着力点应该是，继

---

[1] 李宝俊，徐正源. 冷战后中国负责任大国身份的建构[J]. 教学与研究, 2006, 54 (1): 49-56.

[2] 史志钦. 百年未有之大变局与中国身份的变迁[J]. 人民论坛·学术前沿, 2019, 8 (7): 13-20.

[3] 陈以定. 当代中国外交中意识形态建设与国际话语权建构：基于中国外交话语分析视角[J]. 学术界, 2012, 27 (7): 79-87, 272-275.

续向世界说明我国改革和建设的伟大成就,说明邓小平同志开创的建设有中国特色社会主义道路的正确性,充分展示中国人民坚定不移地走自己的路、实现社会主义现代化的形象;继续向世界说明我国改革开放的方针政策,充分展示中国人民坚持实行改革开放的形象;继续向世界说明我国反对霸权、维护和平、支持国际正义事业的立场,充分展示中国人民爱好和平的形象;继续向世界说明我国政治稳定、经济发展、社会进步、民族团结的局势,充分展示中国人民为维护安定团结和实现繁荣富裕而不懈奋斗的形象;继续向世界说明我国社会主义民主法治建设的成就,充分展示中国人民依法治国,建设社会主义法治国家的形象。"2003年12月,胡锦涛同志在全国宣传思想工作会议上强调,要"坚持把加强和改进对外宣传作为宣传思想战线的一项战略性任务。要紧紧围绕党和国家的工作大局,全面客观地向世界介绍我国社会主义物质文明、政治文明和精神文明不断发展的情况,着力维护国家利益和形象,不断增进我国人民同各国人民的相互了解和友谊,逐步形成同我国国际地位相适应的对外宣传舆论力量,为全面建设小康社会营造良好的国际舆论环境"。①

与此同时,国际话语体系的媒介布局逐渐清晰和系统化,此时更注重技术性建设。为顺应互联网快速发展的媒介生态格局,进行适应性和前瞻性的变革,2000年3月下发的《国际互联网新闻宣传事业发展纲要》提出要大力加强互联网媒体建设,加强主流媒体的网上新闻宣传。②2005年中央外宣办制订了《2006—2010年全国对外宣传工作规划》,强调以"一社两台两报"(分别是新华社、中央电视台和中国国际广播电台、《中国日报》和《人民日报》海外版)为主体,形成若干个具有国际竞争力和影响力的传媒集团,着力打造一批对外交流的文化企业集团和知名品牌。2009年中央下发的《关于印发〈2009—2020年我国重点媒体国际传播力建设总体规划〉的通知》从媒

---

① 胡锦涛同志关于新闻、宣传工作的论述和新思维[EB/OL].(2006-07-27)[2021-04-10]. http://media.people.com.cn/GB/40606/4633009.html.
② 秦汉,胡慧民.改革开放40年中国对外传播观念的演变[J].对外传播,2018,25(12):15-18.

体建设角度提出提升国际传播能力的总体方案,并纳入国家经济社会发展总规划,指出要以中央主要媒体为骨干、以新兴媒体为突破口,硬件和软件并重,同步推进基础设施建设和信息内容建设,全面提升采编播发能力和产品营销能力,加快构建覆盖面广、信息丰富、技术先进的现代国际传播体系,形成与我国经济社会发展水平和国际地位相称的媒体国际传播能力。①

中国国际传播进一步树立受众意识,"内外有别"和"外外有别"原则在"向世界说明中国"的总体国际话语体系中继续确立,指导着中国的国际传播实践。

五、人类命运共同体的倡导者(2013至今):合作话语与"内外融通"原则的确立

随着移动互联网、人工智能和大数据等技术的发展,全球化进程加速深化。在世界百年未有之大变局中,国际权力关系发生了全球性转移与扩散,政治多极化深入发展,且"多极"之间的力量对比日趋平衡②,单一国家独霸世界、强权势力主宰世界、集团对立分割世界难以为继。③ 与此同时,和平与发展仍是时代的主题,经济全球化与经济一体化相伴而生,国家间的关系尤其是大国关系更为密切且相互依赖,④ 人类社会多元共存,利益共同体现象更加凸显。⑤

在自身崛起与全球性权力转移交叠的重要历史时刻,中国基于友谊角色结构的康德文化观念继续建构和担负着"负责任大国"的国家身份。在友谊

---

① 程曼丽.中国对外传播的历史回顾与展望(2009—2017年)[J].新闻与写作,2017,34(8):5-9.
② 史志钦.百年未有之大变局与中国身份的变迁[J].人民论坛·学术前沿,2019,8(7):13-20.
③ 裘援平.世界变局中的时与势[EB/OL].(2019-03-20)[2021-05-11].http://www.iiss.pku.edu.cn/research/bulletin/3581.html.
④ 崔立如.国际格局转变与中国外交转型[J].国际关系研究,2014,2(4):3-11,151.
⑤ 基欧汉,奈.权力与相互依赖[M].3版.门洪华,译.北京:北京大学出版社,2002:6.

的角色结构中,"多元安全共同体"和"集体安全"成为宏观层次上的逻辑和趋势,共同体成员之间有着和平的意愿和行为的共有知识,彼此间不会兵戎相见,而是以其他方式解决争端。"集体安全"的规范是"一般性"互惠,即行为体在没有获得及时的回报时也会互相帮助,在安全问题上,国家主要采取多边主义或助人性质的行为。①在"负责任大国"的身份认知下,中国积极参与国际事务,推进地区间和国家间的合作互助,提出了"全球治理观""人类命运共同体"等推进全球化发展、建构新型大国关系、促进国际关系转型的理念与实践。外交理念也由"韬光养晦、有所作为"向"主动谋划、努力进取"②转变,"共同""平等""多元"等话语表现出"人类本位"的核心价值理念,成为中国国际传播话语体系的主旨和要义。习近平总书记在2013年召开的全国宣传思想工作会议上提出"要高举和平、发展、合作、共赢的旗帜,统筹国内、国际两个大局,引导人们更加全面客观地认识当代中国、看待外部世界,为实现'两个一百年'奋斗目标、实现中华民族伟大复兴的中国梦提供有力保障"。③

"讲好中国故事"是新时期中国国际传播话语体系建设的核心要义。习近平总书记在2016年2月19日党的新闻舆论工作会上指出,"要加强国际传播能力建设,增强国际话语权,集中讲好中国故事,同时优化战略布局,着力打造具有较强国际影响的外宣旗舰媒体"。④而后,习近平总书记在2018年8月召开的全国宣传思想工作会议上对"讲好中国故事"进行深入阐述,更加明确其关键与内涵:"要推进国际传播能力建设,讲好中国故事、传播好中国声音,向世界展现真实、立体、全面的中国,提高国家文化软实力和中华文化影响力。"中国的国际传播话语体系建设由此从传播渠道建设的技术层面向

---

① 温特.国际政治的社会理论[M].秦亚青,译.上海:上海世纪出版集团,2014:290-291.
② 黎萌.专家:习近平重塑"韬光养晦有所作为"[EB/OL].(2015-08-15)[2021-05-10]. http://politics.people.com.cn/n/2015/0815/c1001-27466723.html.
③ 孟建,于嵩昕.政治传播视野中习近平对外传播思想研究[J].现代传播(中国传媒大学学报),2015,37(9):75-76;习近平.习近平谈治国理政[M].北京:外文出版社,2014:155.
④ 习近平在党的新闻舆论工作座谈会上强调:坚持正确方向创新方法手段提高新闻舆论传播力引导力[EB/OL].(2016-02-20)[2021-05-12]. http://jhsjk.people.cn/article/28136289.

"讲好中国故事"的内容层面转变，从扩大传播范围转向提升内容品质，更加注重信息的传播内涵与话语特性。在"人类本位"核心命题的统筹下，中国理念成为中国国际传播话语体系建设的中心，以此从更广阔深远的视角观照全人类的命运与发展，为世界及人类发展贡献中国智慧。

互联网、大数据和人工智能等信息传播技术的迅速发展，不仅重塑着广播、电视技术曾建构的信息生态，[①]还在不断改变着人们的生活方式和思维方式。全方位媒介融合成为不可逆转的趋势，社会和媒介网络的结合促进信息社会的成型，赋能于多元主体的传播，深刻影响了中国的社会权力结构关系。[②]国际传播话语体系适应媒介技术变革推动的传播格局的转变，整合纳入技术创新性话语，突出互联网思维和融合发展理念，积极融入国际话语体系，强化多元主体的理念，构筑全方位立体传播格局，更加彰显新全球化进程中科技引领性作用以及休戚与共的人类命运共同体观念。习近平总书记多次强调发挥多元行为体的共同作用，"要促进青年、智库、议会、非政府组织、社会团体等的友好交流，增进人民的了解和友谊"。[③]目前，中国国际传播的主体日趋多元，突破了过去专业组织主导的大众传播格局，政府部门、媒体、高校、企业、非政府组织、公民等实践主体都担负着国际传播的重要责任，从而形成了多层次复合联动的国际传播体系。

同时，媒介深度融合的进程加速，移动互联网、智能技术等新技术变革改变了模拟信号或物理传输方式和单向传播模式，逐渐消弭了地理、内外、媒介和行业等区隔，促成了跨界共享的传播生态、多向交互传播模式和以个人及其群落为中心的传播格局。信息传播生态变得更加开放、公开和透明，国内问题国际化，国际问题国内化，对内和对外传播的边界日渐模糊。早在2013年全国宣传思想工作会议上，习近平就提出了"大宣传"的理念，并强

[①] 师文，陈昌凤.新闻专业性、算法与权力、信息价值观:2018全球智能媒体研究综述[J].全球传媒学刊，2019，6(1)：82-95.
[②] 云国强.历史与话语模式：关于中国国际传播研究的思考[J].新闻大学，2015，35(5)：87-94.
[③] 张超.党的十八大以来习近平的对外传播思想研究[J].对外传播，2016，23(8)：58-60.

调"融通中外":"要精心做好对外宣传工作,创新对外宣传方式,着力打造融通中外的新概念新范畴新表述,讲好中国故事,传播好中国声音。"也就是说,从宏观整体上考量国内外舆论场,在传播内容、方法等方面建构内外一体的国家传播话语体系。

2020年突如其来的新冠肺炎疫情进一步加速了世界格局的重大转型,对世界格局、技术权力、传播秩序带来了结构性影响。一方面,"逆全球化"思潮愈演愈烈,民族主义、区域主义和国家主义日益盛行,对全球合作形成巨大挑战;另一方面,国际主要行为体力量对比不断调整,国际格局多极化深入发展,全球治理体系面临诸多挑战与不确定性。随着疫情的持续蔓延,各国间的相互影响和依赖程度进一步加深,形成你中有我、我中有你的命运共同体,而西方的治理理念和模式难以为继,国际社会迫切需要新的全球治理理念。① 在这种特殊的历史境遇中,作为人类命运共同体和"一带一路"的倡导者,中国担负着中流砥柱、樽俎折冲的历史重任,以"负责任大国"的身份积极倡导人类命运共同体意识,在促进全球抗疫协商合作、加强国际宏观经济政策协调、支持发展中国家做好疫情防控和经济社会发展等方面体现了大国担当。② 2020年5月习近平总书记在第73届世界卫生大会视频会议开幕式上承诺,"中国将在两年内提供20亿美元国际援助,用于支持受疫情影响的国家特别是发展中国家抗疫斗争以及经济社会恢复发展"。③ 他指出,"公共卫生安全是人类面临的共同挑战,需要各国携手应对",并在二十国集团领导人特别峰会上就加强国际协调合作提出了中国方案,受到国际社会的高度评价和广泛欢迎。

随着疫情在全球的蔓延,西方世界对中国崛起的焦虑感加剧,国际舆论中针对中国"泛政治化"的话语倾向逐步升级,国际舆论标签化和对中国的

---

① 于运全.论后疫情时代的中国对外传播新发展[J].人民论坛·学术前沿,2020,9(22):84-91,115.

② 于运全.论后疫情时代的中国对外传播新发展[J].人民论坛·学术前沿,2020,9(22):84-91,115.

③ 习近平在第73届世界卫生大会视频会议开幕式上致辞[N].人民日报,2020-05-19.

污名化的倾向更为明显，借助信息化和数字化手段，国际舆论场中的"中国问责论"政治化取向加剧，而中国对全球协作抗疫和推进世界和平发展的重要意义却被刻意忽略和遮蔽。对此，中国国际传播话语的应对体系建设逐渐成熟，不仅基于人类命运共同体的理念持续主动发声，并且建立各地政府常态化的新闻发布制度，截至2020年12月27日，国家层面新冠肺炎疫情防控新闻发布会共举办193场，通报疫情数据，回应国内、国际社会关切。在传播内容方面，国务院新闻办公室于2020年6月发布《抗击新冠肺炎疫情的中国行动》白皮书，央视新闻新媒体开启24小时不间断直播《共同战"疫"》和系列评论短视频《主播谈疫情》等，对西方媒体的"舆论围剿"进行"反制"。[①] 而省市级有关新冠肺炎疫情防控发布会更是不胜枚举，形成了良好的多层次疫情应对系统。

六、结论与讨论

回首建党百年来的历程，虽然中国在国际社会中的身份、战略文化和安全观念不断调整变化，[②] 但是中国国际传播话语体系始终以服务民族自强和国家发展、维护国家稳定为目标。中国国际传播话语体系的知识生产整合于国家宏观话语体系，由国家层面统一协调，精心部署，与经济工作、外交工作、国家安全工作深度整合，[③] 建立起国家利益至上的根本原则。

在国际传播与国际关系互动性日益增强的进程中，作为中国现代化进程以及中国与世界关系变化的话语实践过程，中国国际传播话语体系的历史转型与国家身份变化形成互构性关系。在国际体系的变迁中，中国独特的发展路径和西方主导的多种普适性话语经常产生紧张关系，而崛起的中国又迫切

---

① 段鹏，张倩.后疫情时代我国国际传播话语体系建设的价值维度与路径重构［J］.新闻界，2021，37（3）：28-36.
② 秦亚青.国家身份、战略文化和安全利益：关于中国与国际社会关系的三个假设［J］.世界经济与政治，2003，17（1）：10-15，77.
③ 王维佳.中国对外传播的范式转变［J］.对外传播，2015，22（1）：16-18，21.

需要向世界说明自身,^① 阐释自身定位。国家身份的不断调适需要与之相适应的话语体系作为支撑,国家身份成为中国国际传播话语体系转型的动力。反之,国家身份的形成是意义建构的过程,从传播角度而言,国家身份是在世界信息传播体系中通过话语实践被社会性地建构起来的,国际传播话语是国家身份建构的重要力量之一。在中国与世界不断磨合的过程中,现代世界全球体系将中国纳入其秩序的过程和中国国际传播话语日益显现出的主体性,使中国与世界之间互为想象成为可能。[②]

在相互依赖程度日渐加深的国际体系进程和日趋融合的传媒生态中,中国国际传播理念由世界／国家本位转向人类共同体本位,话语模式也由民族斗争、阶级斗争与革命话语模式向合作发展话语模式转变,进而架构起融通中外的话语体系。在中国共产党成立百年之际,面对国内国际两个大局,中国对外传播乃至传播研究的"中国转向"已开启,也就是"用中国理论阐释中国实践,用中国实践升华中国理论"的时期已到来,从历史上看,传播研究经历了从西方中心或西化的理论,到本土化的转向,再发展到当今的中国化理论的突破与创新。这些理论源于党对外宣传的理论和实践,源于源远流长的中华民族国际传播实践,源于当代多主体海外传播实践与理论探索,并生发出一系列原生性概念,成为我们国际传播的思维框架。目前亟须将这些概念推向世界,再定义国际传播格局与秩序。

---

① 王维佳.中国对外传播的范式转变［J］.对外传播,2015,22（1）:16-18,21.
② 云国强.历史与话语模式:关于中国国际传播研究的思考［J］.新闻大学,2015,35（5）:87-94.

西方国际传播话语体系中国家身份的建构[*]

党的十八大以来，习近平总书记多次强调，要着力推进国际传播能力建设，创新对外宣传方式，加强话语体系建设，着力打造融通中外的新概念新范畴新表述，讲好中国故事，传播好中国声音。[①] 由此，我国国际传播取得了显著的成绩，国际话语权明显增强，"初步构建起多主体、立体式的大外宣格局"，[②] 构建了新时代国际传播话语体系。同时，我国传播研究步入了一个主体性自觉期，学界普遍开始反思西方话语霸权主导下的史论法，检视西方经典传播学学派生发的历史语境，再评估其解释效力，[③] 在"灰色地带"搜寻那些"不应退出历史舞台的范式"。[④] 实际上，西方国际传播研究带有西方中心主义的烙印，是西方学者基于国家个案拓展为解释世界的话语方式，势必深受西方国家核心战略利益和外交实践等影响。而每个社会都拥有自身的思想范式和生活理念，且很大程度上无法直接适用于其他社会。因此，在"世界处于百年未有之大变局"与中国步入第二个百年新征程，以及社会深刻变迁与新

---

[*] 本文原载于《中南民族大学学报（人文社会科学版）》2022年第2期，与姜楠合作。
[①] 习近平.在全国宣传思想工作会议上的讲话[EB/OL].(2013-08-20)[2021-08-18]. http://www.gov.cn/jrzg/2013-08/20/content_2470777.htm.
[②] 新华社.习近平在中共中央政治局第三十次集体学习时强调加强和改进国际传播工作展示真实立体全面的中国[EB/OL].(2021-06-01)[2021-08-18]. http://www.xinhuanet.com/2021-06/01/c_1127517461.htm?ivk_sa=1024320u.
[③] 刘海龙.重返灰色地带：传播研究史的书写与记忆[M].北京：北京大学出版社，2015.
[④] 胡翼青.试论社会学芝加哥学派与传播技术主义范式的建构[J].国际新闻界，2006（8）：49-53.

一代信息传播技术迅猛迭代之际，亟须再认识西方国际传播话语理论及其流变规律，探索现有国际传播格局的成因，从而尽可能准确地把握未来发展的着力点。正如习近平总书记在论及新形势下加强和改进国际传播工作时指出："要加强国际传播的理论研究，掌握国际传播的规律。"① 也就是说，当前做好我国国际传播工作需更加重视全面系统的学理思考，将反思西方国际传播话语体系与探索中国理论和实践相结合，辨析国际传播理论的普遍性与特殊性，方能更好地建构中国特色国际传播理论。

国际传播话语体系作为国家行为体主导的言语行为，内含国家话语整体特性的阐释，表达国家的意志和利益，是特定社会关系结构和历史实践语境的产物，会随着国家与世界的互动关系不断变迁，② 同时也会反作用于并形塑国际社会结构。因此，笔者基于"结构—行动者"框架，对第一次世界大战之后西方国际传播话语体系的构建历程进行再认识，探讨西方国际传播话语与其国家身份和国际体系之间的互构关系，考察哪些"特殊性"的理论在何时变得有力量，以及如何影响了西方国家乃至世界国际传播话语体系。

一、宣传话语体系：两次世界大战时期敌我身份以对抗为主

从第一次世界大战爆发起，国际传播研究首先在欧美等国登场。第二次工业化浪潮期间，欧美工业国将媒介技术系统地应用于国家与社会治理，各国国内的大规模信息传播催生了现代大众传播事业，以广播为代表的电子传播技术的威力引起欧洲思想界的关注，大众社会理论的"魔弹论"假说由此形成。在两次世界大战期间，欧美国家对国际战争宣传的需求与强烈关注催

---

① 新华社.习近平在中共中央政治局第三十次集体学习时强调加强和改进国际传播工作展示真实立体全面的中国[EB/OL].(2021-06-01)[2021-08-18].http://www.xinhuanet.com/2021-06/01/c_1127517461.htm?ivk_sa=1024320u.

② 费斯克.关键概念：传播与文化研究辞典[M].李彬，译.北京：新华出版社，2004：85；HOLZSCHEITER A. Between communicative interaction and structures of signification: discourse theory and analysis in international relations[J]. International Studies Perspectives, 2014 (2): 142-162.

生了国际传播研究的勃兴，其"知识馈赠"也直接影响了战争的走势。交战各国将分析传播和舆论的工具从国内引向国际，用于获得国内民众对战争的支持，同时对敌国散播猜疑和错误信息，瓦解敌人的心理和斗志以求获胜。正如美国坎伯尔·斯特阿特在《克尔之家的秘密》一书中的主张：宣传者要做"陀螺的轴"。一战后德国出版的大量宣传学著作都较高地估计了国际宣传的威力，近似魔弹论的观点，如奥特·克里格《战争还是和平》、基奥·富比尔《大战中法国对德国的宣传》和赫尔曼·范德尔鲁克《世界大战和宣传》等，[①] 此类研究大多基于受众调查来讨论宣传效果，美国及其盟友国也有大量相关研究。由于战时宣传的国际传播研究代表了该历史进程中的一个决定性瞬间，国际传播理论将宣传、非理性、价值、谎言和民族主义等众多曾被实证主义、理性主义和进步信仰压抑到"恶界"的观念重新安置在享有合法地位的知识领域内。

对后世传播研究影响较大的是政治学家哈罗德·拉斯韦尔的《世界大战中的宣传技巧》，该书基于政治科学的视角将宣传视为通过"操纵社会暗示"来"控制"公众舆论与国际态度的一种工具，并将宣传活动纳入国家政治体系的一个专属方面，视为"盟国之间决策结果的组成部分"。作为现代社会最强有力的工具之一，宣传能影响国民对国家的身份认同，其在世界大战中所起的作用和影响可想而知。"没有哪个政府奢望赢得战争，除非有团结一致的国家做后盾；没有哪个政府能够享有一个团结一致的后盾，除非它能控制国民的头脑。"[②] 可见，无论是内聚民心并鼓动对敌国的仇恨，还是保持与盟国、中立国的友好关系来瓦解敌国，均需要运用多种媒介手段建构战时话语体系。

总之，两次大战期间，国际传播主要服务于交战各国战时的政治需要，通过"无线电"等媒介和各国通讯社进行宣传式话语争夺，明确敌我身份，从传者出发将所要表达的信息灌输给受众，力图达到立竿见影的传播效果。

---

① 李媛.重视并加强图书馆机构在后冷战时期心理宣传战中的作用[J].湖北省社会主义学院学报，2012（2）：87-89.
② 拉斯韦尔.世界大战中的宣传技巧[M].张洁，田青，译.北京：中国人民大学出版社，2003.

二、"西方中心主义"话语体系：冷战时期霸权身份主导

二战后，美国等西方国家从多个方面定义"冷战"话语，并构建以西方为中心的霸权身份和国际传播话语体系，由对法西斯主义的武装斗争迅速转变为针对国际共产主义阵营的口诛笔伐，同时加强无线电广播技术、卫星电视和专业机构的发展与国际化，将国际传播提升到国家战略层面，政府、企业、科研机构等成为国际传播的主体，国际传播理论研究转向探索基于现代化发展且有针对性的国际舆论引导，由此，一些符合"当时需要和机会"的特殊手段逐渐演绎成国际传播学术话语，成为界定国际传播研究的理论框架与知识体系。

当时的美国政府除了组建负责对外宣传管理的新闻署，推动以传播美国文化价值为主要任务的广播影视产品与服务在世界范围内的扩张之外，还大力资助哥伦比亚大学应用社会研究局等机构从事专项研究，以此将服务于美国的意识形态放在全球扩张的比较媒介研究、发展传播学、国际受众研究等方面并引入国际传播话语体系的建设中。希伯特、彼得森和施拉姆所著的《报刊的四种理论》竭力美化资本主义国家的媒介制度，并对斯大林执政时期的苏联社会主义媒介制度进行攻击，从学术话语上提升西方资本主义意识形态观念的影响力，促使处于国民经济恢复期的发展中国家学习效仿西方发达国家的媒介体制，忽视和遮蔽了本土的特殊性。在此后的很长一段时间内，国际新闻传播学术会议中很少听到发展中国家的声音，自由主义理论和社会责任论逐渐成为一种引领性范式。勒纳、施拉姆、洛文塔尔等的发展传播理论主张通过现代化促使传统社会向现代社会过渡，而大众传播正是社会现代化发展的推动器，且有助于培养现代化的人格特质。[①] 这种旨在增强西方国家国际传播或国际话语权扩散的话语，被包装为一种推动现代化方式在全球福利性传播的话语。而且，为对付国际上反殖反霸的民主呼声及国内追求多样平等的人权抗议，西方国家用"现代化历史观"和发展话语统合外部世界，促成一个

---

① 卢嘉，史安斌. 国际化·全球化·跨国化：国际传播理论演进的三个阶段[J]. 新闻记者，2013（9）：36–42.

在身份认同上包容和解的局面,致使西式现代化逐渐内化成众多媒体知识分子真心秉承的价值观。[1]而世界体系理论、新帝国主义理论、文化帝国主义理论等则批判地审视国际格局中的不平等现象和国际传播媒介中包含的意识形态问题,指出全球政治经济秩序被掌控在美国等少数发达国家手中,导致大多数不发达国家和地区的经济、政治和文化发展不力。[2]实际上,美国传媒体系的扩张也是一种殖民主义,向全世界强行推销西方文化及其价值观。正如赫伯特·席勒所言,美国通过虚伪地声称维护国际"信息的自由流动"原则和大力资助新技术等手段支持传媒公司在海外推销产品的过程就如同抢劫。[3]

经历第二次世界大战和冷战,西方国际传播研究随着西方国家的国际传播实践日趋丰富,且在政治领域为西方国家尤其是美国的国际霸主地位提供依据和支撑。上述国际传播理论在关注媒介对第三世界国家的社会责任和培养教化功能的同时,更加注重借助媒介对第三世界国家施加权力和影响的机制问题,为西方国家霸权身份提供了正反两面乃至多角度的学理支持,以此构建西方中心主义的国际传播话语体系。

三、全球市场话语体系:单极化时期竞合身份共存

随着冷战的结束,新自由主义思潮席卷全球,美国在国际关系格局中渐趋单极化。卫星电视凭借其辐射远、声像俱备等优势逐渐成为被广泛采纳的国际传播技术基础,电子传输系统在全球的扩张使得本地和区域性的新公司迅速增多,其中一些与跨国公司展开合作,各国媒体在不断放松规制的过程中实现了全球产业的整合,"电子村落"成为资本主义去地域化和经济自由化的重要表征。跨国媒体、跨国公司和非政府的国际政治经济文化组织取代了国家政治功能的宣传式传播,在国际范围内争夺着话语权,国际传播领域步入了全球化的新阶段。

---

[1] 王维佳.危机时代的问题单:谈国际传播秩序的转变[J].对外传播,2017(1):9-11.
[2] 李继东.21世纪中国影视政策创新研究[M].北京:中国传媒大学出版社,2014:28.
[3] 王维佳.危机时代的问题单:谈国际传播秩序的转变[J].对外传播,2017(1):9-11.

国际传播话语体系从冷战期间的"宣传"话语逐渐过渡到"受者"为王的全球市场话语体系,民族主义叙事逐渐为以新自由主义为圭臬的普遍主义所替代。此时的普遍主义试图突破某一国家或某一族群的特定色彩,尽可能地容纳和吸收各个国家和民族可供利用的元素。由于东西方发展的不平衡,普遍主义原则更多基于以美国为首的西方发达国家的价值判断,无法平衡地表达东方国家的理念。互联网的无限延伸性也为跨国传媒集团追求利益提供了条件,全球市场话语在网络空间中进一步延伸,主要表现为西方的自由主义价值观和消费主义价值观,并在深入个体意识的时候,催生了历史虚无主义、价值虚无主义和享乐主义。市场化、资本化传媒的发展,跨国公司的扩张,以及传媒商业化、私有化和放松规制政策的普遍推行,有利于资本和社会主控阶层在时间和空间上延续和拓展,维护和巩固了现存资本主义的信息传播秩序。值得注意的是,旨在批判由资本全球化带来的消费主义与过度娱乐等负面后果的传播政治经济理论蔚为大观。

作为唯一的超级大国,美国不仅在陆地、海洋、天空占有优势地位,而且在互联网领域还具备新技术研发能力和根服务器的拥有权,以及在内容生产方面的绝对优势,这些共同确立了其霸权地位。互联网被全球化裹挟着推动现实国际政治秩序和美国式霸权在虚拟空间中继续延伸,这种延伸或将与他国文化相融合,形成东西方文化杂糅的新型模式,或是形成他国文化与美国文化抗衡的态势。简言之,其他国家的文化和网络空间自主性都在一定程度上受到了威胁。与之相伴的是关于全球化的讨论,西方社会全球化理论在"中心论"与"非中心论"的矛盾中发展起来,尽管"非中心论"观念的影响日益扩大,矫正了以"中心论"为主导的全球化理论的偏颇,代表了全球化理论发展趋势,但现代主义和西方中心主义仍是主流,正如吉登斯将全球化视作现代性制度在全球范围内的扩张,亨廷顿的文明冲突论和福山的历史终结论也都明确反映了欧洲中心论的价值观。而且,全球治理理论中的乌托邦色彩显而易见,英美所推动的"全球治理"与其说是多边主义的,不如说是单边主义的,其多元解决体系更多只适用于以第三世界为主的经济欠发达的国家或地区,而基于国际资本对民族国家的政治经济体制改革的需要,将民族国家的国内问题国际化,其实质就是用西方发达国家的价值体系去统一世界的价值体系①,以维护其掌控全球资源的中心地位。

由西方跨国媒体构建的普遍主义话语将西方话语推至顶峰,所谓的西方话语时代俨然成了书写世界历史的"终结者"②,跟风的西方学界也把"历史的终结"当成时髦的流行语和普世的话语体系。全球化的话语产生于西方并在一些发展中国家拓展,还出现了"非中心论"的态势,彰显出全球资本主义框架下的西方国家竞合身份。然而,全球化并没有改变中心—边缘的关系,以美国为首的西方国家仍借助"软实力""巧实力"等概念,以及互联网等先进技术,竭力维护西方中心主义的底层逻辑。

四、多元化话语体系:多极化时期多重身份混搭

21世纪的前十年,数字技术和互联网等技术的迭代更新与广泛应用形成了多元的、复杂的、网络化的跨国传播体系,商品流通和思想交流的加速促使全球性依赖进一步加深,个体公民和跨国组织成为主要推动力量,网络社会崛起,国际政治社会呈现出多极化态势,但西方中心主义话语体系与市场化话语体系也随之扩张到网络空间。整个世界处于一个相互连接、密不可分的网络之中,网络节点上的各成员和组织密切、复杂地交织在一起,共同塑造了传媒与文化全球化的形态与进程。③ 在网络空间中,国家与民族的边界不再是预先设定的,而是可以被选择和阐释的,同时新的边界也要经历不断被界定、厘清与合法化的过程④。国际传播不仅是国家间的传播,还是运用新信息传播技术将不同国家的国民组织起来,共同面对诸如环境保护、工人健康

---

① 陈承新.国内"全球治理"研究述评[J].政治学研究,2009(1):118-126.
② 侯旭,王涛.网络社会下"后西方话语时代"的开启和中国话语体系的重构[J].翻译论坛,2017(1).
③ 陈纳.复旦新闻与传播学译库:国际传播与文化间传播研究手册[M].上海:复旦大学出版社,2016:279.
④ 卢嘉,史安斌.国际化·全球化·跨国化:国际传播理论演进的三个阶段[J].新闻记者.2013(9):36-42.

安全或反对核武器等人类议题，在多元的意识形态领域形成共享的价值观和全球公民权意识，实现各国文化的整合。①这种世界主义的构想在一定程度上促使国际传播的主题由"对政治和经济利益的争夺"转变为"对人类共同命运的关注"。②同时，现实中的弱势群体和国家可凭借网络技术与强权展开对话与抗争。国际传播话语理论探索逐渐趋于多元化，发展中国家也开始构筑国际传播学术话语体系，国际传播范式向多元主体间性框架转型。③由此，倡导主体间辩论、对话、协商的多元化话语体系成为国际传播发展的新态势。

在美国"9·11"事件、2008年金融危机和欧洲危机的冲击下，学界接连提出"后美国世界""后欧洲世界"和"后西方世界"等概念。美国作家费雷德·扎卡里亚指出："过去二十多年里，经济全球化浪潮和新信息技术应用等一系列趋势，使得过去被称为'第三世界'的国家释放出巨大的生产力，这将改变世界的权力平衡。"④随着"棱镜"监听计划被揭露，美国的国际声誉降至历史最低水平，失去了支撑其地位合法性的"诚信资本"和"道德资本"，加之本土信贷危机引发的经济停滞，美国主导的单极世界受到挑战，"后西方话语时代"加速来临。然而，作为既得利益者的美国不愿失去世界的主导权和规则制定权，特朗普当选美国总统之后，无视多极化的趋势，提出"美国优先"的单极话语，抛弃合作与对话机制，促使国际传播从主体间交往转向了应对主体霸权。但这并不能改变"后西方世界"的整体格局，主体间性国际传播范式依然是今后一个时期国际传播的主导范式，⑤二元对立、单极化、西方中心主义等话语也不可能再主导国际社会的舞台。

---

① 陈纳.复旦新闻与传播学译库：国际传播与文化间传播研究手册[M].上海：复旦大学出版社，2016：279.
② 卢嘉，史安斌.国际化·全球化·跨国化：国际传播理论演进的三个阶段[J].新闻记者.2013（9）：36-42.
③ 党东耀.主体间性：后西方世界国际传播的新范式；面对"美国优先"的传播策略[J].文化与传播，2019（5）：58-65.
④ 侯旭，王涛.网络社会下"后西方话语时代"的开启和中国话语体系的重构[J].翻译论坛，2017（1）.
⑤ 党东耀.主体间性：后西方世界国际传播的新范式——面对"美国优先"的传播策略[J].文化与传播，2019（5）：58-65.

五、复杂话语体系：大变局时期重返敌对身份对抗？

21世纪第二个十年以来，世界政治多极化、经济全球化与大国间战略博弈步入纵深处，超越经济层面的区域主义使得西方国家因政策束缚无法对社会福利进行再分配，转而通过保护主义、民粹主义的方式进行社会保护。世界格局正发生着深刻的变化，正如习近平总书记所言，"世界处于百年未有之大变局"，而与之"同步交织、相互激荡"的是"中华民族伟大复兴的战略全局"。同时，移动通信技术、数字技术、智能技术等深度发展，微博、微信、抖音等社交网络不断涌现，这些社交平台作为基础设施，越来越发挥枢纽作用，技术运用同质化、文化表达多样化、信息传播全球化和社交群聚本土化等特征共同主导了新闻传播的理论与实践[①]，深刻影响着国际传播和公共外交的表达逻辑，其语境整合作用日益凸显[②]，还促进了传播的草根化和社交化趋势，"得平台者得天下"逐渐演变为当代国际传播的新法则，也昭示着"大变局"时期的到来。

2019年新冠肺炎疫情发生后，全球产业链的断裂和民粹主义的盛行加速了西方国家去/逆"全球化"的进程，加重了社交媒体网民的不确定心理，西方追逐信息霸权的途径更为全面和张扬。由此，基于对国家发挥的国内治理与全球治理作用的肯定，"找回国家"成为多方吁求，国家迎来了一个"复兴"契机。[③]随着国族（state-nation）主义兴起，由民族国家间政治对立而产生的国际传播话语对抗，甚至污名化他者，成为这一时期国际传播话语的重要特征。[④]以美国为代表的西方国家内部矛盾激化，爆发了以"黑命贵"（Black Lives Matter）为代表的大规模社会运动。在"抗疫"和"抗议"的双

---

① 姬德强，杜学志.平台化时代的国际传播：兼论媒体融合的外部效应［J］.对外传播，2019（5）：13-15+44.
② 史安斌，童桐.全球危机与中国方案：新冠肺炎疫情下公共外交的反思［J］.对外传播，2020（6）：28-31.
③ 任剑涛.找回国家：全球治理中的国家凯旋［J］.探索与争鸣，2020（3）：26-41+193.
④ 陆小华.国际传播中的对抗性传播探究［J］.国际传播，2020（4）：1-9.

重打击下，以中国为代表的东方国家的迅速崛起引起美国等西方国家的高度警惕、抵制和制裁，这些国家成为西方社会的攻击目标[①]。政治极化与"后真相"的情绪化言论正成为社交媒体空间内的主基调[②]。国际政治领域尤其是美国政府大有重返国际传播早期宣传话语的态势，一系列退群脱钩等近乎疯狂的唯利是图行为蓄意制造敌我矛盾。西方国家基于自身现实利益不断调整其身份表征，美国等一些霸权国家政府为了使自身利益最大化，随意定义其他国家的身份，而业已多样化的网络空间，以及资本全球化与相互依赖的国际社会又在表面上消弭着西方的霸权传播行为，生发技术话语、公共话语、市场化话语和社会责任话语，与早期的宣传话语共存交织，形成了国际传播的复杂话语体系。

六、结论与讨论

纵观近110年西方国际传播的话语实践与理论变迁，其话语体系在与国际社会结构相互构建的进程中不断演化。宣传话语生成于两次世界大战期间，主要服务于战时瓦解敌军心理的需要；冷战期间，西方国际传播话语同样服务于其意识形态灌输的需求，并试图通过贬损社会主义媒介体制以强化其意识形态的影响力，进而实现文化侵占的目的。在这两个阶段，西方国际话语体系构建主要服务于西方国家话语霸权的建立，不同阵营之间是敌我的身份区隔，同一阵营的国家则是朋友关系。冷战结束后，跨国传播在资本的推动下迅速遍及全球，以西方自由主义为中心的普遍主义成为主导思想，国家间表征为竞合关系，"文化全球化"成为新的学术话语框架，"非中心论"逐渐获得关注，而美国则基于国际竞争关系继续创造出"软实力""巧实力"和"形象传播"等话语巩固其霸权地位。西方霸权扩张至互联网空间，这体现在其掌握着先进的互联网技术和规制权，也表现在自由主义意识形态成为网络空间的主流价值观。同时，新兴信息传播技术也为国际社会话语秩序的重构

---

① 李继东，吴茜."集体"话语：中国企业对外传播话语的新模式[J].对外传播，2020（7）.
② 史安斌，童桐.全球危机与中国方案：新冠肺炎疫情下公共外交的反思[J].对外传播，2020（6）：28-31.

赋能，中国等新兴经济体的综合国力不断提升，国际政治格局日趋多极化，这为非西方国家建构自己的话语体系提供了空间，国际传播话语体系呈现出多元化趋势，政治传播、企业传播以及社会传播等多领域、多主体开始活跃在国际传播思想的舞台上，网络空间也生发着公共话语和技术话语，国际传播话语范式也由"主体—客体"向"主体间性"转变。值得注意的是，这种转变仍囿于西方中心主义和全球资本主义框架，尚未彻底改变国际社会结构的不平等格局。一旦这一既定结构受到潜在威胁，西方国家就会不遗余力、不择手段地维护其霸权，将中国等新兴国际力量纳入西方国家主导的"新冷战"话语体系，从贸易战、媒体战到技术战、知识战和防疫战，展开全方位攻击。而多极化、多元化之势以及处于巨变中的国际经济政治文化格局已不可逆，气候危机、网络安全、新冠肺炎疫情等重大问题以及现实与虚拟交融而构筑的后人类社会都需要全世界共同面对，人类从未像现在这样相互依存、休戚相关，国际传播话语体系趋于复杂化，曾经席卷世界的新自由主义思潮与自由市场资本主义独霸的格局逐渐式微，而单边主义、国族主义、种族主义等纷至沓来，呈现光怪陆离之状。

国家身份构建是国际传播话语体系建设的中心问题，一方面国家在塑造身份的同时依此来表意行事，另一方面其身份认同是一种在国际结构中的社会建构过程，深受信仰体系、价值观念、言行实践以及国际政治、国际社会无政府文化等多重因素的影响，也即国际结构中的国家如何看待彼此关系的问题。长期以来，亚历山大·温特所论的霍布斯文化、洛克文化和康德文化所对应的敌人、对手和朋友，成为国际传播话语研究的主流。而赵汀阳提出的新天下体系则超越了这种二元对立的视角，倡导所有国家（或权力）共有、共享世界权力来监护、监管各种全球系统的网络体系，[①] 这恰好呼应了习近平总书记所提出的人类命运共同体理念。唯其如此，方能建立一种高于国家体系的世界普遍秩序，方能制约帝国主义霸权以及全球系统化的新权力，方能使世界免于无法脱身的技术专制，或使世界免于疯狂和毁灭。

---

① 赵汀阳.天下秩序的未来性［J］.探索与争鸣，2015（11）：2，7-21.

超越与回归：谈国际传播的价值问题[*]

近年来，中国迅速上升的经济地位及其对世界经济的巨大贡献与国家的政治形象、文化形象之间的落差和矛盾更加凸显，国家由此出台和开展了一系列有关国际传播的政策、措施和实践活动，力图扭转这种局面。不过，改变中国被诟病的现实境遇尚需时日，"中国威胁论""中国殖民论"和"中国间谍论"等言论仍不绝于耳。一方面，国际学界热议中国崛起、中国模式、中国道路、中国经验等话题，软实力和国际传播能力等概念也成为国内学界和业界的热点和焦点话题，同时各级政府、企业和社会机构等全力走向世界，彰显中国力量与价值，孔子学院蓬勃发展，广播影视等传媒着力提升国际传播能力，抗击和改变着西方主流媒体主导的世界传播权力结构。另一方面，当代中国社会转型步入纵深处，社会分层和价值理念更加多元和纷争，在国际传播过程中展示出多种甚至相左的群体形象，尚未形成一整套具有国际说服力、吸引力和影响力的价值体系。更值得注意的是，经过30多年的改革开放，国人价值理念和生活方式深深地烙上欧美自由市场主义的烙印，销蚀于全球消费主义的浪潮中。这两方面之间的矛盾和悖论不仅让世人费解，而且消解着建设中的核心价值体系和提升中的软实力。

一、国际传播实践活动：政治诉求与经济价值

中国自2001年加入世界贸易组织后，国家更加高度重视和加强国际传播

---

[*] 本文原载于《中国广播电视学刊》2013年第4期，与胡正荣合作。

能力建设，以不断提升中华文化的国际影响力、国家综合实力，确保国家文化安全。特别是党的十七大以来，无论是国家的政策安排、财政支持，还是中央级重要媒体走出去的力度，都达到了前所未有的频次、高度和广度。

首先，从中办 17 号文件推动跨区域、跨行业传媒集团的建设以谋求与海外媒介巨头竞争，2003 年 21 号文件突破单一事业体制，划分了公益性事业和经营性产业，到十七大报告明确提出"提高国家文化软实力"和"增强国际竞争力"，再到十七届六中全会"加强国际传播能力建设，打造国际一流媒体"等重大决定，国家出台了多项旨在提升媒体的国际传播能力和文化软实力的政策。纵观这些政策，在目标上，要实现由文化大国向文化强国的跨越，以"增强社会主义意识形态的吸引力和凝聚力"①；在手段上，要在政府主导下缔造国际一流媒体，参与国际市场竞争，维护国家文化安全，表现出很强的政治和经济价值诉求，即通过市场手段建设一批能与美国时代华纳等传媒巨舰相媲美的外向型传媒企业，全面进军国际市场，以"增强国际话语权，增进国际社会对我国基本国情、价值观念、发展道路、内外政策的了解和认识"②，展现良好的国家形象。

其次，孔子学院、走出去工程和国家形象宣传片等一系列国际传播活动开展得有声有色，收效颇丰。特别是中国广播影视以"走出去"工程为中心，在全球不断提高覆盖率和普及度，以及新闻信息原创率、首发率、落地率。主体众多，规模浩大，步伐迅速，成绩显著。仅 2011 年，中央电视台就新建成 20 个海外记者站、2 个海外分台，海外站点总数达 70 个，超过 CNN 和 BBC，同时 6 个语种 7 个国际频道在 171 个国家和地区落地，整频道用户达 2.49 亿、落地酒店 594 家，其中全年新增整频道用户 5090 万、新增落地酒店 150 家。中国电视长城平台已建成 8 个系列平台，全球付费用户突破 10 万。中国国际广播电台完成 5 个地区总站、18 个境外制作室建设，新增境外整频率电

---

① 胡锦涛. 在中国共产党第十七次全国代表大会上的报告［EB/OL］.（2007-10-25）［2007-11-25］. https://www.gov.cn/ldhd/2007-10/24/content_785431.htm.
② 中共中央关于深化文化体制改革推动社会主义文化大发展大繁荣若干重大问题的决定［EB/OL］.（2011-10-25）［2013-03-25］. https://www.gov.cn/jrzg/2011-10/25/content_1978202.htm.

台 13 座，整频率电台总数达 70 座，全年累计播出 3000 多小时。同时，中央人民广播电台、中国国际广播电台也进一步加强了全球华语广播协作网建设。①

总的看来，中国广播影视等国际传播活动具有以下几个特征：一是国有制主导。国际一流媒体建设的主体是国有传媒机构，党报党刊、通讯社、电台电视台和重要出版社建设不仅是现代传播体系的战略重点和"'十二五'国家文化发展规划"的重点工程，更是国际传播的主力军。二是以市场逻辑和经济价值为上。比如，在《中国国家形象宣传片》的人物篇中，章子怡、谭晶、杨丽萍和姚明等影视体育和娱乐明星多达 23 人，李嘉诚等企业家和商界人士 7 人，而科学家、学者和公益人士相对较少。这一方面是在迎合全球受众的喜好，便于被世界人士接纳，也是中国国际传播理念转变的一个很好的诠释；另一方面则应和了全球自由资本主义逻辑，强调经济价值，而选择全球商业和娱乐展示中心——纽约时代广场作为首播地点也说明了这一点。实际上，这一传播行为是以"去政治化"的商业手段讲述中国的政治诉求，展示了"繁荣发展、民主进步、文明开放、和平和谐"的国家形象和彰显中国的软实力。再者，无论是中央三台还是中国电视网，在海外拓展时都力争通过资本运作等商业方式谋求经济价值的实现，在很大程度上诚服于贸易原则，也更多地依靠市场力量。② 当然，不凭借市场手段很难踏入主流国际市场，也很难实现政治和文化诉求。三是强政府和高投入。毫无疑问，上述"走出去"传播行为，政府是最强有力的推手，这不仅体现在国家层面的政策安排上，而且表现在政府直接进行财政投入上。中央及各级政府在文化走出去工程中，投入巨额资金，甚至不计成本。诚如金起文所言，目前文化走出去所取得的成就，是以"国家大量财力投入为代价的"，采取的是"高投入、高成本、无盈利的方式"③。

---

① 国家广播电影电视总局办公厅、计财司 2011 年统计数据［EB/OL］.（2012-04-10）［2012-06-06］. http://gdtj.chinasarft.gov.cn.

② HU Zhengrong, JI Deqiang. China's rise and global communication: problems and prospects［EB/OL］.（2012-12-09）. http://www.huzhengrong.net/chinas-rise-and-global-communication-problems-andprospects/#more-487.

③ 金起文. 文化"走出去"也要及时转型［EB/OL］.（2012-09-24）［2012-12-09］. https://news.12371.cn/2012/09/24/ARTI1348456751277146.shtml.

二、国际传播的价值问题：审视与展望

当代中国的国际传播活动正是在国内多元社会价值纷争以及全球传播秩序和权力结构转变的情景下步入活跃期的。一方面，持续了30多年的中国社会转型，而今已步入深水区。社会利益团体和阶层在固化，阶层之间的流动性在减弱，社会两极化、碎片化甚至断裂化的程度在加强，区域、行业、阶层、性别间等纷争与对抗频发[①]。由此，国内各利益团体、阶层之间的价值观争执与对抗日益彰显，对于中国道路、中国经验和中国价值的认识迄今也尚未达成共识。同时，2008年以来全球自由资本主义危机重重，新兴经济体和互联网等新技术正在重构着全球信息传播秩序，世界政治经济秩序正在调整，这使得现阶段中国社会转型变得更加复杂多变。另一方面，国际主流社会对中国的迅速崛起也多非议、诟病和阻碍，中国已步入一个"解决挨骂的问题"[②]的时期。同样，国际社会对近年来中国以"去政治化"的模式强力推动文化走出去也有许多讨论和质疑，一个突出的问题是这些国际传播活动背后的价值问题。国外有批评家甚至说，目前中国"最大的问题在于中国政府无力去清晰阐明其价值观系统的吸引力"，"走出去"行为不过是新自由市场主义价值的一种诠释，[③]维护和服务于现存全球政治经济秩序。这样一来，中国能给予世界的独特价值是什么？中国能否拯救危机重重的世界？还是被现存全球政治经济主流价值体系和权力结构"招安"？因此，在大举进军全球传播市场和全力提升国际传播力的同时，有必要思考一下我们以什么样的价值取向来面对世界和国人，基于什么样的价值理念来开展国际传播活动，应

---

① 赵月枝. China's quest for "soft power": imperatives, impediments and irreconcilable tensions? [EB/OL]. (2011-06-08). http://www.lis.illinois.edu/events/2011/04/28/reinventing-east-asia-speakerseries-chinas-quest-soft-power-imperatives-impedimen.
② 黄平. 中国道路：过去、现在和将来 [J]. 社会观察，2011（5）：27.
③ 赵月枝. China's quest for "soft power": imperatives, impediments and irreconcilable tensions? [EB/OL]. (2011-06-08). http://www.lis.illinois.edu/events/2011/04/28/reinventing-east-asia-speakerseries-chinas-quest-soft-power-imperatives-impedimen.

该传播给全球一种什么样的价值理念。

（一）秉承历史变迁观

当代中国社会转型期的价值理念之所以如此纷繁复杂，首先源于悠久的历史文化积淀与复杂的思想观念。中国古有易学思想和儒道释思想等传统价值，现有马克思主义、毛泽东思想、邓小平理论、"三个代表"重要思想和科学发展观，还有个人主义、自由主义等自由市场价值观，这些思想观念都成为国际传播的价值渊源和基础，同时思想观念本身也会随时代变化而富有时代特征。一方面，在国际传播实务中，我们无法和不应抛却传统价值，也不可能超然于自由市场主义。以阶级斗争为纲的价值观和意识形态宣传思维不仅使中国孤立于世界，更隔断于本土历史。另一方面，我们也不能完全依靠传统价值来解决现实问题，简单向全球推行以儒家思想为核心的形象，这无疑是对中国现代性的一种反讽。同样，如果我们一味地以西方自由市场主义为圭臬，就会失去自我，迷失在现存资本主义政治经济秩序之中。进一步讲，当代中国社会转型期国际传播实践和理论需要从历史变迁的角度，突破传统和现代价值对立和纷争的桎梏，来探讨和建构新的价值共识。

（二）超越经济价值唯一观

社会转型体现在政治、经济和文化三个层面的结构变迁上，同样，国际传播价值体系也应该包括政治、经济和文化价值。改革开放以来，以经济建设为中心成为兴国之要和发展中国特色社会主义的工作重点，经济价值逐渐代替了政治价值而成为全社会行动的指挥棒和各领域发展的评价标准，恰逢新自由市场主义浪潮席卷全球，中国"去政治化"进程得以进一步深化，特别是 20 世纪 90 年代以来，不断深化的改革已经将经济和文化生产过程全面纳入全球市场之中，资本和消费主义渗透到中国社会的各个领域[①]。由此，政

---

① 汪晖. 当代中国的思想状况与现代性问题［EB/OL］.（2007–12–12）. http://www.sociologyol.org/yanjiubankuai/fenleisuoyin/fenzhishehuixue/zhengzhishehuixue/2007–07–20/3090.html.

府、社会团体、媒体和个人等国际传播主体大多遵从商业逻辑，依托资本和市场开展传播活动。特别是消费主义理念风靡于世，一些官员、社会精英和新锐青年等中产阶层及以上群体醉心于欧美发达国家的生活方式，疯狂地消费着欧美的物品和文化，佐证自己的价值偏好和身份，呈现和诠释着自由市场价值观。而普通大众也通过消费麦当劳、肯德基以及山寨版欧美商品，来享受和体味欧美化的现代生活。倘若这种意欲欧美化的情形和奉经济价值与市场逻辑为圭臬的行为盛行的话，又何来中国价值的独特魅力和国际吸引力、影响力呢？换言之，如果我们无法突破简单化、片面化和绝对化的思维窠臼，习惯于偏执一隅，要么以阶级斗争为纲，要么就经济价值至上，而不把社会视为一个复杂的动态系统，漠视深度社会转型期多层次价值诉求的话，我们的国际传播又何来说服力、吸引力、影响力，成为软实力？故而，我们需要突破非此即彼的二元论，构建一个政治、经济和文化协同并进的现代社会价值体系。

（三）回归人本价值观

无论是传统价值、现代价值，还是政治、经济和文化价值，其最终指向是人的价值的全面实现和提升。同样，政府、企业、民众等国际传播主体的行为最终也是作为个体的人的价值和需求来体现与展示的。处于社会转型深水区的中国人之所以分化加剧、价值纷争、倾慕欧美，甚至甘于以山寨版的欧美生活为荣，其中一个很重要的原因是：每个人都意识到和渴望过上平等、幸福、有尊严和有品位的美好生活，但又因诸多现实困境而无法实现，这期间产生了无尽的纠结和莫大的张力。进一步讲，国际传播的终极价值应是中国人在全球大家庭中自主、自强、自尊、平等和富有尊严地生活着，应是各社会阶层安居乐业。唯其如此，才不会出现一面是政府主导下的高调走出去，而另一面是中国人迷醉于欧美价值和生活方式；唯其如此，中国将不再成为被诟病的对象，中国价值才会被世人尊重、理解，并有益于世界；唯其如此，在经济全球化和全球消费主义的浪潮与危机重重的全球政治经济秩序中我们才不至于迷失自己。

基于全球英文媒体报道的中国企业国际形象研究[*]

良好的企业形象有助于塑造品牌声誉，提升企业的发展能力，有效增强企业的国际竞争力。与此同时，企业的国际形象也是国家形象的重要载体与表现形式，因此研究中国企业的国际形象具有重要的意义与价值。

话语是"关于某些方面的现实在社会中建构的知识"，因此话语是构建、解释文本和传播实践内容的资源，我们可以通过文本和传播实践来了解它们。[①] 而计算机语言学是一个整合了计算机科学、理论语言学和话语语料库的混合领域，计算机能够以一定程度的准确性从文本里提取信息。[②] 因此，通过运用计算机技术，抓取国际媒体报道中关于中国企业的常用词语，分析其话语特征，可以归纳出其所建构的中国企业国际形象。"中国国际传播力"研究团队[③] 从2015年至2017年，连续使用自主研发的数据挖掘软件，在谷歌网站抓取全球英语新闻报道中国企业的年度提及数据共计746万次，再通过中文分词软件提取那些出现频率较高的形容词，通过人工判断、过滤、删除了企业名称以及表示时间、数量和类比等脱离具体语境后对理解文章无实际意义的词语，从而总结出全球英文媒体构建的中国企业的整体形象和十强企业形象，并分析其背后的媒体态度变迁。

---

[*] 本文原载于《国际传播》2018年第5期，与刘睿、蒋雪颖合作。
[①] 梵·迪克.话语研究：多学科导论［M］.周翔，译.重庆：重庆大学出版社，2015：101.
[②] 梵·迪克.话语研究：多学科导论［M］.周翔，译.重庆：重庆大学出版社，2015：101.
[③] "中国国际传播力"研究团队由教育部人文社科重点研究基地——中国传媒大学国家传播创新研究中心联合国家语言资源监测与研究有声媒体中心于2015年6月联合组建，通过高频词抓取，分析中国企业的国际传播力情况，发布《中国企业国际传播力》研究系列报告。

一、全球英文媒体报道中的中国企业国际形象变迁

（一）整体形象

通过对2015—2017年全球英文媒体①关于中国企业②的报道进行数据挖掘及话语分析发现，中国企业中性、正面的经济形象备受关注（见表1）。

表1 全球英文媒体报道中国企业的高频形容词（前十位）

排名	2015年	2016年	2017年
1	new 新的	new 新的	global 全球的
2	largest 最大的	global 全球的	financial 金融的
3	state-owned 国有的	largest 最大的	new 新的
4	Asian 亚洲的	financial 金融的	largest 最大的
5	biggest 最大的	international 国际的	top 顶级的
6	top 顶级的	biggest 最大的	Asian 亚洲的
7	global 全球的	Asian 亚洲的	industrial 工业的
8	online 在线的	state-owned 国有的	state-owned 国有的
9	joint 合资的	industrial 工业的	biggest 最大的
10	financial 金融的	big 大的	commercial 商业的

首先，三年来被最频繁使用的形容词有"新的"（new）、"最大的"（largest和biggest）、"全球的"（global）、"亚洲的"（Asian）、"金融的"（financial）和"国有的"（state-owned），呈现出全球英文媒体眼中显著而稳定的中国企业经济属性与整体形象。

---

① 本研究共抓取了2823家英文媒体（包括彭博社、路透社、美通社、《华尔街日报》等）的8万余篇新闻报道。
② 课题组综合选取了近三年来在世界范围内具有代表性的《财富》500强、《福布斯》世界2000强（取前500）、BrandZ以及interbrand入榜的中国企业，通过对四个榜单进行综合性比较、筛选制作出企业榜单，共计132家中国企业。

其次，把视野拓展到排名前150位的高频词，有两方面值得关注：一是与国别、地区有关的词语频现，比如2015年的"澳大利亚的"（Australian）、"印度的"（Indian）、"欧洲的"（European）、"英国的"（English）、"美国的"（American）、"台湾的"（Taiwanese）等，2016年的"德国的"（German）、"印度"（India）、"韩国的"（Korean）、"南方的"（southern）、"美国的"（American）、"日本的"（Japanese）等，2017年的"南方"（south）、"台湾"（Taiwan）、"亚洲的"（Asia）、"印度"（India）、"东部"（east）。可以看出，中国企业在"一带一路"倡议推进背景下，加速全球化布局，而且本土化趋势明显。二是正面的词语出现得越来越多，比如2015年的"顶级的"（top）、"强壮的"（strong）、"坚固的"（firm）、"先进的"（advanced）等，2016年的"强的"（strong）、"好的"（good）、"领先的"（leading）、"最好的"（best）等，2017年的"顶级的"（top）、"领先的"（leading）、"智能的"（smart）等。尽管也存在"粗糙的"（crude）、"薄弱的"（weak）、"糟糕的"（bad）、"纤弱的"（tender）、"消极的"（negative）、"陈旧的"（old）等负面词语，但从整体上看，中国企业的形象是中性、正面的。

最后，从媒体态度变迁的角度来看，"新的"一词始终保持在高频形容词前3名的位置，也体现出中国企业总体上最引人关注的特征。"全球的"与"金融的"的提及量持续上升，前者从2015年的第7位升至2017年的第1位，说明中国企业越来越全球化；后者由2015年的第10位上升到2017年的第2位，意味着中国企业的资本运作备受关注。而"最大的"与"国有的"的排名略有下降，"largest"从第2位下降至第4位，"biggest"从第5位下降至第9位；"国有的"从第3位下降至第8位，这意味着国际媒体对中国企业规模和数量以及国有属性的关注度在下降。此外，每年都涌现出一些体现年度现象特征的高频词，如2015年的"在线""合资"，说明中国企业在"移动在线"等科技领域崭露头角，也是资本运作的体现。2016年的"国际的"，再次体现出中国企业的国际化特征，即全球化步伐加快。新出现的形容词有"工业的"，说明工业类企业在2016年受到更多关注。2017年的"商业的"，体现出中国企业的商业化特征，同样展示出中国企业资本运作活跃。

（二）十强企业形象

全球英文媒体在报道中国十强企业时除了使用"新的""最大的""全球的"和"金融的"等与整体形象一样的高频词之外，还有一些个性化的话语，展示了在全球英文媒体视野下中国企业排头兵的独特形象（见表2）。

首先，"移动的""在线的""社交的"等与高新技术相关的词语频现，这不仅由于这三年来十强企业中信息传输、软件和信息服务业不断增多，也说明新技术研发应用备受关注，特别是在2017年体现得尤为明显，十强中有九家与此相关，如从百度的"自动驾驶"、浙江吉利的"电动的"可以看出科技公司着力打造人工智能，自动驾驶是其重要应用与赋能场景之一，传统汽车行业加速向数字化和互联化方向转型。

其次，国际媒体对于中国企业的认识也在不断深入且趋于正面评价。比如2015年媒体只是聚焦华为的产业性质如"移动的""最大的"这些表层形象，而2017年开始对华为的产品及服务予以评价，出现了"最好的""优秀的"等与手机质量、服务质量相关的词。

最后，地区化的高频词亦是一大亮点。2015年的"亚洲的"和"全球的"，说明中国企业不仅立足于亚洲，也已经走向世界，同样"欧洲的""英国的""俄罗斯的"等高频形容词也体现了这些企业的跨国性。2016年，联想集团在印度的重点部署、中信集团在亚洲的战略规划、工商银行进军西班牙市场受到媒体关注。2017年，浙江吉利控股集团和怡和集团的业务都重点关注英国和亚洲，扩展海外市场。

从年度变化来看，2015年"在线的""移动的"颇为突出。这不仅是因为十强企业中信息传播相关企业占近一半，也因为当今媒体更关注移动终端、移动互联网。2016年，高新技术研发应用备受媒体关注，比如，百度的"无人驾驶的""自动化的""医疗的"成为亮点；阿里巴巴突出了"全球化"和最大电商的特征；腾讯的"移动社交"特点鲜明。2017年亦是如此。值得注意的是，阿里巴巴出现"假冒的"负面高频词，中石化也出现了"粗糙的""有争议的"负面高频词。

表 2 在全球英文媒体报道中位居前十的企业及其高频形容词

企业名称	百度	阿里巴巴	腾讯	和记黄埔	中石油	中石化	中国人保	华为	建设银行	来宝集团
2015年	新的	在线的	在线的	移动的	国有的	国有的	最大的	新的	金融的	新的
	在线的	新的	新的	英国的	俄罗斯的	最大的	亚洲的	全球的	全球的	全球的
	亚洲的	移动的	移动的	欧洲的	新的	新的	最大的	移动的	最大的	金融的
	最大的	全球的	社交的	新的	自然地	亚洲的	新的	英国的	新的	亚洲的
	移动的	最大的	最大的	最富有的	合资的	合资的	金融的	最大的	国有的	最大的

企业名称	百度	联想集团	华为	阿里巴巴	腾讯	中国银行	京东	中信集团	工商银行	中石化
2016年	无人驾驶的	新的	新的	新的	新的	中心的	在线的	国有的	标准的	粗糙的
	新的	印度的	最新的	在线的	在线的	邮政的	最大的	国际的	新的	有争议的
	自动化的	国际的	大的	假冒的	社交的	商业的	直接的	亚洲的	最大的	金融的
	医疗的	可获得的	全球的	全球的	移动的	金融的	新的	私人的	国际的	全球的
	在线的	数字的	移动的	最大的	最大的	新的	最大的	金融的	西班牙的	自然的

企业名称	华为	联想集团	百度	阿里巴巴	鸿海精密工业股份有限公司	浙江吉利控股集团	北京汽车集团	中国工商银行	中国银行	恰和集团
2017年	新的	新的	驾驶的	新的	新的	新的	电动的	工业的	金融的	新的
	最好的	可获得的	新的	在线的	最大的	汽车的	新的	商业的	金融的	国际的
	大的	好的	自动的	零售的	数字的	电动的	合资的	新的	新的	亚洲的
	全球的	顶级的	领先的	全球的	全球的	英国的	全球的	金融的	金融的	英国的
	优秀的	大的	人造的	金融的	金融的	亚洲的	当地的	全球的	全球的	战略的

根据连续三年都排名前十的华为、腾讯、百度、阿里巴巴的高频词来看，这四家企业都在打造自身的核心竞争力，例如华为重在技术创新，着手全球布局的同时注重产品质量，塑造良好的口碑；腾讯在社交和通信服务上独占鳌头，是目前中国市场上知名的互联网即时通信软件开发商；百度注重科技领域如人工智能、自动驾驶等方向；阿里巴巴打造了全球电子商务平台，是目前全球最重要的网上贸易市场之一。

三年来，全球英文媒体对华为的关注度提升迅速，华为从第八名一跃至榜首。除了"新""最大的""全球的"等共性之外，在国际媒体的话语中，与华为有关的多是"优秀的""最好的"等正面高频词，表明了其在海内外的声誉（见表3）。

表3 华为在全球英文媒体报道中的高频形容词

排名	2015年	2016年	2017年
1	新的	新的	新的
2	全球的	最新的	最好的
3	移动的	大的	大的
4	英国的	全球的	全球的
5	最大的	移动的	优秀的

三年来，全球英文媒体对腾讯的关注度略有波动，从第三名到第五名，最后重返第三名。媒体最关注的是腾讯的线上移动社交，即时通信应用"微信"的全球月活跃用户数已突破10亿大关，吸引了大量媒体关注。三年来，腾讯排名前五的高频形容词没有变化（见表4）。

表4 腾讯在全球英文媒体报道中的高频形容词

排名	2015年	2016年	2017年
1	在线的	新的	新的
2	新的	在线的	在线的
3	移动的	社交的	社交的
4	社交的	移动的	移动的
5	最大的	最大的	最大的

百度的新闻提及量在2015年和2016年处于第一,在2017年降至第四位。百度凭借自动驾驶技术获得较高新闻报道量,比如"driverless""driving""autonomous",在健康医疗领域、人工智能领域的布局也获得关注。从"领先的"这一形容词可见媒体对于百度的报道总体上为正面评价(见表5)。

表5　百度在全球英文媒体报道中的高频形容词

排名	2015年	2016年	2017年
1	新的	无人驾驶的	驾驶的
2	在线的	新的	新的
3	亚洲的	自主的	自主的
4	最大的	医疗的	领先的
5	移动的	在线的	人造的

阿里巴巴的新闻提及量排名稍有下降,从第二名到第四名,再到第五名,它的金融业务最受媒体关注,尤其是线上零售。"全球的"这一形容词显示出阿里巴巴海外业务得到进一步拓展和夯实。三年来媒体的评价越来越正面,前两年阿里巴巴在被赞扬使用便利的同时被批评"假冒伪劣"(counterfeit),2017年正面词汇越来越多,前五之后的高频形容词出现了"领先的"(leading)、"强劲的"(strong)等词,可见媒体态度倾向于正面(见表6)。

表6　阿里巴巴在全球英文媒体报道中的高频形容词

排名	2015年	2016年	2017年
1	在线的	新的	新的
2	新的	在线的	在线的
3	移动的	假冒的	零售的
4	全球的	全球的	全球的
5	最大的	最大的	金融的

(三) 主要媒体态度

国际媒体是塑造中国企业国际形象的主要渠道,三年来对中国企业报道最多的英文国际媒体是彭博社,外媒的报道数量远大于中国媒体,尤其是英美媒体报道数量超过其他所有国家总和,中国大陆媒体只有中国日报网进入前十媒体榜单。不过中国媒体对中国企业的关注度逐年增长,在2017年尤其明显,《南华早报》、中国日报网、台湾"中央通讯社"、新华网、环球时报网等中国媒体排名不断上升,传播力显著提升。

整体上中国企业受到的评价倾向于中性和正面,三年来"顶级的"一直是主要媒体提及频率最多的词汇,随后是"领先的""强劲的""最好的""优秀的""积极的"等词汇,负面态度主要针对中国企业产品的"低劣""粗糙"。随着"一带一路"倡议的实施,越来越多的中国企业走向海外,拓展海外市场,越来越注重塑造企业自身的国际形象。通过数据抓取和文本分析,我们发现中国企业形象越来越受到正面评价,如2015年主要媒体态度前十高频形容词含有六个正面词语、四个负面词语,到了2017年,媒体的正面词语增多,前十高频形容词中有七个正面词汇(见表7)。

表7　全球主要媒体报道中国企业高频态度形容词(前十位)

排名	2015年	2016年	2017年
1	顶级的	顶级的	顶级的
2	低劣的	领先的	领先的
3	强劲的	优秀的	强劲的
4	粗糙的	强劲的	低劣的
5	最好的	粗糙的	高贵的
6	积极的	低劣的	糟糕的
7	活跃的	最好的	粗糙的
8	优秀的	极好的	积极的
9	衰弱的	衰老的	活跃的
10	糟糕的	糟糕的	成功的

从国内外媒体差异来看,外媒更关注中国企业的经济发展,中国媒体更关注中国企业的政治属性。外媒报道主要集中在"新的""经济的""国际化的""全球的"等涉及企业国际化业务拓展的关键词,以及"最大的"等关于企业规模、体量的关键词。具体而言,彭博社更关注中国企业的创新程度、品牌知名度和体量;路透社对中国企业的报道突出了"有争议性"这一特点;日本经济新闻更关注中国企业与日本的关系,关注中国企业乃至经济体发展的迅速程度;《福布斯》更加关注中国企业的产品价格和品牌情况;美通社更关注中国企业的国际化及创新程度。与外媒相比,中国媒体报道的关键词更集中于"国家的""中央的"等与政治属性相关的因素,视中国企业的发展为国家经济实力强大的表现。财新网对中国企业的态度相对比较中立,行业类形容词描述较多。

二、中国企业国际形象存在的问题

随着中国经济体量的不断增长和对外开放的进一步深化,中国企业在国际经济体系中发挥的作用及地位也日渐突出。"一带一路"倡议的实施在推动越来越多的中国企业走出去的同时,也促使着中国企业更加深入地参与到全球经济运行中去。中国企业也由此面临着更大的商业挑战、风险以及更恶劣的舆论环境。全球媒体对中国企业形象的塑造属于"他塑"。而中国企业提高国际传播力,塑造自身在国际舞台上的良好形象,属于"自塑"。这不仅是中国企业实现可持续发展的必要条件,也是传播中国文化、塑造国家形象的重要渠道。从中国企业国际形象的"他塑"中可以发现一些问题,作为改善形象"自塑"的着力点。

首先,中国企业的国际形象还不够多元。描述中国企业最多的高频词就是"新的""全球的""在线的",涉及国企则主要是"国有的""金融的"等词,集中体现其企业性质、业务范围以及财务状况等经济特征。这些描述虽然在整体上趋于中性甚至是正面,但也容易导致海外受众对中国企业形成片面性认知,甚至是某一刻板印象,忽略了中国企业的文化特质。换言之,中国企业的国际形象未达到寓意更为深刻的抽象层次，仅停留在文字符号所能指向的表面含义。而从某种意义上来讲，后者往往具有一定的社会性，是企业社会身份的展现，亦是品牌形象建设与独特性的来源[①]，即企业的价值理念。

其次，中国企业形象还不够立体。如2017年居于榜首的华为，三年来的描述类高频词都有"新的""全球的"等，阿里、百度、京东等企业也有类似现象，而腾讯三年来的描述高频词几乎不变。这体现出中国企业在传播的宽度上取得了一定成效，但是深度上还不够，受众只知其表而不知其里。十强企业彼此之间的差异也不是特别明显，谈及十强企业，几乎用一句"这是一家新兴的、最大的、经济实力雄厚的企业"就能描述其中任意一家，这在一定程度上也反映出中国企业在国际舞台上的形象共性较多而个性不足，缺乏国际辨识度，反映出中国企业在传播力度上还有所欠缺，传播的方式方法上还有待改善；也说明大多数中国企业对于海外民众关心的社会、文化议题重视不够，与公众之间的沟通渠道较为狭窄，在当地融入度不高。

最后，中国媒体的国际话语权还不够强。当下的国际话语权仍掌握在美英媒体手中，由美英等西方大国主导的全球舆论对中国和中国企业的批评、指责甚至诽谤将长期存在。如2011年2月，英国BBC推出的《中国人来了》系列纪录片传递给观众的是"中国企业的海外拓展带有'新殖民主义'性质""企业在当地的资源开发破坏环境""未能有效促进当地民众就业"等形象。在这种舆论环境下，提升中国媒体国际话语权，维护企业利益乃至国家利益，已是当务之急。同时，面对外界的失实报道与指责，中国企业需要改变既往的单向思维，不是一味地解释，而是一方面要探究这些报道背后的深层次原因，另一方面也要从当地发展的角度出发去更多地承担社会责任。

三、关于提升中国企业国际形象的建议

首先，中国企业应高度重视国际形象的塑造，树立全面传播的理念。随

---

① 隋岩，张丽萍.企业形象的碎片化呈现与传播[J].新闻大学，2013（5）：126-133.

着中国企业国际化进程的不断推进，中国企业的一言一行都可能成为舆论的焦点。企业形象也是国家形象的重要组成部分，国家形象对构建有国际辨识力的中国企业整体形象有重要的背书效应。积极正面的国家形象认知，对于提升企业海外声誉和产业竞争力具有重要意义。因此，中国企业在涉外活动中要站在国家发展战略的高度，做好对外宣传工作。十八大以来，习近平总书记多次强调外宣工作，特别是意识形态宣传工作的极端重要性，提出"大宣传"的理念，在2018年全国宣传思想工作会议上，部分国有重要骨干企业列入参会单位，意味着中国企业将成为讲好中国故事、传播中国精神的重要主体。而良好的企业形象不仅要有过硬的产品与服务质量，而且要传播富有中国特色社会主义的企业精神、文化。同时，当今的传播生态已由专业媒体主导的大众传播时代向万物皆媒的全面传播时代转变，企业形象传播不应只是宣传部门的事务，而应是全员传播，各级领导、员工都应有很强的传播意识。要改变既往的企业运营思维，不能"讷于言而敏于行"，疏于自我宣传，也不能说了不做，失信于当地社会。同样，外宣的渠道也不能仅限于专业媒体，而应是全媒介、全方位、全触点的传播。应注重传播方式的多样性，一方面要善于借助国内主流媒体在国际平台上发声，另一方面还需要有自我的发声平台，利用好Facebook、Twitter、YouTube、Instagram等国际性社交媒体，实现在传播平台上的网络化延伸，从而为自我的国际形象传播搭建渠道。

　　其次，要展示立体多彩的企业形象。中国企业在海外不应只是良好的经济形象，还应有文化、社会等多元形象；不仅要展示中国特色社会主义企业特质，也要展示出丰富的个性特色；不仅要讲好企业的宏大故事，而且要表达出员工个体精神风貌；不仅要讲述中国企业的发展历史，更要描述当下和未来。中国企业还应当增加自身的厚度，如提升产品服务质量，发展企业文化，注重企业精神建设等，要善于与不同文化交流，深入当地社会并积极承担社会责任，参与社区建设，保护当地环境，尊重和维护当地人的合法权益，力所能及地支持所在国社会公益事业、慈善事业和历史文化事业，同时重视与所在国相关方和社会各方的沟通，提高与当地政府、媒体、非政府组织等方面打交道的能力。^①唯其如此,才能使得企业的形象更加立体化,形成良好的品牌与口碑。

最后,要提升中国对外传播媒体对本土企业的关注度与国际话语权。这不仅需要加强顶层设计,统筹对外传播资源,发挥主流媒体、自有媒体、意见领袖、员工等多主体联动力量,还要主动设置国际议题,创新叙事方式,形成复合传播模式。^②

自英国脱欧、特朗普就任美国总统以来,世界局势与信息传播格局变得更加扑朔迷离,全球政治经济格局的不确定性在增加,特别是中美贸易冲突加剧。肩负着中华民族伟大复兴梦想的中国企业在新全球化进程中面对更加复杂多变的世界舆论生态。如何在这样的大环境下,讲好中国企业故事,传播独特的企业文化与精神,不仅关乎企业自身形象,更关系着中国国家治理的现代化与世界信息传播秩序的重构。

---

① 王俊岭.中国企业海外形象日益提升[N].人民日报(海外版),2017-11-18.
② 胡正荣,李继东.如何构建中国话语权[N].光明日报,2014-11-17.

提升中国企业国际传播力的思考和建议*

当前世界政治经济格局、传播生态正在发生深刻的变化，世界信息传播秩序、国际传播结构正在进行调整，各国正面临着前所未有的机遇与挑战。为了谋求更多的国际话语权，各国都很重视国际传播能力建设，世界舆论场竞争尤为激烈。而二战之后，特别是冷战结束以来，国际传播的政府官方背景被逐渐淡化，在"公共外交"理念的倡导下，由政府、媒体、企业、民间社团以及公民个体等组成的多元传播主体是当前国际传播中最主要、最有效的理念与实践。① 与此同时，随着经济全球化的深入发展，以及企业"走出去"战略的实施，特别是自党的十八大以来，国际传播能力建设步入了全面发展与提升的新阶段，习近平总书记提出的"讲好中国故事、传播好中国声音，展示真实、立体、全面的中国"已成为新时代国际传播的核心目标。而随着中国企业的国际竞争力与影响力逐年加强，中国企业在国际传播中扮演着越来越重要的角色，其声誉与国家形象建构紧密关联，已成为提升中国国际传播能力的关键所在。

本文基于近三年来"中国国际传播力"研究团队的有关研究成果，② 通过

---

* 本文原载于《对外传播》2018年第9期，与李阿茹娜、金明珠合作。
① 胡智锋，刘俊. 主体·诉求·渠道·类型：四重维度论如何提高中国传媒的国际传播力[J]. 新闻与传播研究，2013，4：5–24.
② 中国国际传播力研究团队由教育部人文社科重点研究基地——中国传媒大学国家传播创新研究中心联合国家语言资源监测与研究有声媒体中心于2015年6月联合组建。每年综合选取当年《财富》500强、《福布斯》世界2000强（取前500强）、BrandZ以及interbrand入榜的中国企业制成榜单，通过关键词抓取，分析中国企业的国际传播力情况，发布《中国企业国际传播力》研究系列报告。该团队由胡正荣教授、龙耘教授担任总指导，李继东教授、程南昌博士任项目负责人，组员包括周培源、于啸月、张珊、刘睿、李阿茹娜、吴茜、叶珲等博士、硕士。本研究得到了国家社科基金项目"我国国际传播话语体系建设的理论创新研究"（14BXW020）的资助。

剖析近三年来谷歌英文新闻和脸书等海外四大社交媒体平台的数据，管窥中国企业国际传播力及其特点，进而挖掘其存在的问题，最后探讨几点提高企业国际传播力的建议。

一、中国企业国际传播力的变迁与特点：不断增强与不均衡

近三年来，随着中国企业国际竞争力、影响力逐渐增强，中国企业的国际传播力也在逐年提升，但发展不均衡。

（一）谷歌英文新闻平台中国企业国际传播力：逐年增强与分布不均衡

我国企业国际传播力逐年增强，弱传播力的企业日趋减少。三年来，中国企业在谷歌英文新闻平台整体提及量持续增长，获得了较为广泛的国际关注，国际关注度呈上升趋势。而从提及量分布看，中间梯队（100次+）的企业占比增长显著，尤其是提及量在100～5000次的企业占比增加幅度最为明显，由2015年的49%上升至2017年的61%；提及量在5000次以上企业的占比微增（4%）；顶级梯队（10万次+）的企业数量相对稳定，没超过五家，呈现出赢家通吃的局面；而提及量少于100次的企业占比逐年减少，特别是2017年较前一年降幅明显（15%），这意味着弱传播力的企业越来越不被关注（见图1）。

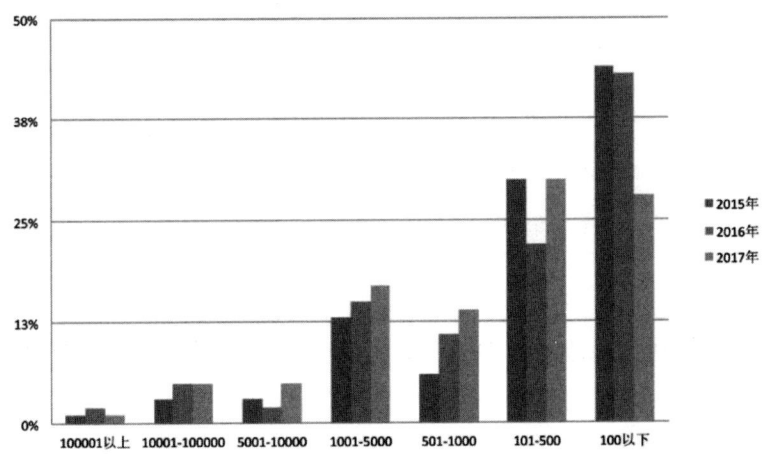

图1　2015—2017年谷歌英文新闻对中国企业提及量分布（单位：次）

名列谷歌英文新闻平台国际传播力前十强的企业主要集中于信息传输、软件和信息服务业新兴企业，以及国有金融业和能源化工传统优势企业，这些企业不仅硬实力很强，而且汇聚了大量的媒体资源，获得了国际媒体的广泛报道，具有较强的国际传播能力和较高的国际知名度。其中，百度、华为、腾讯、阿里巴巴以及中石化的新闻提及量连续三年均位于榜单前十名，国际传播力水平较高且较为稳定。华为、联想和京东三年来的排名不断提升，在2017年分别位居第一、二、四名，特别是华为，其增长势头迅猛，从2015年的第8位跃居到2017年的首位；阿里巴巴则日渐下滑；联想相对稳定。这与当前信息传播科技迅速发展以及新的资本集中趋势相关，更与国有金融、石油化工能源企业提升国际传播力的努力密不可分（见表8）。

表8　2015—2017年谷歌英文新闻中国企业传播力十强

排名＼年份	2015	2016	2017
1	百度	百度	华为
2	阿里巴巴	联想	联想
3	腾讯	华为	腾讯
4	和记黄埔	阿里巴巴	京东
5	中石油	腾讯	阿里巴巴
6	中石油	中国银行	中国工商银行
7	中国人寿	京东	百度
8	华为	中信	中石油
9	中国建设银行	中国工商银行	中信
10	来宝集团	中石油	中国电信

（二）海外社交媒体平台中国企业国际传播力：明显提升与断崖式落差

社交媒体的发展，降低了信息传播的门槛，打破了信息传播的壁垒，在一定程度上改变着传统少数强势媒体垄断话语权的局面。而其不依赖媒介机构的"去中介化"传播方式,使企业得以摆脱媒体报道的限制,能够独立自主进行信息传播,并且能与海外用户进行密切互动、增强联系,为中国企业提升国际传播能力和品牌影响力,塑造企业形象提供了新的平台。

近年来,中国企业积极开通社交媒体账号,积极利用社交平台主动开展国际传播活动。有超过半数的企业在脸书、推特、优兔、照片墙海外四大主要社交平台拥有账号,而其中绝大多数企业在这几大社交平台拥有的账号数量集中分布于 10 个以内,拥有超过 10 个账号的企业数量所占百分比较小。2017 年,注册社交媒体账号数量超过 100 的企业占比相较 2016 有了明显提升,越来越多的中国企业正在逐步完善海外社交平台布局。

企业的账号建设及其活跃度与企业社交媒体关注度正相关,而且关注度呈"断崖状"分布,阶梯之间关注度差异显著。40% 左右的企业在四大主要海外社交平台上几乎没有粉丝,难以获得社交媒体用户的关注,为低层阶梯;45% 左右的企业在四大主要社交平台拥有的粉丝数量在 1 万以内,是中国企业在社交媒体获得关注数量集中分布的区域,为中层阶梯。而剩余 15% 左右位于高层阶梯的企业则拥有过万的粉丝数量,而且这些企业拥有的粉丝数量占到关注中国企业社交媒体账号全部粉丝数量的 90% 以上,形成巨大的社交媒体影响力,具有较强的国际传播能力。这种格局与谷歌新闻平台情形类似,呈现出强者愈强、中间奋进、弱者出局的态势。

(三)关注中国企业的国际英文媒体:中国英文媒体的国际传播力提升显著

三年来关注中国企业的国际英文媒体整体数量呈现平稳增长态势,从 2015 年的 2809 家上升到 2017 年的 2823 家。其中,关注中国企业排名前 100 的媒体的报道量分布未见显著变化。报道量在 500 篇以上的媒体三年来均占入榜媒体的 5% 左右,而有超过一半的媒体报道中国企业的数量在 100 篇以下,占到很大的比重。

从地区分布上看,前一百家媒体主要分布于美国、中国、英国这三个国家。三年中,这三个国家的媒体关注中国企业的数量总和均占到入榜媒体的

60%以上。尤其是美国,三年来关注中国企业的媒体数量不断增加,到2017年达到了44家,是关注中国企业的重点国家。中国的入榜媒体数量仅次于美国,位居第二,是报道中国企业的重要渠道,而且中国媒体对中国企业的关注度逐年增长,《南华早报》、中国日报网、中国台湾地区中央通讯社、新华网、环球时报网、财新网等中国媒体排名不断上升。特别是2017年中国媒体的报道量排名大幅提升,其中香港地区的《南华早报》由2016年的第4位,跃居第2位;《中国日报》由2016年的第15位,飞升到第4位,报道量比2016年增加了近3倍;台湾地区的"聚焦台湾"(Focus Taiwan)也由2016年的第34位上升到第6位,足见中国媒体对中国企业的关注度提升显著。此外,新加坡、印度、澳大利亚、日本、加拿大和马来西亚等国的媒体对中国企业给予持续关注,是报道中国企业、塑造中国企业形象不可忽视的力量。

二、中国企业提升国际传播力面临的问题

三年来,中国企业获得了较高的国际媒体关注度,并顺应媒介环境变化布局海外社交媒体,积极拓展传播渠道,企业之间国际传播力竞争激烈。伴随着中国经济的发展,中国企业在世界范围内的影响力将进一步扩大,而提升企业的国际传播能力,对于建构企业海外声誉和良好形象,完善中国国际传播能力建设、增强国家软实力意义重大。但是目前中国企业的国际传播依然存在一些问题,制约着企业进一步国际化发展。

首先,企业之间国际传播力悬殊,两极分化特征显著。尽管每年进入榜单的中国企业超过100家,但是只有个别企业获得了国际媒体的广泛报道,占据国际媒体关注的中心位置,在国际传播中独占鳌头,成为世界关注的焦点。而大量的企业则游离在国际媒体关注的边缘,虽然它们在经济实力上有较强的国际竞争能力,但是并未获得与硬实力相匹配的软实力,国际知名度低。不均衡的企业国际传播力发展,将使越来越多的资源集中于优势企业,形成"马太效应"。这样的发展趋势,一方面不利于国际传播力较弱的企业塑造自身形象,难以促进在国际市场中的共识与合作达成,从而成为企业长远

发展的桎梏；另一方面导致中国企业国际传播力整体弱化，也容易造成中国企业形象与国家形象的脆弱性，尤其在个别强势企业遭遇公关危机时，可能形成连带效应，扩大危机影响范围，对国家形象产生负面影响。

其次，中国企业海外社交媒体整体建设力度不足，尚未充分利用社交媒体开展国际传播活动。目前，大量用户向社交平台迁移，社交媒体成为用户获取信息的主要途径，并且其凭借迅速、多元、交互的特性为企业自主开展国际传播活动提供了重要机遇，在这样的发展趋势下，大部分中国企业对社交媒体的重视程度还远远不够。有近四成中国企业在任何上述四大社交媒体平台都尚未注册账号，在海外社交媒体处于"缺位"与"失语"状态，难以获得形象"自塑"的良好效果。而已有账号企业一方面开设账号数量不足，尚未形成矩阵，传播协同性受限，在受众细分的背景下，难以获得更为广泛的影响力；另一方面平台建设力度不够，发文量以及与用户互动不足，难以与用户建立良好关系。而当前，企业的传播模式已经从以中短期销售为考核指标、强调市场盈利目的的"整合营销传播"模式转向着眼于企业长远发展、建构企业良好形象的"战略传播"模式，① 相较于整合营销，战略传播更加强调企业软实力的提升，注重与企业的关键用户建立联络、了解用户需求，协调企业相关部门，共同进行传播，使企业获得保证其长期良好发展的运营环境。② 社交媒体的迅速发展为企业开展战略传播提供了良好的机遇，中国企业更应该重视并善用社交媒体。

最后，关注中国企业的国家和地区媒体分布不均衡，中国媒体自身声音还不够强。虽然中国媒体对中国企业的关注度在增强，但在媒体数量上远不及美国，美国媒体几乎占据前100家媒体的半壁江山，形成对中国企业报道的垄断。而报道中国企业的中国媒体在数量上虽然仅次于美国，但两者之间却存在巨大的差距。在国际传播领域，**西强我弱**不平衡的舆论格局依然难以改变，中国长期以来一直是"被垄断"，走出去的中国传媒远未达到某种

---

① 胡钰，王嘉婧.在去中心化的社交媒体时代打造新中心——从自媒体"国资小新"看互联网时代的国企形象传播［J］.经济导刊，2017（9）：42–49.
② 袁胜，许清茂.国外企业战略传播研究的启示［J］.青年记者，2015，29.

垄断或朝向垄断;^①而美国媒体凭借其专业人才、技术装备、品牌影响等多方面的绝对优势,牢牢掌握了国际新闻报道的话语权,主导着中国企业形象的现实。美国媒体对中国企业报道的绝对优势与霸权地位,形成国际话语权垄断,使信息来源渠道单一,容易滋生负面信息和不良评论,"中国经济威胁论""中国经济崩溃论""中国经济模式论"等不断成为讨论议题,在一定程度上干扰了中国经济"走出去"的整体环境,增加了中国企业海外并购标的所在国和中国对外投资目标国的疑虑。^②

三、提升中国企业国际传播力的建议

企业作为中国国际传播的重要主体之一,其国际传播力的提高对于提升中国整体国际传播能力、增强中国软实力、构建良好的国家形象、扩大中国的国际影响力具有重要作用。而企业国际传播力的提高是一个系统性工程,需要政府、媒体、企业、社会组织等多元主体之间的配合与协作,并且需在已初步建立的现代国际传播体系的框架下,进一步建立细化、完善中国企业国际传播体系。完备的企业国际传播体系能更好地协助中国企业"走出去",构建良好的中国企业形象,从而提高中国企业的国际知名度,帮助中国企业更高效地开展国际业务。

首先,要强化国际传播意识,全面提升中国企业的国际传播力,以便形成合力,增强中国软实力。随着由中国参与的全球化进程日渐深化,中国企业国际化程度的不断提高,以及内外融通的大传播格局的形成,中国企业要高度重视与国际媒体合作,把握国际舆论走势。毫无疑问,企业间国际传播力不均衡与其对新闻传播的重视程度、国际传播建设密切相关,而这应该成为企业全面发展水平的重要指标。多年来,中国企业,特别是大型国有企业

---

① 姜飞.新阶段推动中国国际传播能力建设的理性思考[J].南京社会科学,2015(6):109-116.
② 任孟山.中国国际传播的全球政治与经济象征身份建构[J].现代传播(中国传媒大学学报),2016(9):67-71.

习惯于闷声干实事，着力于硬实力的提升，对外传播特别是国际传播意识不强，新闻舆论建设系统性不够，人财物投入不足，甚至固守大众传播时代的理念，认为新闻舆论不应是企业的事务，而是媒体的事务。这种认识误区延伸开来就是提升传播力是少数排头企业的事，但实际上，当前人类已处于一个无处不传播、处处皆舆情的时代，传播日常化、生活化，企业的任何行为都有可能成为一个舆论现象，不久的将来，人类即将步入的"万物皆媒"的智能媒体时代，[①]传播主体将更加多元多样多层次，任何企业及其个体都应提升传播素养，方能全面提高中国企业的传播力。

其次，企业应提高对社交网络等新兴媒体的重视程度，加快海外社交平台布局，建构国际传播长效机制。企业不仅要依托传统大众媒介机构扩大影响力，还要积极利用海外社交平台，强化自有新兴传播渠道建设。企业既要加快开设海外社交媒体账号，构建海外社交平台矩阵，形成账号集群，主动发声，提高账户活跃度，塑造良好的企业形象，还需要了解社交媒体的传播特性，熟悉社交媒体的话语特点，创新内容生产，增加信息发布的数量和频率，提升关注度，并且及时回应关切，了解用户特征和需求，与用户进行及时有效的沟通，维护良好的关系，增强用户黏性。这就需要企业建立起国际传播的长效机制，成立专门的组织结构，组建专业社交媒体运营团队，加强专业人才的引进。企业构建更为多元与合理的国际社交媒体格局，能够扩展传播渠道，提升中国企业话题热度，增强国际影响力；最大限度自我发声，摆脱媒体对企业形象塑造的限制；在突发事件中及时有效回应，进行危机管理，消弭偏见。

最后，中国媒体应进一步提升对中国企业的国际关注度。媒体应积极扩展国际传播空间，努力提高国际话语权，成为传播中国企业的重要渠道，让国际社会了解中国企业的发展现状，讲好企业"走出去"的故事。一方面要增加对中国企业的报道力度，将中国企业的发展情况作为报道内容选题，改

---

① 彭兰．我们即将面临"万物皆媒、人机共生"的智媒时代［EB/OL］．（2016-11-21）［2016-12-26］．http://sike.news.cn/statics/sike/posts/2016/11/219509602.html.

变当前报道中国企业不均衡的国际媒体分布情况，从而为世界提供关于中国企业的多元声音，为中国企业开展国际活动构建合理的全球身份象征。另一方面，要精准传播，实行精细化传播策略。不仅要充分了解不同国家与地区的文化背景、话语结构、受众特征等信息，针对不同的国家、不同的受众群体制定不同的企业信息内容与传播策略，努力做到因地因时因事而异，注重国际传播的分众化和适用性，①更要深入企业国际业务的一线，把握不同企业的实际需求，开展有针对性的传播，方能有助于中国企业更好融入当地社区与民众，塑造良好的中国企业形象，提升中国软力量。

今年以来，中美贸易摩擦不断升级，国际局势更加复杂多变，国际舆论的角逐在价值理念、话语体系和叙事模式等层面全方位展开，而步入新时代的中国需要全面提升国际传播能力建设，开启全面对外传播的新时期，这不仅意味着对外传播主体的多元化，更预示着全方位、多层次、立体和精准化的对外传播格局即将形成。时代赋予了中国企业新的角色和定位，全面增强企业的国际传播力是其中应有之义，也是当前中国企业国际化发展的重中之重。

---

① 胡正荣. 国际传播的三个关键：全媒体·一国一策·精准化［J］. 对外传播，2017（8）：10–11.

中国影视文化贸易政策的变迁轨迹分析[*]

影视文化贸易政策横跨影视文化（创意）产业政策、国际贸易政策与国际传播政策等领域，涉及影视文化流通和展示以及国际贸易领域的有关法律法规、行业规则和自律等政策，聚焦于国际影视文化产品和服务的输入和输出等有关政策问题上。目前国内的有关研究尚处于起步阶段，散见于有关影视产业政策、国际贸易政策和国际传播政策的文献中，即使是国际文化贸易研究，探讨其政策问题的文章也可谓凤毛麟角，更遑论专门讨论影视文化贸易政策了[①]。这一方面是因有关影视文化贸易乃至国际文化贸易的研究是新兴领域，目前集中在基本概念、理论的构建和实践经验的总结上，对于政策层面的研究尚未从国际贸易政策、影视文化产业政策和国际传播政策研究中细分出来；另一方面是因中国影视文化产业和国际贸易成为政策议题，特别上升到国家层面的政策安排，始于 21 世纪，文化产业这一个概念最早见于 2000 年 10 月由中国共产党第十五届中央委员会第五次全会通过的《中共中央关于制定国民经济和社会发展第十个五年计划的建议》，2001 年中国才加入世界贸易组织，十六大才明确了文化事业与文化产业分类发展的理念，到 2009

---

* 本文原载于《国际贸易》2010 年 10 月号。
① 笔者以影视文化贸易、影视贸易为关键词，在 CNKI 上搜索 2010 年 6 月前收录的文献中，有关论文不到 10 篇。比如王周博的《中美影视文化贸易竞争力分析》，魏婷、夏宝莲的《中国影视文化贸易逆差形成的原因及对策分析》，刘凌、彭祝斌的《中国影视贸易发展现状与策略分析》，李小牧、李嘉珊的《国际文化贸易：关于概念的综述和辨析》等。当然，有关影视进出口政策的讨论在入世后对中国影视业的影响、影视产业等方面的文献中多有涉及，不过极为零散，尚不成体系。

年国务院发布的《文化产业振兴规划》和2010年国务院发布的《关于促进电影产业繁荣发展的指导意见》,包括影视在内的文化产业上升到国家发展战略层面,其中扩大对外文化贸易成为当前和今后一个时期的八大重点任务之一。

与其他文化门类比较,影视文化具有意识形态属性强、技术含量高、跨文化传播性强、对社会的影响广泛、直观而形象等鲜明特点,其贸易政策关系经济价值、政治价值和文化价值等多重价值组合问题,政策议题涉及产品和服务两大部分,关乎国际和本土两个层面的视听和知识产权等贸易政策。从政策实践历程上看,中国影视政策由文艺宣传政策、文化事业政策逐渐变迁到文化产业政策、文化创意产业政策,其贸易政策变迁的轨迹与中国对外贸易政策和国际贸易政策的演变基本一致,同时具有较强的独特性。从政策理论上看,影视文化贸易政策理论是以贸易政策理论、影视产业政策理论和国际传播理论为基础,同时嵌入中国的实际国情。中国影视产业无论从规模还是市场竞争力上,与国内传统文化产业以及海外影视产业还有相当大的差距,属于幼稚性产业,而且其市场结构、治理结构都有特殊性;中国影视文化贸易实践历程与政策变迁具有很强的本土色彩,在国际化的进程中又伴随着经济体制、文化体制的变革,具有很强的复杂性、变动性和探索性,而目前国内在这方面的研究尚属于空白。

基于此,本文从历史发展的角度,参照国际贸易政策演变和公共政策研究的基本框架,着重讨论中国与境外国家和地区之间的影视产品和服务(集中在电影和电视剧)商业性进出口政策变迁历程,包括理念、目标、措施与手段以及效果等方面,以期把握其政策基本轨迹,弥补中国影视文化贸易政策理论研究的不足。

中国影视文化贸易政策变迁历程沿着由封闭向开放、由引进来到走出去、由保护贸易向自由贸易转变的基本轨迹,先后经历了封闭型保护贸易政策时期、开放型保护贸易政策时期和保护贸易和自由贸易政策平衡时期。这一轨迹与国际贸易政策理论演变有一定的类似性,国际贸易政策理论演变经历了一个从极度保护、极度自由到基于各国实情在保护和自由之间进行权衡和博弈的过程[①]，尽管中国影视贸易政策实践没有经历过极度自由阶段。

一、封闭型保护贸易政策时期（1979 年前）

由于计划经济、政治挂帅和冷战思维等的影响，这个时期的影视文化机构被纳入国有事业单位范畴，从创作到流通和展示没有私有商业运作行为，更谈不上国际贸易，尽管也有与海外影视交流的实践活动。有关影视的政策尚未从文艺政策中细分出来，其基本理论依据是党的文艺理论，比如，毛泽东的"延安文艺讲话""双百方针"（1956 年提出，1957 年反右斗争扩大化后中断）等。从政策理念上看，以政治价值特别是意识形态宣传为核心，对于影视产品与服务的输出与输入依据的是政治价值而非经济价值或市场需求，进出口事务体现国家、政府的政治意志，其主体是政府及其附属的相关国有机构。从政策目标上看，排斥敌对意识形态阵营的理念、产品和服务，拒绝学习和参照海外影视产业，人为地孤立于世界影视，特别是西方影视世界，旨在构建一种"自力更生、自给自足"的国有影视事业。从政策手段和措施上看，以行政手段与统购统销为主要模式，影视产品与服务的引进与输出主要基于政治需求，很少考量艺术水准、技术水平和经济价值。这个时期政策议题相对比较单一，而政策评价亦是囿于单一的政治标准，其效果不言而喻。

二、开放型保护贸易政策时期（2000 年前）

1979 年前的保护贸易主要是基于冷战思维下的政治价值来考量的，其闭关和保护都与经济活动没有多大关联。而改革开放后直至加入 WTO 这段时间，中国影视进出口蓬勃发展，整体上看这个时期实行的是在对外开放总政策下的保护贸易政策，只是此时的保护不仅仅是基于政治上的考虑，更为重

[①] 佟家栋，王艳. 国际贸易政策的发展、演变及其启示 [J]. 南开学报（哲学社会科学版），2002（5）：54-61.

要的是保护弱小而幼稚的影视事业，通过有限度、有规划地引进美国等发达国家的影视产品与服务，促进中国本土影视事业的发展和满足国民日益多样化的需求。与前一个时期相比，这个时期有关影视文化贸易政策开始在广播影视法律法规、行业规制和业界自律，以及国家、行业和部门等不同层次的政策中有了明确的体现与表述，有关政策集中在对进口产品和服务的管理上，表现出"重进口而轻出口"的特点，具有代表性的文件包括：1981年国务院批准文化部、海关总署发布的《进口影片管理办法》，1996年国务院颁布的《电影管理条例》，1997年广播电影电视部出台的《电影审查规定》；1990年广播电影电视部出台的《关于引进海外电视节目管理的暂行规定》和《关于引进海外电视剧的审查标准》，1994年的《关于引进播出境外电视节目的管理规定》，1997年国务院颁布的《广播电视管理条例》等。这些政策文件大多已经失效，但能体现出当时的政策议题、目标和措施等的用意与特点。

从政策议题上看，随着对外开放总政策的实施，在影视文化贸易领域出现了许多现实问题，由此形成很多政策议题。比如，10年文化浩劫所造成的文化饥荒问题与国内文化产品与服务实际供给不足的矛盾问题、进出口主体和流通展示方式等问题，以及促进影视事业繁荣与意识形态宣传之间的关系问题，等等。这些议题体现在政策目标中，聚焦在如何引进和管理海外影视产品与服务的问题上，并沿着由如何加强管理和审查到如何完善和规范、由关注数量到注重质量、由满足人民群众的需求和丰富影视供给到保护影视生产者的权益的轨迹演变①，特别是提升国有影视机构的经济实力与影视事业的繁荣与发展。

从政策理念上看，在确保政治价值实现的基础上关注经济价值。文化是一种特殊的商品，文化贸易也是国际贸易中最为特殊的领域，从世界范围内来看，贸易自由化成为一种不可逆转的趋势，但文化例外和文化多样化原则

---

① 参见《进口影片管理办法》（国函字〔1981〕156号）、《关于引进海外电视节目管理的暂行规定》（广发地字〔1990〕817号）、《关于引进播出境外电视节目的管理规定》（广播电影电视部令〔1994〕10号）、《电影审查规定》（广播电影电视部令〔1997〕22号）等文件的第一条。

却成为大多数国家推行文化贸易保护政策的基本原则，特别是抵御业已成熟的美国文化产品与服务的侵入。而影视文化又是文化贸易领域中最为敏感、影响最大，也是各国贸易交锋最多的领域。因此，各国在影视文化贸易政策理念上除了注重经济价值之外，还会考量影视产品和服务的外部效益和政治及社会影响。具体到中国，文化领域的改革开放是所有经济领域中最晚的一个，而影视则是文化领域中的最后一个，这不仅仅是基于中国影视产业起步晚、底子薄等经济上的缘由，更为重要的是基于影视的意识形态属性和对社会广泛而直观的影响。因此，这个时期的中国影视文化贸易政策在政治价值上与前一个阶段是一脉相承的，这不仅体现在影视审查制，对进出口影视的内容、主体和流通方式等都进行了明确的限定，准入门槛的设置更多地基于政治上的考虑；还体现在影视进口审查的标准上，同意和禁止播出、公映的条款也多是基于政治价值特别是意识形态宣传[①]的考虑，不过也开始从促进影视事业的发展等经济价值角度出发有限度地进口海外影视产品。

从政策措施和手段上看，这个时期突破了计划经济时代的自产自销与统购统销的模式，影视进出口开始有限度地开放，不过从总体上仍以审查制与行政手段为主导，推行的是保护型政策措施。首先，对影视文化贸易的主体有严格的限定，特别是影视进口业务的准入门槛仍比较高。有关电影、电视剧进口的规定中都明确指出，进口境外电影、电视剧的单位由国务院广播电影电视行政部门批准或指定的电影、电视剧进口机构经营，其他未经批准的单位或个人均不准从事影视进口业务[②]。比如，电影进口权一直垄断在中影集团手中，直至2003年华夏电影发行公司的成立打破了这种局面，但也不过是双头寡居。其次，对进口电影、电视剧的内容、数量和流通范围等都有明

---

① 参见《关于引进海外电视剧的审查标准》（广发地字〔1990〕817号）的第2至第4条，《关于引进、播出境外电视节目的管理规定》（广播电影电视部令〔1994〕10号），《电影管理条例》（国务院令〔1996〕200号）第23条。
② 参见《进口影片管理办法》（国函字〔1981〕156号）的第2条、《电影管理条例》（国务院令〔1996〕200号）第29条、《关于引进播出境外电视节目的管理规定》（广播电影电视部令〔1994〕10号）第4条等。

确的限定。在内容管理上，引进电视剧要先由省级广播电视行政管理部门审查并签署意见后，再报广播电影电视部审查批准；进口供公映的电影片，由电影审查机构负责审查，经审查合格的，发给《电影片公映许可证》和批准进口文件①。在数量上，广电部〔1994〕348号文件规定，从1995年起，每年由中影公司以国际通行的分账发行的方式进口10部"基本反映世界优秀文明成果和当代电影艺术、技术成就"的好电影。在流通范围上，对境外电视剧播出时间和比例进行了限定，规定境外电视剧不得超过电视剧总播出时间的25%，其中黄金时间（18时至22时）不得超过15%②。再次，从政策构成上看，这个时期呈现出"重进口而轻出口"的特点，即对进口的规定多而严，对出口的规定少而松。有关电影、电视剧的管理条例、规定、办法等大多条款都是针对进口的，而对出口可谓轻描淡写，比如《电影管理条例》（国务院令〔1996〕200号）中有8条是关于电影进出口的规定（第29条至第36条），其中只有两条是有关出口的简单规定。最后，在政策手段上，仍以行政手段为主，对于进口主体、数量等调控运用的是行政命令，而非通过税收等经济手段。

从政策效果上看，有限度地放开境外影视产品的进口，在一定程度上扭转了当时国内影视产品供给不足和市场低迷的局面，促进了影视事业的繁荣和发展，也使得中国影视界意识到与世界发达国家之间的巨大差距。不过，这些行政化的保护政策也造成了进口业务的高度垄断、出口产品层次不高、贸易渠道不畅、与国际贸易无法接轨等弊端。

总的来说，这个时期的影视文化贸易政策开始步入了正轨，但很难用哪一种世界通行的国际贸易政策理论来完全解释得通，这期间既有重商主义的限制进口的影子，又有亚历山大·汉密尔顿和弗里德里希·李斯特为代表的幼稚产业保护论的观念，不过在政策措施和手段上却又不同，但可以肯定的

---

① 参见《关于引进播出境外电视节目的管理规定》（广播电影电视部令〔1994〕10号）第4条、《电影管理条例》（国务院令〔1996〕200号）第30条等。

② 参见《关于引进播出境外电视节目的管理规定》（广播电影电视部令〔1994〕10号）的第9条。

是，保护贸易是这个阶段的基本政策类型。

三、保护贸易和自由贸易政策平衡时期（2001年后）

2001年是中国影视文化贸易政策变迁历程上具有里程碑意义的一年，是年中国加入世界贸易组织，有关政策开始更多地关注国际规则与本土需求、走出去与引进来的结构问题等国际贸易问题，同时影视等文化领域的体制改革进一步深化。由此，《关于深化新闻出版广播影视业改革的若干意见》《〈关于深化新闻出版广播影视业改革的若干意见〉的实施细则》等一系列深化影视体制改革的文件出台，《电影管理条例》《电视剧管理规定》等适应加入世贸组织的要求的政策得以修订和颁发，《关于广播影视走出去工程的实施细则（试行）》等有关影视贸易的政策先后出台。特别是自十六大以来，国家高度重视文化领域的繁荣与发展，《文化产业振兴规划》《关于促进电影产业繁荣发展的指导意见》《关于金融支持文化产业振兴和发展繁荣的指导意见》等政策先后颁布，文化产业在国家政策层面有了明确的表达，并成为继钢铁、汽车、纺织等十大产业振兴规划后又一个重要的国家战略振兴规划的产业。与前一阶段相比较，这个时期的影视文化贸易政策开始在保护和自由贸易之间寻求平衡，不再是一味地通过行政手段来管制进出口事宜，开始运用资本化、伦理等手段[①]来实现本国利益的最大化，政策议题更为复杂化，政策理念趋于多元化，政策措施和手段日趋多样化。

从政策议题上看，自2001年中国加入世贸组织以来，国际规则与本国政策、跨国集团利益与本土利益等多种议题涌现出来，影响政策议题形成的因素更多，其环境变得更为复杂。一方面，中国影视产业发展无论是在起步和基础上，还是在规模和国际竞争力上，与美国等发达国家的影视产业有相当大的差距，贸易逆差与国内企业市场份额的流失等现象在短期内是难以避免

---

① 这关系到政府常使用的政策类型，即管制、分配、再分配和资本化与伦理政策，参见菲利普·J.库珀，等.二十一世纪的公共行政：挑战与改革[M].王巧玲，等译.北京：中国人民大学出版社，2006：172-173.

的,而跨国公司的政策游说力同样是不可低估和忽视的。中国影视踏入世界贸易之际,时代华纳、迪斯尼等媒介巨兽凭借其雄厚的资本和完善的产业运作机制与成熟有效的国际贸易战略,已经和正在瓜分着国际影视市场,而且其总收益中大部分来源于海外市场,换句话说,靠为海外提供产品和服务成为其重要的营利手段。比如,《阿凡达》海外票房收入是北美市场的2.6倍,占总票房的72%。其实整个美国电影产业亦是这种情形,据美国电影协会(Motion Picture Association of America)的有关统计表明,2004年美国国内票房总额为92亿元美元,而海外票房达157亿美元,是国内的1.7倍多;2008年美国国内票房总额为97.9亿美元,而海外票房总额则高达281亿美元,是国内的2.87倍多。而2009年中国电影的海外票房收入仅占总收益的26%,其余的全靠国内电影票房和电影频道广告收益①。另一方面,中国已无法退回到过去那种封闭式或行政化的保护政策时代,必须遵循世界贸易组织规定并推行自由贸易政策,促使本土尚很弱小的影视企业走出去参与国际竞争,更何况这不仅仅是基于经济上的考虑,更多的是文化、社会和政治上的价值。

从政策理念上看,明确了影视的意识形态和文化商品双重属性,注重影视的政治价值、经济价值和文化价值等多元价值的平衡。与前一阶段相比,这个时期的政策理念突破了过去对文化行业单一属性的认识局限,在国家政策层面首次明确事业和产业分类、协调和全面发展理念,同时也是首次提出推动文化走出去、提升中国文化的国际影响力和竞争力,实现由影视大国向影视强国的历史性转变②。由此,在影视文化贸易政策理念上,同样注重影视文化的双重属性和多元价值,着力推动影视文化走出去,鼓励出口,逐步放开进口,以"进"带"出",提升影视的创造力和国际传播力。这样一来,在政策目标设计上更富有针对性和战略性。

---

① Motion picture association of america. [EB/OL]. (2010-03-05) [2010-09-30]. http://www.mpaa.org/2008%20MPAA%20Theatrical%20Market%20Statistics.pdf. 胡正荣,李继东. 我们离电影强国有多远——兼论新媒介环境下美国电影产业的发展战略 [J]. 电影艺术,2010(3).

② 参见《关于深化新闻出版广播影视业改革的若干意见》(中办发〔2001〕17号)、《关于促进电影产业繁荣发展的指导意见》(国办发〔2010〕9号)等的第一部分。

从政策措施和手段上看,单一的行政手段与管制措施已经无法应对业已复杂化和多元化的政策议题与环境,资本化政策措施以及经济手段、法律手段等开始运用。就政策的性质而言,长期以来,中国影视文化贸易政策多采用管制政策,即对影视国际贸易市场,特别是对于进口领域的准入严加管理,自加入世贸组织,特别是十六大以来,中国影视文化贸易政策措施和手段日渐多样。首先,明确降低市场准入门槛。根据文化产业不同类别,通过独资、合资、合作等多种途径,积极吸收社会资本和外资进入政策允许的文化产业领域,形成以公有制为主体、多种所有制共同发展的文化产业格局[1]。特别是对于影视出口文化企业,鼓励其通过独资、合资、控股、参股等多种形式,在国外兴办文化实体,建立文化产品营销网点,实现落地经营。而对于影视产品和服务进口的管理,亦开始逐步放开,进口影片的实施主体和海外电视剧审批机制也开始有所变化。这不仅仅是秉承自由贸易的世贸规则影响所致,也是中国要成为影视强国的目标所求。其次,补贴、减税、免税等资本化政策措施开始广泛应用,《关于促进电影产业繁荣发展的指导意见》《关于金融支持文化产业振兴和发展繁荣的指导意见》等一系列通过提供资金扶持或税收手段来鼓励、支持文化产品和服务出口的政策出台。同时,走出去工程的实施也是综合运用资本化、伦理化政策以及管制政策。最后,在政策实施过程中,开始运用税收等经济手段和通过立法来推动影视文化贸易的发展和规范化,突破了过去倚重行政手段的局限。

从政策效果上,这个时期的政策无疑会推动中国影视贸易的繁荣和发展,进而促进中国影视文化产业的壮大与国际影响力的提高。

总的看来,中国影视文化贸易政策变迁的趋势是向着自由贸易的方向发展,不过,从世界范围内来看,完全自由的贸易是不存在的,正如完全自由竞争的市场只是经济学上的一个完美假设一样,绝对公平原则下的自由贸易是人类的不懈追求与美好愿景,但时至今日,资源分配、区域发展、权利分配等不平衡和不平等仍是国际贸易的现实图景。对于处于弱势地位的中国影

---

[1] 参见《文化产业振兴规划》(国发〔2009〕30号)。

视产业来说，推行彻底的自由贸易政策目前是不可行的，也是不切实际的，更是不明智的。因此，如何平衡保护贸易和自由贸易政策，支持中国影视产业在国际市场上获得战略性竞争优势，应是现阶段和未来一段时间中国影视文化贸易政策的不二选择。一方面，要熟识和适应国际贸易规则，从发展战略的高度把握和运用这些规则，为本土影视文化企业的壮大赢得时间和空间。积极、正面应对国际贸易通则和贸易争端带来的冲击是中国政府和文化企业必要的态度，2010年1月21日，历时3年的中美首起电影等文化进出口贸易争端案以中国的败诉而告终，这一事件最为直接的启示就是过去封闭式管制性政策已经行不通了，战略性开放与保护才是未来应采取的措施和策略。另一方面，贸易发展和繁荣的基石和归宿点是提升本土影视文化的创造力和竞争力，任何贸易强国无疑都是依靠其国民强大的创意能力和完善而有效的创造力来激发机制的。

第三部分
中国实践、范式变革与传播生态

数字文明时代信息传播的联结范式：生态与理论*

随着席卷全球的数字技术加速更新，网络运行逻辑嵌入社会关系的结构性变革之中，既往单向线性传播关系演变为多向交互的节点化网状模式，传播业态正被大数据、云计算、人工智能等数字信息浪潮改写，万物互联进一步将人与人、人与物、人与世界以及现实与虚拟的连接嵌入网络之中，传播不再只是物理学意义上可以被感知的、进行信息传递的工具，而是成为复杂信息关系联结的"隐喻"。智能互联网作为一种"高维媒介"，改变了过往以"机构"为基本单位的传播格局，"万物"成为微粒化传播的基本单位，数字成为传播的基本符号，数据成为传播的基本资源，"永远联结"与"永恒在线"的智能传播与网络社会已形成，人类步入了数字文明时代。2021年，习近平总书记就明确提出了"让数字文明造福各国人民"的倡议。[①]"十四五"规划纲要单列了"加快数字化发展建设数字中国"章节，明确部署加快建设数字经济、社会和政府，营造良好数字生态等任务。这不仅意味着媒介不止于"人的延伸"，而是万物皆媒，媒介与社会深度互构，信息传播生态正在发生结构性转型。同时，昭示着人类社会正在超越物理实体的范畴，生产生活方式与关系深度数字化，孕育着一个全真全域形态的数字化世界。

现有关于信息传播的研究多囿于传统范式，将新材料、新问题"削足适

---

* 本文原载于《中南民族大学学报（人文社会科学版）》2023年第4期，与项雨杉合作。
① 习近平向2021年世界互联网大会乌镇峰会致贺信［N］.人民日报，2021-09-27（1）.

履",以验证传统理论的正确。实际上,既往工业社会下的大众传播逻辑已无法充分解释数字生态所带来的结构性变革,狭隘的工具论视野也限制了人们对信息传播生态的深入认识。网络对传统媒介的融合过程被大量学者看作不同技术的"无缝对接",是一种将"两个或更多种的传播形式集合为一个整体的任何媒体",① 这种将媒介融合停留在物理层面的讨论,实质上并未脱离媒介作为"工具"的论断,将媒介视为对信息的传递、搬运与整合,局限于一种结果论式的研判思路,忽视了新兴信息传播范式背后的社会意义。换言之,这一结构性变化,实质上是一种动态的、多维的交互过程,"原来互相分割的社会交往语境和形态(如私人与公共)模糊乃至坍塌",② 演进为一种万物"环绕、并置、纠缠乃至网状"③ 的数字生态,而"联结"已成为深度数字化社会的"神经网络"运行模式。

一、信息传播范式的演变

步入数字文明时代的信息传播领域不仅在内容生产、传输交互、消费共享等行为层面发生了变革,而且相关理论也亟须更新。正如麦克卢汉所说:"任何新媒介都是一个进化的过程,一个生物裂变的过程,它为人类打开了通向感知和新型活动领域的大门。"④ 感知与新型活动领域分别所指涉的理论阐释变化与社会关系再造所导致的传播观念变革相辅相成,共同构成了信息传播范式演变的路径。

(一)传播观念变迁:从传递、仪式到场景

纵观信息传播演变历程,口语时代的信息传递主要以具身交流为主,限

---

① 菲德勒.媒介形态变化:认识新媒介[M].明安香,译.北京:华夏出版社,2000.
② BOYD D.Facebook's privacy trainwreck: exposure, invasion, and social convergence[J]. Convergence, 2008, 14(1): 13-20.
③ 黄旦,李暄.从业态转向社会形态:媒介融合再理解[J].现代传播(中国传媒大学学报),2016(1): 13-20.
④ 麦克卢汉.理解媒介——论人的延伸[M].何道宽,译.北京:商务印书馆,2000.

定了信息传播的范围和空间，对传播的认识也限制在对语言的功能化理解上。完全意义上的传播观念的产生是伴随着大众传播的到来而出现的，大众传播改变了过去一对一式的人际传播，大规模的专业化信息生产通过单向度的表达，让大众进入被教化的时代，传者和受者开始拥有不同的权利分配，以传播效果研究为主要路径的传播学研究，开始出现传播观念的演变。一直以来，传播始终被看作信息在空间内的传递方式，通过大众传播工具实现对空间距离内人的信息传递，其强调的是过程和结果。

20世纪70年代新闻传播学教育家詹姆斯·凯瑞对这一模式进行了批评，并提出了传播的仪式观，开始将传播与文化、社会互动联系起来。由此，单向的信息传递、对人群的自上而下的信息控制观，被仪式观——注重传受双方共同参与的行为取代，凸显了传播的互动性，信息传播的侧重点开始从传者向受者迁移。从某种程度上说，传播的仪式观为传播的联结范式奠定了理论基础。传播的仪式观强调了传播作为仪式的文化意义，更接近人类传播的本质——开始介入并影响社会文化的生成。这意味着传播活动不仅将具有共同意义的历史符号与现实社会群体串联起来，而且将身处仪式中的人们也联动起来，进而形成了富有共时空意义的表征结构。

尽管仪式观强化了历史与现实、人与人信息流动过程中的传受双方的互动，但其对信息传播的读解仍基于传播者的主客关系的二元维度，是一种自上而下的符号意义的传递与建构。伴随着互联网数字技术的发展，大众传播时代的主客关系被改写，传受之间的边界变得模糊。罗伯特·斯考伯与谢尔·伊斯雷尔在《即将到来的场景时代：移动、传感、数据和未来隐私》一书中，预言未来的25年里互联网将迈入由穿戴设备、大数据、传感器、社交媒体、定位系统共同构成的场景时代。场景是指人与周围景物的关系的综合，带有天生的空间属性，场景不仅可以成为数字文明时代万物互联信息传播的应用端口，亦是无处不在的联结。移动通信技术实现了人体的媒介化，互联网脱离了在地化的空间，个体通过移动通信工具、传感器、穿戴设备等手段拥有了与所有场景进行连接的可能，被空前赋权的"超级个体"在网络端口

是"流动"的,是产销者、子门户和互释人。①

场景观不仅有传递观、仪式观,还有人与万物以及数字空间多节点的连接,形成了历史与现实、人与人、人与物、人与环境之间的交互结构,即联结。其中,信息的传递是基础,仪式是共时空意义建构,而场景则是一种万物联结的现实与虚拟时空结构。

(二)理论范式变迁:从自然主义、人文主义到联结主义

伴随着媒介形态的每一次更迭,传播学经历了数次学术转向。发端于20世纪20—30年代的传播学,在诞生之初就受到了行为主义思想的影响,以自然主义为代表的传播学观念认为,人类传播的行为与动物甚至是自然界的信息交流与处理在本质上是一回事。② 这种将人类传播行为理解为信息流动过程中机体对外界环境产生刺激反应的观念,忽视了传授双方所经历的社会关系、文化环境与情感特质。

到了20世纪60—70年代,以马斯洛、罗杰斯、费洛姆等为代表的人本主义心理学开始出现,自然主义传播观念的根基随之动摇。如果说自然主义传播学是建立在人与生物界的相似之处上,那么人文主义传播观念则是将传播学建立于人与生物界的差异上。施拉姆等开始将人看作传播的中心环节,突出人的社会属性在传播过程中的重要性。媒介作为社会化动因亦开始受到更多关注,传播活动被放置在更为宏观的社会化互动中。传播不仅是自然的,更是人文的和社会的,无论是传受关系还是传播效果均置于社会文化互动系统中来观照,这一立场为传播的联结观奠定了基础。

20世纪80年代,联结主义理论随着人工智能、计算机技术的发展逐步取代认知主义,成为认知科学、心理学、计算机科学、神经生理学等领域的前沿研究课题。联结主义以神经科学为基础,把认知描绘成简单而大量的加工

---

① 程思琪,喻国明.情感体验:一种促进媒体消费的新动力——试论过剩传播时代的新传播范式[J].编辑之友,2020(5):32-37.
② 芮必峰.传播观:从"自然主义"到"人文主义"——传播研究的回顾[J].新闻与传播研究,1995(4):40-43.

单元的联结网络的整体活动，彼此联结又各自激活。班尼特与塞格伯格认为，互联网和数字媒体的应用改变了社会运动的形态，个人行动模式开始从组织化的集体行动逻辑向个性化的联结行动逻辑转变，[①] 其关键要素在于社会网络的联结力和共有智慧，这是网络空间乃至当前社会活动的一大特征。传播活动变成了一种始终存在、边界模糊、微粒化的联结态势。

至此，传播不再只是信息传递的过程或仪式构建，而是转变为一种社会运行的互动模式。信息传播研究从对传播结果、过程、仪式的关注，转向了对传播联结的探索。进一步讲，传播研究的联结主义强调，原子化的个体通过互联网脱离了面对面强关系连接产生的组织环境，人际交往结构开始由强关系进入以网络连接为核心的弱关系模式。因此，我们不宜将联结看作一种孤立的技术现象，而应该将其看作一种信息传播的底层逻辑和关系范式，进而关注其对传播生态的影响和传播范式的作用。

二、万物联结：传播的数字生态

伴随着 5G 时代的到来，集群式的信息技术变迁为万物互联提供了机会，人与智能化的万物联结起来，形成了不同以往的传播新生态。个人作为传播主体，利用内容生产建构新传播关系，形成了新的信息传播权利分配。联结不只是连接，而是在形构一种以算法为传播机制、以虚实混搭的数字生态为传播业态、以情理共振势能差异为传播方式的传播新生态。

（一）算法机制：大数据、全感官与传播逻辑

随着虚拟现实技术、人工智能技术、移动通信技术等不断迭代更新，信息传播模式已经被颠覆性重构，打通了内容生产、商业运作、文化消费、社交活动等众多形态，横亘在传者与受者、生产者与消费者、供给者与需求者

[①] 李继东，胡正荣．从控制到联结：人类传播范式的转变［N］．中国社会科学报，2015-04-01（B01）．

之间的地域、中间商、信息不对称被消弭，形成了一套全新的交互式、多中心化、虚实交融的运行模式。越来越多的交互凭借各种技术摆脱了对地理位置或真实场景的依赖。进一步讲，基于大数据、算法和云存储的智能数字模型为信息传播确立了一种运作的机制，形成了一种拥有强大感知能力、分析处理能力和判断能力的"传播势能"，传受主体联结之间的规律性关系被全感官系统捕捉。数字社会的传播不再仅是无数信息关系的再现、建构，还有人—机器通过交互学习、模仿、收集"情绪"路径，进而参与到其他层面的世界读解和运行之中，形成了一种虚实共生的数字生态。

数字化打破了媒介之间的壁垒、信息传播主体间的屏障，数字成为一种具有通行意义的介质，实现了多重媒体融合的可能。原本只能通过调研、采访才能获取的受者心理和消费习惯，也被记录下来，为万物智联提供了"血液"。数据成为一种兼具信息搜集功能（数据库）、规则衍生约束功能（算法）和信息传达功能（命令端）的能动的"物"，形成了一种能够延伸自运转能力、自运转社会的模态。

大量原本无法被捕捉的个体经验、行为、观点、喜好和情绪等都被转换成为可量化的数据记录下来，进而形成规律性的"法令"——算法，对社会生产进行有效的智能化引导和指导。原本具有独有运行规律的真实世界被数据化、媒介化的网络运行逻辑改写，达成了现实世界与媒介场景的联动，形成了一种交互共生的数字化"媒介世界"。

（二）数字生态：虚实共生、传播与社会同构

1998年，美国商务部在其发布的研究报告《浮现中的数字经济》中，首次提出"互联网生态"[①]的概念，将网络与生态学第一次联系在一起。以生态学的观点来看，数字生态是一种基于数字技术和互联网所形成的开放性的、超文本链接的交互式网络结构[②]。这是"一种开放的、松耦合的、范畴聚合的、

---

① 解学芳，臧志彭.信息时代的网络文化生态安全危机与化解［J］.情报科学，2008（5）：767-773.
② 吕桂芬.网络信息生态失衡与对策研究［J］.情报探索，2007（11）：73-74.

需求驱动的、自组织的代理环境，该环境中的各种物种代理为了各自的利益主动快捷地进行交互，并对系统负责"。① 简言之，互联网改写了社会运行轨迹，原本松散的传播主体被互联网以一种多中心化、节点式的平台化模式聚合，传播由此开始转向为一种对社会生态持续调配、置换、缝合、衍生和再生的结构性机制。

数字技术以一种"物"的生产方式改变了既往的生产主体，并促使个体以一种平权化形态参与到信息内容的交互之中，为数字生态的建构奠定了基础。大量的微粒化个体通过交互、生产、消费将个人的传播经验提交给数字平台，以一种"给养"的方式驯化"数字生态"。在虚实共生混搭的生态中，与其说虚实是实体层面的虚拟现实技术、人工智能技术及新兴通信技术所形成的技术实存，不如说是基于数字技术和真实社会联结所产生的、作为生产要素的数据及作为运行规则的算法。

进一步讲，数据与传统意义上的信息和知识并不一样，应是像石油一样必去提取的原材料，是一种被提取、被精炼并以各种方式被使用的物质。② 数据不仅是信息传递的核心要素，而且是一种数字生态运行的"中间产品"和"社交货币"，任何信息"商品"都必须先转换为数据，才能在数字空间中进行流通和交换，并通过算法形成规律性的"结论"，算法又被数据给养，并产生新的数据，进而参与到真实世界的运转之中。换言之，数据不仅是数字文明时代社会交往和经济活动的最基本要素，③ 也是真实社会与虚拟社会联结的通路。

（三）传播秩序：关系赋权与新权力格局

"媒介不再是中介，而是一种由数据、智能和算法技术所构建的全新思维

---

① BOLEY H，CHANG E. Digital ecosystems: principles and semantics [C] //2007 Inaugural IEEE–IES Digital EcoSystems and Technologies Conference.IEEE，2007：398-403.
② 斯尔尼塞克. 平台资本主义 [M]. 程水英，译. 广州：广东人民出版社，2018.
③ 蓝江. 数据——流量、平台与数字生态——当代资本主义的政治经济学批判 [J]. 国外理论动态，2022（1）：10.

体系和媒介逻辑。"① 经过持续性的、超越人与物的无限联结过程，一种涵盖多元规律、多元意志和多元社会表达的"宽通道"社会形态开始形成，前所未有地降低了人们参与社会表达的"门槛"。值得注意的是，这种传播势能无法实现绝对平等，仍旧涉及内容生产、关系建构、个体表达和情感建构等能力的强弱，真实世界传播权力的大小，同样会在互联网平台呈现，共同构建一种新传播秩序。这不再由传统组织性媒体的传播地位所型构，而是通过信息的观念化、情绪化表达获取观众的"信任"，以一种关系认同和情感共振的方式实现关系的赋权。这种关系是一种基于观念趋近和价值认同而形成的弱形式、强关联的新型传播秩序，改变了对地理位置、组织关系的依伴，是一种"理念共同体"形态的"部落化"秩序。

面对海量的用户规模，传者通过自身的信息生产，形成对用户的归拢和集结，原本平权的个体能量被无限激活，成为新的社会资源掌握者和操控者，PUGC+MGC 超越早期的 UGC，成为数字文明时代信息传播秩序的主流生产群体。也就是说，数字文明时代的信息联结并非完全自然态的，而是基于一种主体性，通过传者的主观能动性增强联结的势能，形成一种主动传播关系，进而呈现为一种新的权力关系。正如拉康所言，主体性必须借助于其自身存在结构中的"他性"。② 基于联结的新传播秩序，实质上是一种注重社会、自我与他者相互作用的传播关系。

从某种程度上来说，媒体通过联结达成融合而形成数字生态及传播秩序，是一种共振式结构。信息内容作为共振的"货币"，完成了关系化赋权，传者与受者、物与人、数据与媒介之间产生了联结动能，具有知识、情感、表达能力的传者，具有强大联结能力和资源整合能力的平台，具有高度数字化、智能化程度的传播"物"，形成了新的传播权威，主体、关系与流程均被改写和赋能，联结成为新社会权力形成的动因与机制。

---

① 李继东，项雨杉. 审视 5G 迷思：传播生态与范式变革[J]. 西南民族大学学报（人文社会科学版），2022（3）：151-161.
② 王晓东. 西方哲学主体间性理论批判：一种形态学视野[M]. 北京：中国社会科学出版社，2014.

三、信息传播的联结范式

随着媒体融合不断深化,媒介形态的革新逐渐延伸到社会运转层面,形成了一种从产业形态到社会形态的变化,联结范式从主体、关系、流程等多个方面对传统范式进行重构。首先,联结万物的媒介不仅具备了信息聚合、传播与活动的能力,而且改变了信息传播主体,形成了产用合一、人媒一体的生产关系;其次,用户通过联结产生内容,以一种价值关联的形式关系赋权,开始形成新权力关系;最后,从内容生产到社会行为都进入虚实互构的数字生态之中,无限联结成为这种"平台生态系统"[1]的基础设施以及关系商品化[2]、资本化和公共化的建构逻辑与运作机制。

(一)主体:人媒一体、万物皆媒

每个人不仅是信息的使用者,而且变成了信息的生产者、信息联结的差异化节点,信息生产关系得以重构。尽管以往媒体与受众之间也存在信息的交流与反馈,但因为空间和技术的限制,只能形成低频的、单向的、有限范围的传播。传者与受者的信息生产与接受无法即时、轻质、同步完成,形成了信息的滞留与损耗。互联网的交互与开放改变了这一现象。信息生产不再仅仅依赖专业生产者,传受者的身份模糊化,形成一种交互式生产。个体被赋予了内容生产的能量,以一种人媒一体、产用合一的方式,通过自身的表达或者通过交互参与到信息传播之中,变成了一种可衍生的、具有主动生产能量与信息聚集能量的联结活动。

5G技术集群将万物链接到互联网之中,低时延、可感知、智能化的信息处理能力让"物"同样具备了内容生产、信息接受、人机交互的智能连接功

---

[1] 蔡雯.新闻传播的变化融合了什么——从美国新闻传播的变化谈起[J].中国记者,2005(9):70-72.
[2] SIAPERAE, VEGLIS A. The handbook of global online journalism[M]. New York: John Wiley & Sons Inc, 2012.

能，富有主动性的"物"将成为社会运作的新主体。正如社会学家拉图尔所倡导的联结社会学①将社会看作一种人与非人行动者的运动过程，通过追踪其中的各种联结，逐步实现展开争论、解决争论以及界定形成集体的正确过程。这一动态变化的转译过程不是表现为一种固化的结构性网络，而是一种描述连接的方法。也就是说，没有什么实体性社会的存在，有的只是处于不断发生、变化和消亡中的联结②。

尽管当下具备信息搜集、整理与生产能力的"智能物"并非主流，但伴随着数字文明时代的到来，万物将"数字化""智能化"，万物互联的数字生态正在形成。生活已经开始以一种数字媒介化的形式，实现信息的捕捉、整合与再生产，物质层面的"物"、智能化的"物"、平台化的"网络"，与具有信息生产与消费能力的个人成为新主体群，通过媒介生产关系层面的交叉渗透，构成了充满流动性的交互式数字生态。

（二）关系：内容意义与关系赋权

社会关系的存续与发展得益于媒介与社会交互所产生的功能，媒介作为信息及中介物，随着互动维度的提升，递进式的联结关系、信息价值与传播频次形塑了日渐复杂的传播关系。在互联网端，这种联结关系始终是动态与连续的，但事实上，传播联结的不同节点，拥有不同能量的传播势能，恰好是新传播秩序建构、实现关系赋权的核心切口。虚拟存在的联结关系是依据认同、文化和表达而产生的观念化共谋关系，是一种社会生活的"嵌入式关系"。这种与真实世界区隔但交叠、复合并互动的社会关系，需要在特定的认同机制上产生。其中，传者与受者、产品与用户、用户与媒介、人与物的多元关系需要一种新符码，以实现联结的持续与稳定。传播者通过大数据的算法机制、虚实共生的数字生态、具备内容影响力的自媒体生产，为用户提供了具有使用价值、认知价值或者消费价值的媒介关系。媒介以一种嵌入的方

---

① 刘珩. 行动者网络理论［J］. 外国文学，2021（6）：64-76.
② 吴莹，卢雨霞，陈家建，等. 跟随行动者重组社会——读拉图尔的《重组社会行动者网络理论》［J］. 社会学研究，2008（2）：218-234.

式,实现了在互联网端的关系赋能,"关系决定实体、实体服从关系、关系决定新的游戏规则",[①]信息关系成为数字文明时代联结的内涵。在传统媒介时代,信息的势能在传递的过程中以一种递减的形态呈现,是一种衰减型的模式。而数字文明时代的信息传播模式,则是一种基于认同而形成的交叠、互动的共振化形态。

从生产者的角度来看,如今更多的用户以一种参与式生产方式重塑内容生产模式。这种全民化开放式的社会化生产创造了人人发声、万物参与的媒介形态,实现了信息传播价值的最大化。从接受者的角度来看,互联网改变了真实世界的人际关系网络,依靠用户的关注、转发、评论等阅读行为形成算法进而归拢内容消费群体。从传播过程来看,信息传播不再是信息能量锐减的过程,而转变为一种信息扩容增值的过程,自发形成的网络议题延续了议程功能,引发出信息的"回声",信息作为一种能量形成了聚合性的信息权力,影响和改变着事态发展,具有更强黏性的价值共谋关系实现了对传播秩序的重构。

(三)流程:生产社会化与流通平台化

美国学者马歇尔·范·阿尔斯蒂尼认为,互联网、社交媒体和物联网以一种平台化的手段搭建了人、信息和物联结的传播渠道,形成了供需直接对接的双边网络,实现了生产社会化和流通平台化。[②]不仅如此,内容生产平台也为信息资源的互通和聚合提供了可能。信息生产、发布与评论的权力开始下沉,网络以一种"开源"的方式破除了传统媒体内容生产的高能耗,将个体闲置的时间和知识转化为信息社会化生产的原材料,当事者、参与者、社群成员主动进入内容生产的队伍之中,信息生产与传播中的消耗减少了,反而形成指数级的信息扩容。

[①] 李雪昆,赵新乐.媒体深度融合热潮将至[J].青年记者,2014(16):62.
[②] 李继东,胡正荣.从控制到联结:人类传播范式的转变[N].中国社会科学报,2015-04-01(B01).

从信息流通层面来看，平台以数字化、终结性、可供性①为特征，成为信息与资源集结的基础设施、传播规制的制定者。众多的信息生产者、消费者以及其他利益攸关方在广场上集结，以一种群体性互动提升了整个信息的传播效率与势能，形成一种信息层面的可供性和可连接性。以微博、微信、抖音等为代表的社交平台，将所有的人际交互、信息分享、社会舆论、文化生活等集结在一起，形成了信息产销、互动交流、舆情生发、消费娱乐等多位一体的多维度、多层次联结网络。

可以说，在信息传播的联结范式中，平台既是结果，也是逻辑和过程。非线性的信息交互以一种焦点分散的形式参与到社会的构建之中，网状的、社会化、智能化的内容生产关系实质上是将信息驳杂化，信息变成了复杂、聚合的缺乏根脉的"超链接"，以检索为核心路径的信息消费模式实质上将信息变成了个体化的单向消费，无法形成信息层面的有效传播。平台作为信息广场，不仅体现了联结范式的结构逻辑，也构筑了信息、数据产销的"场域"，万物在此集结，生产、发布、交流信息并形成舆论。简言之，平台通过联结实现了万物交流的数字"媒介化"过程。

四、结论与讨论

实际上，全媒体、融合媒体并不止于不同类型媒介形态的整合，而是演化成为一种基于联结逻辑的新媒体形态与数字生态，是一种以非线性、多节点、强互动为基础逻辑的万物互联、智能产销、虚实共生的生态模式。如果说大众传播时代的传播研究强调功能论、工具论以及传递观、仪式观的话，数字文明时代则更突出互动论、场景论以及联结观。值得重视的是，"天人合一""道法归一""阴阳交感"等中国传统思想中亦蕴含着联结观。以孔子、老庄为代表的中国传统哲学家的"天道"论所追求的"人与天一"体现了自

---

① 孙萍，邱林川，于海青.平台作为方法：劳动，技术与传播[J].新闻与传播研究，2021（S01）：8-24.

然与社会联结的现实精神，进而构建了以"道的感知、交流和分享"为模式的信息传播体系。"道"作为信息，具有去物质性、属人性的性质，是一种剥离工具论的联结基点，是对中国传统思想中传播理念的规律性概括。而"化"作为中国古代另一个重要的概念亦是如此，"为天地所化"的背后是万物"动则变、变则化"的信息运行过程，这种表征演化、演变、转化的理念便是联结互动的一种体现。传统中国的"天人关系""阴阳两交"的表述实质上蕴含着信息交互的联结态。同样，围棋中黑白两子博弈本身就是一种主体间的联结关系，棋局是因不同层次、不同模式、不同格局的联结而进入一种动态变化的"网络模态"，宛若当代数字符号所建构的新传播生态。

一段时间以来，中国的传播学研究囿于西方学术话语体系，而贯通古今的联结范式不仅具有数字文明时代理论和实践层面的合理性，而且可以被看作是对构建中国特色传播学的一种贯通古今的探索。联结不止于数字文明时代传播的要义，同时应该将其看作"贯通天人之道的信息融合的传播本质观（本体论）"，[1]是一种对传统中国传播思想观念的时代转译。换言之，联结范式之于中国传播研究并非新生的，而是一以贯之的实存，是源远流长的，值得我们对其进行深入挖掘。

---

[1] 杨柏岭. 本体、认识与价值：中国古代"化"观念传播论 [J]. 新闻与传播研究，2021（8）：110–125.

审视 5G 迷思：传播生态与范式变革*

文明伊始，技术就在社会发展与文化传承中起着重要的作用。技术创新成为社会形态演进的重要归因，这在传播生态演进中体现得更加明显。回溯过往，从口语传播到印刷传播，从电子传播再到数字传播，人类的每一次传播模式都是伴随着媒介技术的结构性、系统性革新实现的。而传播生态变化的核心是媒介这一人与信息、世界的连接器的变迁，在技术驱动下的媒介先后从报刊等有形物到融入人体与万物的无形物，从专业设备到万物皆媒，从介质区隔到跨界融合；信息传受方式从依赖单一介质、单向传输、被动接收到全介质、全感官互动、主动择选与生产。由此，人与作为媒介的物质之间的关系也从主客关系向共生互动转变，人类社会逐渐开始了媒介化生存。当然，这一过程是渐进的、螺旋式上升的、不断迭代的社会需求，促使新媒介技术在不断修补旧媒介缺陷的过程中逐渐演进。原本具有成长性的技术，最终完成对旧媒介技术的更新与补足。新旧媒介之间具有相关性，又有着巨大的差异性，关联与区隔同在。站在这样的角度就会发现，每一次媒介技术迭代都如麦克卢汉所言，带来了一种新的尺度。

5G 等新兴信息传播技术将"物"纳入传播系统，以"万物互联"的模式重构传播生态，以一种不同于过往媒介的"新的尺度"开展传播活动，势必会对既有的媒介格局产生巨大冲击。物与人共同开展内容生产，传统的传播渠道、形式与媒介关系被彻底重构。随着 5G 商业化进程的开启，学界业界从

---

* 本文原载于《西南民族大学学报（人文社会科学版）》2022 年第 3 期，与项雨杉合作。

创新实践、价值判断、行动逻辑、未来影响等各个角度进行了不同层次的预判，以期能在 5G 时代到来之前尽力做到"预期理性"；同时，"5G 技术""万物互联"等话语表述又极易将学界的关注重心放置在技术、社会角度，弱化了对其的传播学解读。更值得注意的是，任何技术都是一把双刃剑，我们在欢呼 5G 赋能的同时，亟须思考其带来的风险。因此，本文基于技术与社会互动的视角对 5G 与数字技术、智能技术、VR、AR 等所构筑的技术集群语境下的传播实践、理论以及学科建议予以考量，回归媒介本身，探索传播生态、理论范式变革的趋势与潜在的风险。

一、移动通信技术历史变迁中的传播实践：赋能与融合

（一）从渠道到赋能：技术驱动传播的动力机制

在传媒业发展的历程中，技术演进所带来的重大变革体现在媒介形态与媒介格局的重构，以及从内容呈现形式的革新到内容传播方式的变迁上。20 世纪 80 年代以来，移动通信技术的每一次迭代都发挥着举足轻重的核心推动作用。5G 时代悄然到来之际，信息技术作为一种关键性支撑力量，首先对媒介环境产生影响，进而生态性地改变媒介形态；其次，技术亦颠覆了过往单一传播主体垄断信息的格局，赋能大众的同时，也激发了社会分层结构中成员的可流动性；传媒行业生态结构的不断转变将新生传媒企业引入市场，在多类型媒体的博弈压力下，为规范传媒业的有序竞合，传播制度与伦理规范的调整及创新问题迎来了新的挑战。[1]

（二）从区隔到融合：1G 时代至 4G 时代的模式嬗变

回望中国移动通信技术的发展历史，蜂窝移动通信自问世以来，便保持着约每 10 年完成一次技术革新的频率向前迈进（见表 9）。

---

[1] 李良荣，辛艳艳. 从 2G 到 5G：技术驱动下的中国传媒业变革［J］.新闻大学，2020（7）.

表 9　中国移动通信技术发展历程

	1G	2G	3G	4G
制定年代	20世纪80年代	20世纪90年代	21世纪初	21世纪10年代
通信技术	频分多址技术（FDMA）	时分多址技术（TDMA）	码分多址技术（CDMA）	正交频分多址技术（OFDMA）
服务支持	模拟语音	数字语音、文字、图片	移动互联网	数据业务
应用场景	即时语音通信	短信、彩信	网络应用	游戏、视频、直播

20世纪80年代初期，以模拟信号为数据传输核心技术的第一代蜂窝移动电话系统诞生，1G时代来临。模拟信号技术实现了语音通话的远程即时传播，但此时仅能提供语音传输业务的服务，为人们带来移动通信便利的同时，也存在诸多不足，如成本高、语音质量差、信号不稳定、安全性弱等问题。

单一的业务种类逐渐难以满足人们与日俱增的通信需求，到了20世纪90年代，第二代移动通信系统，即2G，采用数字信号代替模拟信号，数字移动通信技术解决了模拟系统的技术缺陷，在稳定性能与保密性能有所提升的同时拓展了文字通信业务，使通话质量得以提高。文字、语音传输兼备的新兴媒介——手机流行于大众，人们开始通过短信消息实现内容互传，突破了即时语音通话的时间局限。1994年4月，全功能接入国际互联网的中国终于开启了属于自身的互联网时代。互联网的崛起直接推动了多媒体传播的首度实现，让人们接触到了传统媒体之外的信息渠道。不断涌现的新媒体为大众打开了一扇新颖的虚拟世界大门，尽管这一时期传统媒体在传播格局中仍居于难以撼动的高位，但新媒体的可互动性与可交流性却已使公众从被动的接受者身份跳脱出来，自我意见的表达与反馈让人们看到了"发声"的更多种可能。至此，技术赋权开始淡化"传"与"受"的绝对边界，这也悄然为日后由区隔走向融合的传播模式演变之路埋下了伏笔。

2G时代在数据传输速率上的表现仅处于中低速水平，其主要服务范畴属于窄带数字通信业务，文字传输之外的服务虽初露头角，却在硬件技术条件中屡屡受限，受众对无线移动网络的体验感并不满意。压力之下，第三代移动通信系统在千禧年后得以开发，它采用更先进的带宽进行中高速水准的数据传输，速率的进一步提升给予了多媒体充足的发展空间。2009年，随着3G牌照的发放，3G网络在消费刺激下迅速在全国范围内大规模延伸，移动电子设备成为主流，智能移动终端与应用程序层出不穷。微博、微信等平台的普及彻底改变了人们的信息传播行为与习惯，亦给传媒行业带来了巨大挑战。这一时期，3G技术无疑成为互联网范式迭代升级的最佳契合点，相较于浏览门户网站获取信息的单向性Web1.0时期，以互动为本质的Web2.0则具有更好的交互性与用户黏度。然而对移动便携、分享互动、垂直领域等方面有着迫切期待的网民，开始倒逼传统门户向平台化转型，使"深度融合"成为时代趋势的同时，也让既有传播格局发生着变化：议程设置的话语权开始转移。3G时代下的网络社交平台演变成为大众网络舆论场，与原初的主流舆论场区隔开来，议程设置的主导权不再由权威的传统媒体垄断把控，形成了"双向去中心化"的交流模式，信息传播者的身份不再是一成不变的，他既可以是接受者，也可以是消费者。① 如果说"去中心化"的力量源自互联网技术，那么后来的"再中心化"则须归因于在各垂直领域扮演着意见领袖的自媒体。互联网技术赋予了公众平等发声的权利，又将各方置于新一轮的竞合之中，角逐出下一个"中心"所在。

2013年被看作中国4G的元年，第四代移动通信系统作为3G的延伸，是在窄带网络通信的基础上，将3G技术与无线局域网结合，以远高于3G的网速实现了图片、音视频的高质量传输，完成了从窄带到宽带网络通信的转变。4G技术为各领域带来了诸多便捷，移动设备成为人们在智能生活中极为依赖的必需品，也为传媒业带来了前所未有的机遇与变局，大融合时代悄然而至。融合发展一改过往两相区隔的局面，从观念、品牌、平台、用户、机构以及资本等多种途径实现媒体融合发展。② 不仅如此，4G技术更是将原本静态的信息表现形式拓展为具有空间感、氛围感的场景化呈现，无声地渗透进人们的日常间隙。传播模式在技术演进的过程中也发生了转变，传播主体界限模

---

① 波斯特.第二媒介时代［M］.范静哗，译.南京：南京大学出版社，2001.
② 王庚年.4G时代与媒体融合发展［N］.光明日报，2014-08-23.

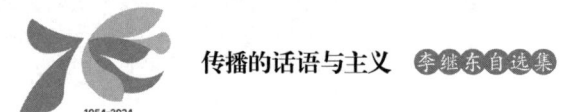

糊消融，传者与受者不再是不可打破的固定角色，"受众"的价值在市场角逐中成为运营核心，"用户"一词的泛用昭示着受众的地位转变。

二、5G 技术集群驱动下的传播新生态：万物智联与共景围观

纵观通信技术发展变迁的历史，技术演进颠覆性地改变了人们的日常生活和交往模式，甚至是经济产业、社会文化结构。1G 至 4G 的技术迭代过程，并非传统通信技术方向上垂直领域的延伸与进步，而是新技术在新领域重新创生的新事物对过往事物的反叛与革新。随着互联网的蓬勃发展，每一次的技术更迭，都是对过往技术范式、传播范式、生活范式的改革。5G、VR、AR、AI 以及高清等集群式技术将带来破圈、划时代的变革，尤其是"物"开始成为互联网世界的端口，利用高速度、高容量、低时延、可感知等技术，打破世界的物理局限与地理局限，全球或就此成为网络化、数字化、可统一辨识与处理的空间。从传播层面看，经过智能化改造的"物"作为互联网的节点，具备了信息接收甚至生产能力，成为新兴媒介，且不止于沟通渠道，更是彻底参与到人的思考、行为之中。在这种高度协同、通汇共融的传播生态中，人的感知直接与媒介进行交互，情绪化碎片信息将被提供于数据运算中，从而跳脱传统文本产出新内容。过往自上而下的全景式社会被带有个体凝视的共景社会取代，而具有数据运算能力的"物"会随时捕捉个体偶然性的、非理性的交互行为，舆论失控将更容易发生。我们日常生活中的每一次偶发性的点赞、转发、评价甚至是浏览都会被收集，成为智能物内容生产的数据背景，而后形塑我们的行为。当算法成为媒介生产的主动力时，智能物将成为媒介生产的主力军之一，建构以数据为支撑的新媒介生态。

（一）万物智联中的媒介及传播变革

人类的每一次信息技术变革不仅促进了媒介手段的更新，还推动了媒介生态的变革，带来了内容生产与接收模式的改变，而此番 5G 技术亦将重构传播生态。

1. 生产主体变化：从传播中介到物的生产

在早前的 2G 和 3G 时代，媒介利用互联网平台，完成了内容的迁移与整合。内容生产者利用网络技术，提升了信息传播的速度与广度。4G 时代，个体在赋权之下获得了信息生产的主动权，互联网成为民众的秀场，大量的个体内容被放大，交互变得平权且高频，改变了过往自上而下的传播模式。但在以"内容生产"为核心的 4G 时代，作为传播中介的互联网尚未被视为传播活动中的主体，围绕着人的内容生产体系并未被改变。

而与之不同的是，5G 时代将万物链接到互联网端口之中，低时延、可感知、智能化的处理能力实质上让物开始具备内容生产的功能。尚处于智能技术早期的智能机器人、VR、AR、虚拟现实技术、自动驾驶技术、可感知技术等超前技术，已经在这条媒介革新的道路上，以"物"的生产方式参与到人类的生产生活之中。当越来越多的物凭借虚拟现实、沉浸影像等技术获得与真实物混淆的能力时，梅罗维茨提及的"消失的地域"或将出现：场景依托电子技术摆脱了媒介对现在地理位置的依赖，"真实感"不再依托于"真实"，"在场感"也将为"在场"提供新的可能。在这种由数字技术建构起来的全新虚拟场景之中，作为媒介的物不再只是传播过程中单一的客体存在，而是以带有主动性的内容生产对人构成直接影响。

2. 接收模式变革：全感响应与无感融合

与传统的机械式介入不同，5G 时代依托物联网等更为交互、智能的高新技术，强化了潜在的联结能力，打通了不同联结物的连接逻辑，消除了不同场景与不同情境的区隔，以达成连接的无缝化。以自动驾驶技术为例，面对不同的场景，设备通过感应器捕捉现实情境，再转换为算法与数据提供给车辆，车辆结合云平台所提供的车流数据进行边缘计算，最终做出清晰准确的判断。当数据成为主流交互介质，信息接收与信息传导间的介质壁垒也开始消融。

虚拟的在场、媒介化场景的达成，并非仅仅是由技术本身完成的，信息接受者的需求、感应与配合同样重要。在 5G 时代，虚拟现实技术和高清的视频捕捉技术对"虚拟的在场"进行了技术层面的还原，高达 16K 的分辨率、接近真实世界的时延，促使媒介内容与现实无异。人们以第一人称视角下的全景影像置身虚实交织的在场，具有清晰主客体关系的"观看"开始退场，转变为纯粹直接的"感知"，屏幕的边界不再构成主客体之间的分界。与此同时，在 5G 技术与可穿戴设备、多传感器、扩展现实技术等感知设备的结合下，人们的感知体系开始发生联动作用，触觉、嗅觉、味觉等全感官均参与到信息的接受之中。

英国超声波手势方案公司 Ultrahaptics 将超声波技术与 VR 技术结合而成的超声波触觉反馈技术，以及斯坦福大学研发出的变形显示器 Shape-shift 所使用的触感 VR 技术实质上都是在试图还原真实世界中触觉的温度、材质，已达到虚拟世界与真实世界的对接。不仅如此，利用传感器，已经有科学家开始将大脑与设备连接，完成想象指令与现实指令的结合。可以预见，万物互联的 5G 时代，媒介会更多地与现实世界勾连在一起，以达成现实场景与媒介场景的联动，构成一种真切可感的"媒介世界"。以感知为核心的信息接收会增强用户对传播内容与情境的认同与情感共振，进而产生情绪性反馈。这种从感知到反馈的过程，实质上也是对媒介"使用感知"的消解过程：从传感器到数据的编码，使得阅读、观看、交互等体验无限接近于真实世界，在全方位感知的反馈下，沉浸体验让媒介使用感愈发微弱，"全感"最终演化为"无感"。

3. 生产模式重构："无内容"的文本与"去主体"的中心

在 4G 时代，数据虽然较少参与到具体的内容创作中，但已经通过"算法"介入内容的分发与传播中。随着 5G 时代的到来，数据和内容的规模将会进一步突破，达到指数级的增长。内容传输实时化、场景多维化等数据层面的提升可以预想。进一步讲，当被连接的物具有了生产能力，当观看为主的接受模式变成了"感知"，生产关系与内容层面的变化随之而来。

5G 技术使得海量的智能物与互联网相连，更多的物会获得语境感知、增强的处理能力以及感应能力。拥有了数据读解能力的智能物参与到内容生产之中。然而，在可见的"弱智能"时期，尚未成熟的 MGC 与以人为生产主体的 PGC 与 UGC 不同，机器生产内容更容易在算法规则之下，重复性地、程式化地进行内容生产，使算法机制下的回音室效应更加明显。与此同时，个体用户作为智能物内容生产的数据之源，他们在互联网端所进行的搜索、浏览、交互等偶发行为缺乏系统性和规律性，极易以"情绪碎片"的形态被智能物捕捉，最终生产出一系列无实质内容、偏感受性的文本。

可以预想，MGC 或将进一步加固算法机制所带来的"信息茧房"，参差不齐的用户生产内容与颇为随意的信息获取过程被智能物近乎全盘获取并计算，所得到的非理性数据与信息被循环推送，对个体而言，真正有效的信息或被进一步淹没。5G 时代对内容生产和筛选的能力提出了更高的要求，也带来了更大的挑战。主流价值的传播亦面临更艰难的处境，"把关人"制度或成为舆论管控更迫切的时代需求。另一方面，未来的信息管理者也可以充分利用智能数据强大的内容学习与再生能力，将其用于内容监管，通过智能化的内容筛选，探寻主流价值传播体系之内的内容生产机制。

（二）共景围观中的舆论形态

随着移动互联网研发与应用的深化，传统社会的信息垄断开始瓦解，福柯所论的"全景监狱"式社会管理机制趋于式微，传达与聆听的俯仰关系发生转变，信息权不再被束之高阁。以"围观"为主要模式的"共景监狱"成为未来世界信息传播的主要模式，[①] 在危机事件中，众人对处于事件中心的个体展开凝视与围观，旁观者之间共存互构。与原本等级结构下的信息控制不同，共景监狱时期的信息管理者把控资源信息权利趋于分化，围观结构得以形成。被技术赋能的大众广泛讨论突发事件、社会问题等，构建众多议题，通过共鸣式情绪传染和从众式的集合心理生发各类舆情。

1. 从全景到共景：情绪传染与负向传播

从全景到共景的改变，集中在传播结构和模式的变化。原本一对多的传播转变为多对多的传播，原本相对封闭的舆论环境变得更加自由、平等。大

---

① 喻国明. 社会话语能量的释放需要"安全阀"——从"全景监狱"到"共景监狱"的社会场域的转换说起［J］. 新闻与写作，2009（9）.

众成为内容的生产者,他们通过民间舆论场参与到舆情构建之中,主动性增强,传播活动的主体构成也更加复杂。5G技术强大的传播能力及其"万物互联、万物皆媒"的特性促进传播行为趋于融通化、共享化、跨界化的同时,也放大了"众声喧哗"的百态立场,而加剧了碎片化、茧房化、圈层化,短视频、微博、朋友圈、通话讯息等无不展示出这些相互矛盾交织的特征。相对较短的篇幅无法承载深度事实的呈现抑或是复杂内容的生产,情绪化的、娱乐化的、评价性的内容文本解构了过往传统媒体的严肃与理性。面对网络世界突发的社会事件,势单力薄、人微言轻的社会大众虽然拥有话语权,却无力对社会形成有效影响,只能以"呼应"的模式,加入网络舆论的"羊群",以获取存在感与安全感。事实真相被漠视、降维,大量民众择群而聚式的讨论模式,促成了社会舆论以情绪传染的方式传播开来。受制于信息来源的繁杂、传播主体的不同立场抑或是算法推荐的底层逻辑,越来越多的个体情绪被裹挟进舆情之中,"共鸣""共振"的背后,是累积于社会现实之下的社会情绪。就此,个体与群体的情绪产生了对撞与互动,情绪传染引发激烈的舆论风潮。

5G技术带来海量数据的同时,也会加速虚假信息的传播。个体通过刻意制造"奇观事件"、散播谣言等负面信息的方法获取注意力,算法机制尚不能对此进行有效甄别,最终导致舆论危机。在流量为王的时代,自媒体等传播主体会主动利用舆论热点,对源头数据不加甄别地抓取,并迎合能够为其带来可变现流量的负向观点,这并非单纯的信息素养问题,更多的是出于一定目的有意为之。这是因为"负性事件所引起的情绪反应潜伏期更短、速度更快,唤起程度也更高,且这种负性情绪的认知偏向效应在信息加工的早、中、晚三个阶段都会发生"[①]。简单来说,带有偏见、奇观、异质性的信息更容易引起受众的情绪反应与传播热情。以"成都49中学跳楼事件"为例,"校方刻意隐瞒真相"这一猜想成为自媒体传播者信息生产的关键符号,有关事件本

---

① LUO Y J, HUANG Y X, LI X Y, et al. Effects of emotion on cognitive processing: series of event-related potentials study[J]. Advances in Psychological Science, Vol. 14, No. 4, 2006.

身的讨论被扩大、扭曲，进而引发舆论危机。进一步讲，算法新闻易将类似的偏见带入新闻生产与传播之中，通过数据化"迎合"，最终向公众传达更大程度的非理性的负向情绪。

2. 从可控到失控：议题广场与共识危机

在5G时代，由个体与群体达成的共振，将进一步加速扩容，极易导致舆论失控。偶发的公共突发事件，将会在较短的时间内勾连起与之相关的围观与参与，再通过VR、AR和AI等技术和算法的"扩声"，形成人声鼎沸的舆论"广场"。在争论不休和群情鼎沸之中，真相变得不再重要，重要的是所有对这一突发事件所持的观点、评价与立场，是这场"议题"本身。舆论场将会被一个又一个突发事件所构成的议题占据，形成舆论热搜"广场"。越来越多的民众愿意有意识地介入时下发生的热搜事件中，而无形中忽视了热搜之下的其他有效信息，舆情管理的复杂度与困难度增加。时下，微博平台的热搜频道已经初具"议题广场"的雏形，大量的娱乐热搜占据了主要的信息高地，更为重要、主流的社会新闻被无形掩盖，议题广场成为"信息茧房"形成的载体，舆论管理进一步失控。

舆论失控的另外一个原因，在于共识很难达成。一方面，5G技术集群压缩了时空距离，加速了新闻信息与网络舆情的传播速度，公众以更加广泛、更具互动性的方式介入传播活动之中。利用虚拟现实技术，人们可以在无限接近真实的虚拟世界中临场体验全景新闻，更全面地感知真相，表面上看可以打破"信息孤岛"的形成，但共景式的现场缺乏信息的焦点，无法聚合人们的价值观念，易造成公众注意力的离散。另一方面，过度且缺乏引导的喧哗，或让舆论偏离事实真相。持有不同立场的人无法基于事实展开有效沟通，转而变成观念层面的无效言说，从而阻碍了"共识"的达成，传播环境的日渐复杂使社会共识形成的难度进一步增加。综上，5G技术集群像是一把双刃剑，在引发群体讨论与围观的同时，又在无形中促成讨论者观点的分裂。算法对个人喜好进行了个性化筛选，这种"过滤气泡"与舆论"回音室"相互结合，将个人与社会紧密联合又割裂开来，构建起未来舆论生态的常见模式。

"算法推荐引发的互联网平台、专业媒体之间的争议，其实质是算法争议背后传播权利的变迁和争夺。"① 值得注意的是，面对这种缺乏理性、缺乏规范的话语权力争夺，未来的舆论管理者应积极面对，主动构建符合主流价值观的"议题"，充分利用技术优势，对偶发事件的舆论进行干预、引导，进而改变舆论风向，把平民话语、社会议题、温度故事、良心评价勾连起来，形成舆论主基调。"改共景为共识"或成为未来舆论管理主要方向。通过构建一个可调控的、可讨论的公共话语平台，制度化地生发人们社会情绪宣泄的替代性满足对象，实现源于算法、场景又不止步于算法、场景的自我观照与自我治理。

（三）数据驱动的智能社会：智能化、物质性与新全球化

1. 智能化生产成为社会发展的核心动力

每一次技术水平的升级都意味着新的发展机遇的到来，媒介形态的演进正是伴随着媒介技术的变革而发生的。伴随着高速度、高智能、低时延的新兴物联网发展，5G 技术集群所带来的虚拟现实技术、边缘计算能力、万物互联技术打破了物与人的边界壁垒，利用数据和算法构建起以智能为主要生产力的新媒介时代。这一技术集群在赋予媒介工具以智能化功能的同时，智能也为媒介工具注入了能动性，形成具有广泛影响力、可以渗透到社会各个层面的信息生产力。这不仅使万物延续了过去作为信息基础设施的社会功能，还衍生和学习了积极主动的内容生产能力，成为真正意义上的传播主体。万物互联通过纳米物联网、传感技术、边缘计算技术，实时采集物体、设备、环境与人的相关数据，将物理世界与现实时空利用数据与数字世界相接，进而促使"物"成为"数据节点"和"信息源"，兼顾信息收集功能（数据库）和信息传达功能（命令端），无数的"物"被整合在一起，最终形成一个数字化、具备自运转能力的智能化社会。

"数据是其（智能化社会）运行的血液，算法是其运行的约束规则，智能云服务和水电煤气一样逐步成为其运行的关键信息基础设施。"② 由万物互联所

---

① 张志安，张世轩. 5G时代的信息传播与舆论引导［J］. 传媒，2019（22）.
② 李卫东. 5G时代的万物互联网：内涵、要素与构成［J］. 人民论坛·学术前沿，2020（9）.

采集的数据最终将成为服务万物、给予万物生产能力的"智囊团",扮演着观测与总结世界的双重角色。未来,智能化设备将与个人、企业乃至政府管理进行结合,探求数字个人、数字政府的运转模式,进而形成强有力的自运转能力和自生产能力,随着技术的发展,大量的原本无法进行捕捉的数据将被学习,可以感知、获取、存储与读解的数据会进一步扩充扩容。行为、观点、喜好、情绪等信息会被实时采集、计算、反馈,进而以智能化形式、规模化流程,达成对社会生产的有效指导。万物拥有了大脑和心脏,智能算力成为重要生产力,形成全新的信息生态。

2. 万物媒介构筑着社会生活的主场景

新信息传播技术革命促使整个社会加速媒介化,深度影响着政治、经济、文化等各个方面,传播与社会加速互构。互联网等新兴媒介形态及其所构筑的网络平台不再仅是信息传递渠道和容器,而是逐渐成为生活运转的基础逻辑,嵌入社会方方面面的设计、推动与改写之中。无疑,5G技术的低时延性、低耗能、泛在性、高容量强化了这一趋势。更为重要的是,5G技术集群利用感知技术、虚拟现实技术和人工智能技术将社会生活场景深度连接到媒介场景之中,完成真实世界的媒介化迁移,形成了真实世界与虚拟空间相互交融的新宇宙。不同于真实的场景,媒介场景是基于传感器、可穿戴设备、大数据、人工智能和网络平台等新兴技术集群及其应用所营造的一种"在场感"。不仅如此,在万物联结的过程中,人与物通过对数据和算法的读解和应用,成为无处不在的"传播者",过去的信息单元转变为社会单元。媒介的物质性在5G时代被再度激活、升华,此时媒介不再是中介,而是一种由数据、智能和算法技术构建的全新思维体系和媒介逻辑。在可以预见的未来生活中,万物将如同生命体一般存在独立的思考与生产能力,形成了万物联结的媒介生态与虚拟社会生活场景。

早在20世纪70年代,美国媒介文化批评家尼尔·波斯曼就提出了"媒介生态学"(media ecology)的概念,将媒介作为环境予以考量,随后尼尔·波兹曼将此发展为一个学派,并提出了媒介即隐喻。这一学派可以上溯到20世纪30年代媒介研究的代表人物英尼斯、麦克卢汉,下延到詹姆斯·凯瑞的媒介"仪式观"、莱文森的媒介进化论、软媒介决定论以及格雷厄姆·默多克对媒介物质性研究等，其核心观点强调身体、机器/智能物、媒介本身就是讯息、意义、价值，不仅传递信息，也是仪式、场景和环境，对人的思想行为、社会文化等产生深远的影响。① 这些观点在一定程度上暗合了5G技术集群所构筑的传播生态，即探析媒介自身、媒介生存环境、媒介互动关系，并探讨作为环境的媒介与人类生活方式和文化发展的相互影响，从而更紧密地切入媒介与社会互构关系之中。学界由此跳脱出以内容为主的传播学研究思路，进而开启了对媒介物质性的系统观照。尤其在2010年前后，传播及媒介研究较为系统地探讨"物质性转向"（materialism turn）或者"物质转向"（material turn），着重从历史维度考察传播、媒介与文化的基础设施。涌现出弗里德里希·基特勒、维兰·傅拉瑟、布鲁诺·拉图尔、唐娜·哈洛维、韩炳哲等一批学者讨论一切涉及"物"与"物质"的媒介构成、要素、过程以及实践等问题，② 意在突破简单的二元对立思维。媒介将物质、媒介与观念、精神以及自然与文化融通于一体，宛若中国古代哲学所主张的天人合一之道，更为重要的是，媒介的物质基础绝不仅仅是有限资源的问题，而是通过劳动来生产和再生产，这种劳动将原材料和能源供应转化为可用的设施和机器。换言之，这种劳动是在特定历史文化下展开的，深受意识形态、制度体制、价值观念等影响，就像培养有用之才来生产有用之物。由此，万物皆媒不仅成为数字世界、虚拟生活的基础设施，而且随着虚实界限日渐模糊，也成为人类社会的基础设施，其生产机制与社会具有同构性。

3. 世界步入新全球化进程

与万物皆媒生态相伴的是新全球化或全球化新阶段。全球化是一种不断变迁的历史现象，13世纪开始，西方列强逐步开启了暴力、资本式的全球化。自20世纪80年代以来，新自由主义主导的经济全球化对世界格局产生了巨

---

① 默多克.媒介物质性：机器的道德经济[J].刘宣伯，芮钰雅，曹书乐，译.全球传媒学刊，2019（2）.

② 章戈浩，张磊.物是人非与睹物思人：媒体与文化分析的物质性转向[J].全球传媒学刊，2019（2）.

大影响。实际上,"天下体系"可谓崇尚和平、注重互惠的中国式全球化的早期思想与实践。中华人民共和国成立后,虽然面临帝国主义的围剿,但秉承了传统理念并将其创新为和平共处五项原则。即使在改革开放时期,中国参与到西方主导的全球化进程中,也仍秉承中华民族的"好仁政怀柔天下"的传统。从2008年起,新自由主义、资本主义自身的危机凸显,"金砖四国"等发展中国家崛起,被冠以"历史终结"的西式全球化难以解释日趋多极化、多样化的世界格局。尤其是在欧洲、中国和日本开始谋划推进5G研发应用的2013年,已经跃居世界第二大经济体的中国开启了"两个一百年"奋斗目标,习近平总书记提出了"人类命运共同体"理念与"一带一路"倡议,由此,渐近世界舞台中心的中国成为影响全球格局的扛鼎力量,美国主导的自由主义世界逐步启动了反华政策以维护其霸权地位。到2017年,特朗普政府则开启了美西方全面反华与逆全球化时期,重点之一就是在全球范围内打压华为5G设备、软件、技术,同时封堵中国媒体、网络平台、企业等。西方学界也推出"修昔底德陷阱""新冷战"等概念在理论领域质疑中国。凡此种种,其本质是在5G技术集群即将建构的数字智能世界,美西方资本主义寻求巩固其中心地位而开启的基于霸权的再全球化进程。

  这个新阶段面临的最大问题是多种文明间的冲突与共处。正如亨廷顿所言,文明冲突是未来世界和平的最大威胁,建立在文明基础上的世界秩序才是避免世界战争的最可靠的保证。因此,在不同文明之间,越界(Crossing Boundaries)非常重要;在不同的文明间,尊重和承认相互的界限同样非常重要。[1]而这正与我国著名社会学家费孝通曾就处理不同文化关系提出的"各美其美、美人之美、美美与共、天下大同"[2]不谋而合。"人类命运共同体"理念、"一带一路"倡议更是基于全人类视角解决不同文明之间冲突的一种实践方略。换言之,与5G技术集群相伴的不同文明间相互尊重、共存共赢的全球化新阶段开启了。

---

[1] 亨廷顿.文明的冲突与世界秩序的重建[M].周琪等,译.北京:新华出版社,2010.
[2] 费孝通.缺席的对话——人的研究在中国——一个人的经历[J].读书,1990(10).

三、5G 技术集群实践中的传播理论范式变革

5G 技术集群开启了信息革命新纪元，促使传播生态、舆论和社会等多个方面变革，推动了传播场景与媒介生态的变迁。一方面，5G 技术作为一种新的信息技术，弥补了 4G 技术在链接速度、反应时效、物品链接等方面的局限，进一步提升了既有的传播实践的现实影响，从深度和广度上延展了全媒体时代的传播特征，媒介社会化进一步加强、加深，社会传播中因媒体赋能所产生的非理性因素将持续存在；另一方面，5G 技术集群实现了对"物"的互联互通，利用大数据技术与算法模式，重构了传播实践的传受与生产，"物"开始依托算法参与甚至代替人开展传播的内容产销，人们开始从"观看"媒介转变为"感知"媒介，5G 技术集群利用强大的数据能力和算法模式，重新组建数字世界，媒介场景变得无处不在。

当 5G 技术集群占据整个信息技术的中心舞台时，所有的媒介运转模式可能会被改变，这要求媒体人在进行未来的传播实践时需要一种新的、与 5G 相匹配的思维方式来理解这个世界。

（一）新技术研究：数据与算法成为传播研究的新入口

5G 技术集群引发了媒介范式的革命。4G 技术打破了信息传播的区域边界，以协同共享、强链接与弱链接结合的模式实现了不同层级、不同人群的破圈链接，原本"沉默的大多数"被联络起来，构建了众人所知、所感、所叙述的媒介世界。凭借着互动基因的网络结构、兼具同质化与大众性的内容机制的大众传播，以麦克卢汉所言的"人的延伸"的方式，极大地拓宽了传播学的边界。但值得注意的是，这一拓宽仍旧是物理性的，是基于因果逻辑的，仍旧以传者、受者、内容为核心元素，并未超越印刷时代甚至是口语时代的媒介范式。

以"万物互联"为核心形态的 5G 时代，并非只是将物链接至互联网端口，而是通过网络将物与"人的感知""人的心理"链接起来，以算法和数据

作为支撑，让物共享人的情绪和意志，从而参与到媒介的生产与互动中。媒介不再只是"人的延伸"，也是人意识的延伸，MGC开始出现，从而彻底改变了媒介传播的核心范式。简言之，在未来网络端会产生大量的"算法"内容。算法与数据不再只是运转架构和工具，而是变成了具有能动性的"人"。技术超越工具属性，成为传播学研究中无法绕开的重要对象。

不同于其他计算科学，计算传播的研究应该注重将算法、数据与虚拟现实技术和心理感知科学等技术结合起来，更确切地说，应该注重研究数据算法与人及信息的关系，而非数据、算法本身。智能物联网所诞生的海量数据中，通过感应器、定位器等传感设备所产生的数据，将以更直接的方式与传播学相联系，在这些数据背后，物成为传播的主体。基于物、人、信息构建的"新传播生态"中的数据与算法，可以成为传统传播学研究的重要补充，是超越量化研究但同样归拢于量化研究的传播学范畴。也就是说，计算传播在意因果，但应该更偏重数据背后的非理性、非因果性因素，这恰好是传统的传播学科所需要的。一方面计算传播学仍旧可以参照问卷调查、实验控制等思路抓取、分析数据，另一方面，也可以融通认知科学、计算神经科学等交叉学科的思路并基于多维度、多元化、复杂性、全样本数据开展研究。数据可以是传统研究的佐证，但同样可以读解理性世界无法解读的真实传播。

从某种程度上说，算法和数据打破了既往的认识世界、感知世界的方式和角度，它在以更清晰、更真切的角度介入人类生活的同时，也在无意中篡夺了人类沉醉在"想象理性"中的机会，这恰好应该成为算法和数据被纳入传播学研究中的理由——破旧立新，重现人类传播中的非理性因素。

（二）非理性因素：万物皆媒加速媒介互动与情绪传播

4G时代，互联网利用生产赋能，使普通用户成为传播舞台的主角，个人的魅力被无限放大，原本属于组织的媒介话语权转移到个体身上，构建出不同以往的"微粒社会"，网络成为普通民众的秀场。然而，在资本力量、政治力量的赋权之下，网络话语仍旧掌握在少数人手中，众生只能"喧哗"，并无振臂一呼的能量，媒介的权力分配与创作规律并未出现根本性的反转。身处共景社会的民众以散点式的个体凝视参与到网络事件之中,进而形成流动在互联网之间的"集体情绪",建构认同与信任,进而维系自身与网络社会的归属关系。在这一过程中,真相已然被消解,非理性的情绪化舆情冲淡事实本身,成为传播的主要形态。

5G 技术集群将进一步深化这种情境。机器通过各种传感、数字设备搜集互联网的数据,利用算法重新对内容进行分发与再生,进而参与到媒介的生产之中:不难看出,以数据和算法为基础的 5G 技术集群,实质上是对"大多数人"的观点与行为的呼应,是在"最大公约数"的基础上完成的迭代与再生,相对"冷血"的算法和数据会忽视媒介的外部性,其以更"自私"的态度参与到媒介活动之中。即使是侧重个体和微观的边缘计算也无力更改这一现实,"应用在边缘、管理在云端"的内在逻辑,实质上确立了其对个体情绪的过滤与放逐。与此同时,5G 技术将加速以视频为代表的非逻辑方式成为主要的社会表达,相较文字而言,视频是对现实生活的直接采撷与表露,而非提纯,其理性、逻辑性不足,尤其是大量碎片化、表演式、寻求感官刺激的短视频将进一步强化这种情绪传播的非理性。

5G 时代的互联网已经不再只是媒介内容的生产方、用户社交的工具,而是会变成社会生活的基础性架构,可以说,"社会任何一个微粒都无法也不能被简单地抛弃在利益分配和政策决策的框架之外"。[①] 面对未来网络世界越来越多的非理性因素,我们需要深入探析非理性传播场景与模式,挖掘其圈层传播、引发社会共鸣的核心变量。在结合情绪传播、舆论学等相关理论的基础上,应充分利用计算传播学挖掘数据中的非理性力量,探寻未来情绪传播中的非理性成分及其运行机制。

(三)技术伦理与舆论:数字渗透下的舆论引导与困境

传统媒体原有的舆论引导逐渐在新信息传播技术冲击下趋于式微或转向,信息危机呈现常态化,舆情随处随时可能爆发,舆论审判、网络暴力、群体

---

① 喻国明,欧亚.新闻传播:未来的学科发展与媒体转型[J].出版广角,2021(4).

极化等层出不穷，倒逼着舆论管理者积极应对技术赋能下的媒介伦理问题，当新技术改变了以往的政治经济规律与传播伦理规则，相应的管理机制也势必被改写。

第一，5G技术集群强势介入的同时，也导致了人的主体性被重新审视，人的情绪、反应、语汇被强行简单化为可计算的、可读解的数字信息，数字个体在数字地图、数字城市中分裂、聚合和重构，在人机交互、跨界交流、万物互联的场景中，生硬的体验与感知代替情感因素成为社会关注的重点，被资本、政治等多种力量编织的算法充斥着媒介生产，可见的、具有人文精神的媒介文本将乏善可陈。第二，尚未平衡发展的社会群体的鸿沟和差异将在技术的簇拥下进一步扩大，少数可感知、可操作、可数据化的人成为算法进行运转的核心依据，并不具备代表性的"虚假真相"被机器学习、理解并进一步深化，扩大了鸿沟、加剧了差异。第三，随处可见的万物互联，也将直接导致私密信息的完全泄漏。个体行为的数据化通过智能网络的云集，在其成为"智能"的血液的同时，也导致了个人化的私密信息无处可藏。这些由5G技术集群因素所带来的新技术伦理困境应该被学界充分关注，绕开趋利避害的产业逻辑，以社会的、伦理的视点观照这些被技术裹挟的伦理困局。

5G技术赋能时代的舆论引导也应该成为学界的研究重点。新的共景围观式的舆情形态，给舆论管理带来了更大的压力与挑战。在5G时代，虚拟与现实的深度链接、物与人的双向绑定将进一步模糊媒介与人的边界，原本就存在的媒介素养滞后的问题，会在"算法"逻辑驱动下强化。传统媒体的舆论引导权被持续稀释，新兴媒介又不具备系统有效的舆论引导能力。突发事件发生的同时，个体言论被物理性的算法与数据、缺乏外部性的技术模式指数级放大，进而达成技术力量对公众话语权的裹挟。所有的人都可能成为社会的中心，突发事件将随时发生，信息从偶然爆发到算法传播再到众声喧哗，传统舆论管理模式可能最终失控。但同时，5G技术集群也可以在提升新闻传播的在场感、互动性上产生作用，通过沉浸性的新闻报道，为公众提供更为客观的媒介表达，亦可以通过圈层数据加强对弱势群体的呼应与交互，提升舆论引导的温度。技术本身是没有态度的，如何在充分发挥技术因素的基础上，充分利用技术的底层逻辑与算法机制，构建科学合理、公平正义的信息筛选、内容把关、舆论引导机制是未来传播学研究绕不开的议题。

四、结语：探索传播学的边界与结构

随着 5G 时代的到来，传播学科不得不在传播生态大变革面前，探寻新的学科路径。万物互联所带来的是世界连接方式的变革，传统的物理连接上升至生理性、心理性的网络连接，世界从全景变成共景，大量的个体力量找到了群体的依傍，舆论在新生态中产生了直接的回声与共振。作为一种连接社会的方式，已经发生改变的传播图景亟待学界以更全面、更学理的视点进行研判与详观。野蛮生长的媒介关系又该以怎样的媒介路径加以调和；事实逐渐被评价性的讨论遮盖，原本的内容生产模式、内容管理模式又该配之以怎样的调适？当内容的生产方、发布方以及内容本身均在传播过程中被改写，新时期的传播学科的边界、要素与核心逻辑应该如何建构？摆在学界面前的，是比实践更深更远的认知困局。

不断迭代更新的互联网已经成为社会的底层法则与结构模式。传播者、接受者等层面的多重变革背后，无一例外都与互联网所构建的逻辑法则直接相关。这一以数据、算法为核心的传播逻辑成为新时期传播学科由内到外的学科进路。这恰好与传播学的起点是不谋而合的——技术变革是整个传播研究以及学科建构的核心要义。不同的是，算法早已超越"技术作为一种显现的实存"的载体模式，转变为一种更为复杂、核心的逻辑路径，为我们探微 5G 时代的传播学科提供了抓手。沿着这一思路，我们从学科边界、要素、结构三个角度切入，以期找到未来传播学科建设的大致思路。

第一，基于"算法+物质"扩容传播学科的边界。算法是技术时代的产物，具有数字理性。但算法也并非完全脱离人性：算法运行所需要的数据依据，来源于机器对人类行为的数量级抓取，所以算法是更大范围的、更全面的人的逻辑。基于此，我们发现过往的传播研究更注重人的行为而忽视物质的活动，更关注个体而淡化整体，更倾向于线性的而非复杂的。显然，数字时代，物质信息传播与人的传播共存，甚至人的物质性凸显；同时，再将大众看作零散个体的看法已然失效，大众应该是无数个体在累积后产生互动、反应、调适之后的"新群体"，算法正是利用技术能力以及数据的方式，更细致全面地捕捉到了这个新群体的变化与不同。万物传播构筑了复杂的、非线性的场景，算法将原本无法理论化的复杂情境变成数据，为未来的传播学研究提供了新的边界，关注算法、物质性背后的传播学逻辑应是未来传播学科的重点。

第二，基于"算法＋平台"扩充传播学科的要素。在可以预见的未来，数据、算法以及数字平台研究是传播学之重心。面对媒介链接的无数技术性因素、算法逻辑，缺乏技术素养的传播学者将不再拥有对传播行为的分析能力，可能无力辨析出数据背后目标受众群体的认知框架与情感内涵。计算传播研究成为传统传播学的重要板块，通过复杂的数据运算，使被简化的非线性传播复杂化、理论化，将成为传播学研究的一大趋势。此外，心理科学（尤其是计算心理学）、神经科学也应该成为传播学科的重要补充。算法终究是源于人以及相关物的行为的数据记录，如何通过数据分析人的心理模式与行为逻辑，将从根本上掌握行为传播的核心要义，为传播学的发展提供更理性的学科要素。

第三，基于数字生态重构的学科结构。传播学与其他学科的交叉将成为传播学的未来路径。互联网、媒介融合模糊了世界的起初边界，不同领域的内容在数字网络中跨界交融。视听研究、符号研究、计算社会研究、大数据研究、人工智能研究等与传播学科互融互通、协同整合、重构再生。而这些不同领域的学科之所以能交叉融合，则源于数字时代不同学科领域并行的数据与算法，基于数字生态重构传播学科结构，实质上可以看作对传播学科的深化与延展，形成更广泛的、更具有当代意义的传播学范畴。此外，注重更具普遍性的算法意义，还在于降低不同学科之间的文化折扣与认知偏差，以确立更为有效的学科融合路径。由此，万物智联的"后人类"社会中，具有不同导向的机器逻辑、物的逻辑与人的逻辑以及基于数据、算法、网络平台与社会深度互构的数字生态，将成为传播研究的核心对象。

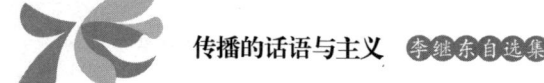

  21世纪第三个十年业已开启，信息传播技术迭代更新加速，5G技术集群广为应用之时，人类开始研发6G等新技术。纵观人类传播实践与理论研究历程，技术始终是重要变革动力，尤其是互联网和移动通信技术的勃兴，极大地突破了信息传播的边界，人类逐渐步入社会现实与虚拟世界、物质世界与精神空间、数字逻辑与网络平台交互构筑的世界。而与5G技术集群相伴的则是"百年未有之大变局"的世界、全面崛起的中国与日趋多元的社会，技术演变与中华民族复兴、世界格局巨变同频共振，这需要我们站在人类未来共同命运之巅，深入思考历史变迁中的中国与世界的关系，考察信息传播技术与政治经济文化和社会需求的复杂互动情形，进而建构富有前瞻性、科学性和人类情怀的传播理论范式。

从控制到联结：人类传播范式的转变[*]

随着互联互通时代的来临，新技术与个人行为、社会政治、经济和文化之间的相互联结、相互依存关系成为近年来社会科学和技术研究讨论的核心话题。同时，世界权力结构也在调整、变化，世界信息传播格局正处于新旧过渡之中，由此，建构世界信息传播新秩序再次受到广泛关注。

一、从认知到行动的联结主义

联结理论最早来自认知心理学领域探讨学习规律的联结主义，该理论先后经历了行为主义的联结（Connection）理论、认知主义的联结理论（Connectionism）和关联主义的联结理论（Connectivism）三个阶段。

2005年，加拿大学者乔治·西门思（George Siemens）、乔伊·克罗斯（Joy Cross）等首次提出关联主义，该理论被誉为数字时代认知科学领域具有里程碑意义的新范式。联结主义体现在个人行动模式的转变中，班尼特和赛格伯格（W. Lance Bennett & Alexandra Segerberg）认为，个人行动模式开始从组织化的集体行动逻辑向个性化的联结行动（connective action）逻辑转变，其关键要素在于社会网络的联结力和共有智慧，这是网络空间乃至当前社会活动的一大特征。

---

* 本文原载于《中国社会科学报》2015年4月1日，总第721期，与胡正荣合作。

在文化研究中，联结观同样成为分析复杂社会实践、文本、意义和意识形态等之间关系的重要理念和视角，在这方面迄今最具代表性的莫过于斯图亚特·霍尔的接合（articulation）理论，这是继文化主义、结构主义和霸权理论之后的一种后马克思主义或新葛兰西理论的新研究范式。其要旨是将接合视为一种动态的、非必然和未完成的联结和表达过程，即将特定的实践与效果、文本与意义、意义与现实以及经验与政治联结起来，"在差异性中产生同一性，在碎片中产生统一，在实践中产生结构"。因此，理解、解释一种社会实践，应将其置于特定历史语境中动态地把握各种要素的联结关系。

二、信息传播的联结范式

在信息传播领域，突破时空的无限沟通始终是人类信息传播活动所追求的核心目标，而其关键在于实现人、信息、媒介与物质之间的无缝联结。近年来，随着移动互联网、社交媒体、可穿戴设备和人工智能等新技术和新样态的蓬勃发展，人类步入了"再部落化"时代，这意味着媒介不止于"人的延伸"，更是"人即媒介"，传播的联结范式也开始形成。

首先，产用合一，人媒一体。每个人不仅是信息使用者，也是信息传播者，更是终极联结器，信息生产者（传播者）和使用者合一，人媒融合，生活媒介化和媒介生活化。其次，用户创造价值，价值建构关系。传播内容的核心在于创造价值，所谓价值建构关系，关系形成供需黏性。传统的传播内容重在专业组织为用户（受众）创造价值，而今则更多的是用户创造价值、建构关系网络，即用户与专业生产者通过网络共同创造、增加产品和服务的价值。再次，内容生产众包化，创新无障碍。内容生态空间日趋多维、开放、包容，内容创新无壁垒、无约束和无极限，个体、组织在共享的平台上一同生产内容，线上与线下紧密联动，形成了网络化、社会化生产模式。最后，流通展示平台化，自演进传播生态系统正在形成。互联网、社交媒介和物联网等实际上体现了美国学者马歇尔·范·阿尔斯蒂尼和杰弗里·帕克所言的平台战略，平台搭建了人、信息和物联结的传播渠道，形成了供需直接对接的双边网络,客户端和电商便是此类范例。

由此,过去线性、单向组织向自演进传播生态系统转变,实现麦特卡夫定律所言的网络效应。这期间,大数据应用贯穿于上述各个层面,传播成为一种数据驱动下信息流动过程,数据联结着传播的各个要素和环节,形成了价值丰富、类型多样、速度迅速和数量巨大的数据深海,从而实现精准高效的传播效果,形成正反馈循环系统。

三、建构全球信息传播善治体系

联结已贯穿于认知、行为、文化和信息传播等社会生活的各个方面,地理、物理和时间的界限以及传统的信息霸权格局正在被打破,人类信息传播也正在由过去的控制范式向联结范式转变。从这个角度来看待罗伯特·基欧汉与约瑟夫·奈所言的复合相互依赖理论,可以更深入地认识到非国家行为体、发展中国家共建国际关系与传播新秩序,其关键在于多元行为体之间联结的价值和机制。

首先,突破简单二元对立观,寻求共同价值。人类的信息体系已经成为一个相互关联的网络,无论是个人、组织,还是国家、民族等均成为这一网络中不同层次的节点,任何一个节点的变化都会影响到整个网络,人类成为一个信息共同体,这就需要"融通中外",消除标签化定式。数字技术、互联网和移动通信技术等让人类社会日趋无缝联结,信息公开的速度之快、范围之广和内涵之深,已达到前所未有的高度,而且传播模式也越来越趋于去组织化、去中心化和去疆域化。实际上,寻求最基本的传播自由、平等和安全应是在互联互通时代的共同价值,也是联结范式下新秩序得以形成的基本观念。

其次,立足动态和特定的历史语境,充分发挥多元行为体的主体作用。传播新秩序的形成是在特定历史语境下一些特定社会行为体基于共同利益或价值相互联结的动态过程。而在互联互通时代,群体、组织、国家、民族、种族等行为体,特别是个人的传播主体性得以极大地释放,任何人都可以通过微信、微博等社交媒体、自媒体来传播信息，传受权力关系不再是过去单向线性的主客关系，而是相互依存的主体间关系。因此，需要尊重每个人、每种文化和每个民族的自由与尊严，开放包容，求同存异，释放、激发和发挥各个行为体的主体价值，形成多元行为体共存的信息传播生态网络。

最后，变革传统控制范式，构建协商共治机制。随着信息生产和流通的众包化、平台化和网络化，数据安全、版权和隐私保护等问题变得更加突出，传统控制范式往往很难有效解决这些问题。因为基于组织化、专业化的大众传播时代的传统控制范式，不外乎交替运用促进与约束两种手段来调控在特定疆域范围内的专业机构和市场，以谋取和维持均衡格局。而当前的很多问题已经超越了国界、民族和文化界限，这就更需要多元行为体协商共治，综合运用国际共有规则、组织规制和个人规则协调共律，建构全球信息传播善治体系。

加强以人民为中心的传播理论与实践研究*

习近平总书记指出,"新征程上,我们要始终坚持一切为了人民、一切依靠人民。一路走来,我们紧紧依靠人民交出了一份又一份载入史册的答卷。面向未来,我们仍然要依靠人民创造新的历史伟业"。"坚持人民至上"是我们党百年奋斗一以贯之的初心传承,是新时代中国共产党人始终不渝的价值追求,也应是我国传播理论与实践研究的价值立场、重要原则和基本方法。

习近平总书记指出,"党的新闻舆论工作是党的一项重要工作,是治国理政、定国安邦的大事,要适应国内外形势发展,从党的工作全局出发把握定位,坚持党的领导,坚持正确政治方向,坚持以人民为中心的工作导向,尊重新闻传播规律,创新方法手段,切实提高党的新闻舆论传播力、引导力、影响力、公信力"。党的二十大报告指出,繁荣发展文化事业和文化产业,要"坚持以人民为中心的创作导向,推出更多增强人民精神力量的优秀作品,培育造就大批德艺双馨的文学艺术家和规模宏大的文化文艺人才队伍"。进一步讲,加强和改进新时代党的新闻舆论工作、宣传思想文化工作等,必须坚持以人民为中心的工作导向,这也是中国传播理论与实践研究导向。

无论是在革命、建设和改革的不同历史时期,还是在日常传播工作中,人民始终是传播的主力军。中国共产党一向高度重视以人民为中心的传播实践,在极其艰苦的革命时期就是如此。我们拥有一批扎根人民、素质优良的宣传队伍,用人民群众喜闻乐见的方式宣传革命道理,充分调动和发挥了人

---

* 本文原载于《中国社会科学网–中国社会科学报》2023年3月28日,收录到本书时有改动。

民的主动性、积极性和主体性。那时的宣传队伍相当于现在的媒体,主要负责发布信息,而有效传播效果的实现则全靠人民,革命信仰、理念、道理和策略等的传播要靠人民群众口口相传。比如,早在井冈山革命时期就有大量的民间歌谣传唱,这些歌谣真诚质朴,入脑入心;延安时期开创的通讯员制度,充分发挥了人民群众的主体性。新中国成立后,《人民日报》、《人民画报》、中央人民广播电台、人民文学出版社等主流媒体,以"人民"命名,在实际工作中始终坚持以人民为中心。在当前的数字时代,人民的传播主体作用更加凸显,互联网等新兴媒体的发展离不开人民的力量。流量、粉丝量、日活量等数据,展现了人民参与网络平台活动的广度和深度。由此,互联网等新兴媒体的数据运营与保护,其出发点和落脚点均应是人民。当前,网络平台应以不断满足人民群众多层次、多样化需求,维护和保障人民利益为重要考量,着重思考如何更好地发挥人民的主体性、积极性,如何打造符合人民需求与期待的传播平台,如何构建服务人民的平台生态圈等问题,积极打造多样化、个性化的数字空间。

回望历史,我国传播理论与实践发展与中国特色社会主义伟大事业相伴相随。人民群众创造了各种各样的民间故事、漫画、歌谣、口号、短视频等,丰富了话语表达。人民话语成为最为鲜活、富有创意的传播内容和传播方式。这些话语带有浓浓的泥土气息,蕴藏着人民的切身利益与诉求,寄托着人民的希望与梦想,朴实真挚、鲜活生动、历久弥新。由此可见,当党和国家的路线、方针、政策转化为人民群众喜闻乐见的话语时,会更加深入人心。一方面,人民话语是人民群众听得懂、能领会、可落实的朴素鲜活的日常语言。人民话语源于人民,服务于人民。无论是舆论宣传还是政策实施,只有讲话贴近人民,与人民群众心连心,方能增进理解、扩大传播。另一方面,人民话语有利于凝聚起广大人民群众的智慧和力量。毛泽东同志曾指出,"人民群众有无限的创造力。他们可以组织起来,向一切可以发挥自己力量的地方和部门进军,向生产的深度和广度进军,替自己创造日益增多的福利事业"。只有充分发挥人民在传播中的主体作用,方能为人民话语的丰富发展不断注入新的活力。

《尚书·泰誓》有云:"天视自我民视,天听自我民听。"意为天道、天意均应源于人民,人民的视听就是传播的要义。新时代新征程,我们应当始终坚持以人民为中心开展传播理论和实践研究,更好为国家重大战略需求服务,为全面建设社会主义现代化国家服务。

首都多了群"社区新闻发言人"：走好全媒体时代群众路线的丰台启示*

编者按

当前，我国媒体融合步入了"融为一体、合而为一"深度融合时期。区域融媒体中心如何加强和改进基层宣传思想工作，真正成为群众思想政治工作的重要平台？如何把基层群众所需所盼与地方党委政府积极作为对接起来，把服务延伸到基层、问题解决在基层？如何在推动基层宣传思想工作强起来的同时，解决媒体深度融合发展"最后一公里"这一核心命题？如何通过把镜头、版面、时段交给群众，落实坚持以人民为中心的发展思想，使融媒体建设成为抓好民生工作的生动实践？近年来，北京市丰台区探索建立"社区新闻发声人机制"，把党的优良传统和新技术、新手段结合起来，强化媒体与受众的连接，以开放平台吸引广大用户参与信息生产传播，生产群众更喜爱的内容，取得明显成效。北京市习近平新时代中国特色社会主义思想研究中心、光明日报社联合调研组对此进行了深入观察调研，围绕走好全媒体时代群众路线的方式途径，探索总结可复制、可推广的基层经验。

在您的印象里，退休后的老人都喜欢干点什么？是出去旅游、健身，还是在家跳广场舞、带孩子？在北京，有群老年人选择做了些不一样的事情。

---

* 本文原载于《光明日报》2021 年 04 月 22 日 09 版，与董城、刘东建、乔晓鹏合作。

"过去发现有意思的事儿,也就是跟家里人或者街坊邻居聊聊,现在我学会用手机拍下来,发现其中的新闻价值,让更多人见证身边的发展变化。"今年66岁的胡桂茹阿姨告诉记者,这个"不一样的事情"就是当"社区新闻发声人"。

一、现象:基层群众争当社区新闻发声人

在北京市丰台区,自2016年5月起,"社区新闻发声人"的队伍不断壮大,截至目前,从三十而立的青年,到耄耋之年的老人,已有350多个社区近1000名社区居民加入。

发端伊始,丰台区率先在东高地街道组建了"社区新闻发声人"工作室。当时,一位名叫胡晋华的热心老人连夜写了三条标语,其中一句"讲百姓身边事 做社区发声人"受到大家的一致称赞,被确立为丰台区"社区新闻发声人"的工作理念。经过自愿报名和培训选拔,东高地街道确定了23名首批"社区新闻发声人",其主要工作职责是发现身边好榜样,讲述社区暖故事,传递社会正能量。

调研组发现,率先组建"社区新闻发声人"队伍的东高地街道,有着比较显著的首都街乡特质——社区居民老年人口比例达33%,很多都是从航天和教育一线退休的员工和家属,素质普遍较高。东高地街道党工委副书记杨柳介绍,在东高地,本来就活跃着一个"最美航天人宣讲团"。"社区新闻发声人"工作室的成立进一步丰富了宣讲团的内涵,宣讲故事从以航天职工为主,变成了以街道和身边好人及社区暖心故事为主。

方兰,从航天五院508所退休后,正式成为一名"社区新闻发声人"。2020年5月,东高地街道举办"党建引领垃圾分类文明行动",她邀请街坊邻居一起参加,撰写每日"守桶日记",记录下社会垃圾分类的点滴变化。方兰还曾向人大代表建言献策,希望整治小学门口停车不合理等问题。"社区新闻发声人"已经集文明引导、社区治理、建言献策为一体。

党的十九大召开后,以"社区新闻发声人"为主要成员的东高地百姓宣

讲团举办各类宣讲活动20余场，覆盖群众1600余名。丰台区方庄、右安门、马家堡、宛平城、云岗等多个街道也先后组建了"社区新闻发声人"队伍，设立了进行日常工作的"社区新闻发声人"工作室。"红歌迷""收藏大叔""的士英雄""磨刀爷爷""科普专家""家风传承人"等一批"社区新闻发声人网红"涌现出来。

在此次新冠肺炎疫情中，"社区新闻发声人"的力量更加凸显。"每天哪个时间段通风换气最适宜？居家防护应该注意哪些细节？……"这个浏览量超571万的短视频博主名叫王秀英，疫情发生后，内心焦虑的王阿姨居家期间也没闲着，总想为抗击疫情做点事情。考虑到自己"社区新闻发声人"的角色，她动员家里人一起拍摄短视频，从新式拜年到科学洗手、正确通风，积极参与到疫情防控中。

这些"社区新闻发声人"成为百姓的金话筒，从群众的视角出发，用接地气的话语宣讲着党和国家大政方针，发现有温度、有力量、有爱心的人，生动讲述着身边的感人事迹。

二、路径：让有故事、爱发声、会宣传的身边人成为社区"金话筒"

（一）"社区+队伍"，找到有故事、爱发声、会宣传的人

调研组发现，伴随着全媒体不断发展，传播格局和舆论生态发生了深刻变化。基于区域媒体资源组建的丰台区融媒体中心在成立伊始，就面临着"三项能力"的不足。

一是信息采集能力不足，基层信息来源相对固化，基层单位报送的选题多是会议调研和活动仪式类，贴近群众、贴近基层一线的民生题材偏少。基层宣传干部往往身兼数职，新闻意识、精品意识还不够强。二是信息加工能力不足，存在报道方式陈旧、表现手法单一等问题，且以文字报道为主，对新媒体、新技术了解不深入，难以研发出符合新媒体传播特点的融媒体产品，策划意识比较弱。三是信息传播能力不足，受中央媒体和省级媒体的双重覆

盖,传播影响力有限,新闻时效性较差,难以满足读者即时阅读的需求。

"社区新闻发声人"这一模式将基层舆论引导与群众需求融合,以社区为基本网格,广泛动员每一个爱社区、爱生活、爱表达的热心人成为百姓"金话筒"。在此基础上,特别注重定期培训和"一对一"指导,在服务群众的基础上,实现了有效的新闻生产和舆论引导。

(二)"温度"+"鲜度",讲好"接地气、带露珠"的新闻故事

在丰台区宛平城,有一位最年长的"社区新闻发声人",他就是89岁的郑福来。几十年来,老人对历史的坚守、对文化的自信、对担当的坚持、对家风的传承影响了身边很多人。2020年抗战胜利纪念日,老人在卢沟桥上参与了一场90分钟的网络直播,获得了30万网友的围观和点赞。在"郑福来效应"的带动下,宛平城内爱唱红歌的"院儿长"张耀、"雷锋车队"队长王凤进、"北京榜样"刘宝中等"老典型"纷纷加入了"社区新闻发声人"队伍。

"社区新闻发声人"在不断实践探索中变得"脚力更劲""眼力更宽""脑力更强""笔力更深"。他们以自己的视角发现身边的美好,将镜头对准社区甚至是对准自己,讲故事、话变迁,发现美、传播美,最终带动很多人成为"社区新闻发声人",吸引更多人追捧"社区新闻发声人"。

(三)"发声"+"转发",使"点亮一个人,照亮千百人"成为现实

伴随着"社区新闻发声人"队伍不断壮大,他们报送的选题、生产的报道越来越鲜活生动,丰台区融媒体中心也在积极适应移动化、可视化的传播趋势,不断加深对于有效传播、精准传播的探索。

2018年12月30日,北京地铁八号线南段通车首日凌晨,67岁的"社区新闻发声人"张春林冒着零下10摄氏度的严寒拍摄到了首辆列车飞驰入站的动人情景。与他同行的"社区新闻发声人"、退休社区支部书记梁丽华以"出镜记者"身份进行现场播报。这一报道经丰台区融媒体中心二次编辑转发,瞬间在微信朋友圈等社交平台上广为传播。2019年至今,丰台区融媒体中心

已完成近100部百姓短视频,从群众身边的生活点滴、细节故事切入。群众喜欢,就不断在朋友圈转发,有时最快仅一个多小时浏览量就突破100万人次,最高浏览量达400万人次,据不完全统计,全网浏览量累计达2亿人次。

"社区新闻发声人"这一模式彰显了群众是媒体融合的关键所在,实现群众与媒体的融合,群众就是媒体人。依托300余个"基层新闻采集点"、3个重点区域融媒体分中心和一个区级融媒体中心,"社区新闻发声人"机制有效破解了基层媒体融合难、基层宣传与舆论引导难等长期制约基层舆论建设的"最后一公里"难题。

三、升华:小而美、微而亲的区域融媒体中心让政策入户更入心

丰台区"社区新闻发声人"机制的完善,实际上经历了一个渐进的过程。

2016年,丰台区首个"社区新闻发声人"工作室挂牌,其主要任务是承担百姓宣讲和编辑发行社区报两项任务。主要依靠社区内传播、传统纸媒传播两种方式,服务对象主要是本街道、本社区的群众。这个阶段,可以称为"社区新闻发声人"的1.0版本。

2018年,"社区新闻发声人"开始大量生产新媒体作品,传播力显著提高,涌现出一批充满正能量的"网红",精品力作不断,开始迈入2.0版本。

"社区新闻发声人"由1.0提升至2.0,丰台区融媒体中心在其中起了关键作用。

2018年7月,丰台区融媒体中心成立。2018年11月,中央全面深化改革委员会第五次会议审议通过了《关于加强县级融媒体中心建设的意见》。丰台区融媒体中心在发展建设中,敏锐捕捉到"社区新闻发声人"这一源自基层的群众新闻实践活动,将服务"社区新闻发声人"作为工作的重要抓手。此后,这一"全媒体时代群众路线"的样本逐渐清晰。通过"区域联动、群众参与及技术赋能"三位一体的发展思路,打造小而美、微而亲的区域融媒体中心。

小，就是小屏幕，客户端。坚持移动端优先，全员转型客户端，把区域全媒体客户端建设成为属地群众自己的"掌中宝"。美，就是群众的美好生活。强调服务群众，突出服务事项，不断开发适应群众日常生活需求的服务功能，如政务服务、公共服务、电子商务、文化服务、娱乐服务、交际服务等，满足基层群众对美好生活的向往和追求。微，就是微传播，采取滴灌式、脉冲式的潜移默化和不着痕迹的宣传引导，激发群众主体意识，开展群众自我教育，实现有效引导群众。亲，就是亲如一家的情感维系。凸显群众媒体、社区媒体、公益媒体功能，要经常走进社区，日常走进群众，乃至进入千家万户，成为群众日常生活中无话不谈的朋友和亲人。

鉴于上述理念，丰台区融媒体中心以"社区新闻发声人"为基层宣传报道的主角，探索了"百姓短视频""社区微直播"等新方式，将大主题、主旋律与本地化、新视角、小场景、小故事与细节化有机融合起来，涌现出了《拉的都是家里人，这样的公交司机真少见》《最新发现！北京大爷送您回家过年》等一大批深受群众喜欢的"百姓短视频"。2020年，丰台区融媒体中心开展了"防疫新举措""丰台邀您来做客""垃圾分类我先行""京戏云剧场""脱贫决胜小康"等聚焦百姓关注的热点话题的系列网络直播，形成了"用户＋产品＋平台"的社区生活服务新模式。在2020年举办的首届中国（北京）国际视听大会上，丰台区融媒体中心组织10名社区新闻发声人前往会场参观，实地感受广播电视和网络视听融合发展成果。

四、探索：凸显群众自治力建设的媒体新动能

当前，我国媒体融合已经步入"融为一体、合而为一"深度融合时期。党的十九届五中全会提出，"十四五"期间要努力实现"社会治理特别是基层治理水平明显提高"。

"社区新闻发声人"机制作为走好全媒体时代的群众路线的生动实践，既是形成"线上线下相结合、内外宣传相衔接的主流舆论格局"的题中之义，又是基层社会治理的活力源泉，也是以首善标准推动首都高质量发展的有益

探索。

区域媒体深度融合发展的新主体。"社区新闻发声人"机制体现出群众是媒体融合的关键所在,实现群众与媒体的融合,使群众成为最广泛的媒体人。这项机制,使得加强党的群众路线创新实践与全媒体时代推进媒体深度融合同频共振,凸显了群众自治能力建设的媒体动能。"社区新闻发声人"用实践证明:把群众的积极性调动起来,让他们主动成为正能量、主旋律的宣讲员,方能实现全程媒体、全息媒体、全员媒体、全效媒体的全媒体传播格局。这也切中了自媒体时代的发展态势,将智能手机等新兴传播手段赋能于百姓,出现人人都是传播者乃至万物皆媒的格局。这一机制倡导"把话筒交给百姓",组织和服务群众运用现代传播手段自觉讲好身边、社区富有正能量的故事。注重充分发挥基层党员的作用,以他们自身的经历、所见所闻来诠释中国共产党人的初心和使命,"坚持党性和人民性相统一"。这一机制还体现出区域融媒体中心作为最贴近群众的宣传阵地,可以成为社区治理体系与治理能力现代化的纽带。

基层舆论引导的新方式。随着全媒体传播格局的形成,传统单向传递的宣传模式已经让位于全民参与的资讯互动、观点交锋、情感交流与价值认同,传播主体群众化、群众的主体意识显著增强,普通百姓的言行从未像现在这样广泛地影响着社会舆论。"社区新闻发声人"机制聚焦"点亮一个人,照亮千百人"的精准传播效果。培育好、引导好"社区新闻发声人",就会形成正能量的燎原之势,这正是全媒体时代基层舆论引导的特质所在,也是互联网思维的要义所在。通过人人发声、口口相传、群群联动、情理并行、雅俗共赏,"社区新闻发声人"机制可以在短时间生发出强大的舆论合力,从而形成"信息传递+关系建构+情感联动+自治自理"的新型基层舆论引导方式。

推进社区治理现代化的新动能。近年来,北京市不断推动党建引领"接诉即办"机制往深里走、往实里走,成为首都基层社会治理总的端口,"接诉即办"同包括"社区新闻发声人"在内的群众自治品牌工程有着天然的血肉联系,来源于群众又服务于群众。

有基层干部认为,"社区新闻发声人"已经步入3.0版本的治理时代。其队伍规模不断扩大，责任与作用也更加彰显，已经由讲好社区故事、引导社区舆论拓展到参与基层社会治理中来。在抗击新冠肺炎疫情期间，"社区新闻发声人"在积极参与防控值守、社区关爱等活动的同时，拿起手机、数码相机等记录、报道，带动越来越多的群众积极参加社区活动，主动参与社区治理。如今，"社区新闻发声人"工作已延伸到环境整治、养老驿站、助残脱贫、便民服务设施、智慧社区建设等方面，以及人大代表、政协委员征集意见建议活动等基层治理事务方面，通过"随手拍"微信群、街道微博、便民电话等多种渠道与社区居民互动，随时随地发现社区存在的问题，并迅速反映到街道，工作人员得以快速排查整改，形成了富有亲和力、内化于心的高效社区治理共同体。

近五年来网络流行语的青年身份认同与话语实践*

网络流行语作为青年心态的晴雨表，是青年亚文化研究的重要领域。网络流行语一方面反映着当代青年人的社会心理及价值取向，具有共时性的研究价值，同时反映着不同时代青年使用主体的身份认同嬗变，因此还具有历时性的研究价值。目前学界的研究成果缺少对近年来网络流行语所表征的青年身份认同的历史性、系统性分析。在研究理论视角的应用上，也存在语言学、传播学、社会学等多学科理论割裂的态势。因此，本文以学科融合的理论视角，探析2014年以来网络流行语的语言、传播机制以及社会实践所反映出的当代青年身份认同的特征。

2013年12月4日，我国正式发放首批4G牌照，中国移动通信集团公司、中国电信集团公司和中国联合网络通信集团有限公司获颁"LTE/第四代数字蜂窝移动通信业务（TD-LTE）"经营许可。① 这标志着移动互联网的发展促使用户走入了强连接时代，智能手机替代PC成为互联网生态发展的驱动力，网络从普及进入深度使用、深入分化的时代。此外，2013年11月9日至12日，中国共产党十八届三中全会在北京召开，全会决定要求加大依法管理网络力度。技术及政策上的新变动，意味着青年群体以网络流行语建构身份认同将进入新态势。因此，本文以网络流行语如何反映青年群体的身份认同

---

* 本文原载于《现代传播（中国传媒大学学报）》2020年第8期，与吴茜合作。
① 中国互联网络信息中心. 2013年中国互联网发展大事记［EB/OL］.（2014-05-21）［2014-11-12］. http://www.cnnic.cn/hlwfzyj/hlwdsj/201405/t20140521_47077.htm.

为主要研究问题，以近五年（2014—2019年）由《咬文嚼字》、国家语言资源监测与研究中心以及人民网、新浪网等门户网站发布的"年度十大网络流行语"榜单为语料库来源，对62条网络流行语进行文本分析。在文本层面对文本主题、构词形式、情绪色彩、价值色彩进行编码分析；在文本的话语实践层面对网络流行语的词源、亚文化类型、诞生的虚拟社群进行分析，以期系统性地把握新时期、新形势下青年身份认同的变化。

一、网络流行语建构身份认同

身份认同即"Identity"，起源于西方哲学、心理学领域，是关于"我是谁""我将去向哪里"的问题。"身份指个人在社会中的位置，源于拉丁语statum，狭义上指个人在团体中法定的职业地位，广义上指个人在他人眼中的价值及重要性。"① 由此，身份认同是在个体的自我区分与群体比较中形成，身份认同离不开"他者"。"个人与他人或其他群体的相异、相似的比较构成了个人在社会网络中的位置，从而确定了身份，认同也就融合了身份认同的意思。"② 因此，就身份的意义来说，包含两方面的含义，一方面与社会制度、社会结构相连，另一方面与个体的自我认同相连。与结构性认同相比，"自我概念在网络流动的群体更容易进行动态协商，自我概念是动态协商的结果"③。而网络流行语可视作青年建构自我认同继而寻求社会认同的语言表征。

"从社会语言学的角度来说，网络流行语是一种新兴的社会方言。网络流行语作为一种基于网络空间而产生的社会方言，是现实语言的变体"④，是具有共同年龄特征、教育特征、阶层特征、职业特征的青年所生产的群体语言。因此，网络流行语作为一种社会方言，对其进行文本分析，可以探析青年群体如何通过话语建构有关阶层、性别、年龄的身份认同。

---

① 德波顿. 身份的焦虑［M］. 陈广兴，南治国，译. 上海：上海译文出版社，2007：3.
② 张淑华，李海莹，刘芳. 身份认同研究综述［J］. 心理研究，2012，5（1）：21-27.
③ 豪格，阿布拉姆斯. 社会认同过程［M］. 高明华，译. 北京：中国人民大学出版社，2011：31，24，191.
④ 邝霞，金子. 网络语言——一种新的社会方言［J］. 语文建设，2000（8）：21.

(一)网络流行语中身份认同研究的理论回顾

网络流行语建构身份认同的研究,在理论方面主要包含社会认同理论、青年亚文化理论及后亚文化理论等视角。

社会认同理论视角的研究,从个体与群体的互动、群体间的偏见与贬斥,以及青年群体通过社会创造、社会竞争提升群体地位等角度入手,研究青年群体如何通过网络流行语建构身份认同。[①] 社会认同理论视角的研究倾向于采用问卷调查的方法。

以伯明翰学派的青年亚文化理论为视角的研究,侧重于以"仪式、抵抗、收编"为研究路径,探析青年群体如何通过网络流行语建构风格化的表达方式、互动方式,并以此作为身份区隔的符号,以实现青年群体对现实社会的抵抗。而这种风格化的表达也终将为商业文化、主流意识形态所收编。[②] 青年亚文化理论视角的研究倾向于以民族志、深度访谈为研究方法对网络流行语进行个案的研究。

而后亚文化理论下的网络流行语,则侧重在虚拟网络空间的情境下,以场景、新部族、生活方式为关键词,探讨青年群体如何通过娱乐化的风格表达来构建新的生活方式。后亚文化理论视角的研究认为,青年群体以网络流行语为表征的身份认同实践不是一种阶级抵抗,而是个体性的自我表达方式,这种自我表达具有游戏的特点。[③] 而后亚文化理论视角的研究趋向于以文本分析为主要的研究方法。

社会认同理论、青年亚文化理论以及后亚文化理论的研究成果对网络流行语中身份认同的研究存在符号表征、身份实践与权力实践彼此间相割裂的问题,且多以网络流行语个案研究的方式存在,缺少对网络流行语表征青年身份认同的整体性探讨,也就为研究创新提供了空间。

---

① 豪格,阿布拉姆斯.社会认同过程[M].高明华,译.北京:中国人民大学出版社,2011:31,24,191.

② 胡疆锋,陆道夫.抵抗·风格·收编——英国伯明翰学派亚文化理论关键词解读[J].南京社会科学,2006(4):87-92.

③ 马中红.西方后亚文化研究的理论走向[J].国外社会科学,2010(1):137-142.

(二)网络流行语建构身份认同的机制

青年以网络流行语建构身份认同主要通过以下几种方式:第一,通过语言符号生产个体观念、情感,完成个体的主体性投射;第二,通过亚文化介质建构集体边界,并在虚拟空间中以网络流行语为表征实践文化区隔、群体指认;第三,通过意见领袖、大众传媒的传播将身份话语传播至更广阔的社会空间,以使得群体认同上升至社会认同;第四,在权力规制中再生产身份认同的话语,并与主流话语、商业话语形成既斗争又协作的关系。因此,对网络流行语中青年身份认同的研究,包含着对形塑认同的语言、群体认同指认的文化语料与虚拟部落以及身份实践过程中所包含的权力关系等多方面的研究。

1. 语言建构身份认同

语言是文化的媒介,是认同或身份的象征符号。[①]因此,语言是身份认同的表征。语码的使用反映使用者的阶层、性别、种族、民族、职业、年龄、受教育程度等结构性因素及文化机制。不同场景下,不同身份所选择的语码也有所不同,语言也在群体身份认同的指认中起作用。网络流行语作为一种社会方言,通过对其分析可以探析青年群体如何以文本建构阶层、性别、年龄的身份认同。青年群体通过对现实语体的词汇、句法的变异,通过语言的"标新立异"来表达身份的特殊性。变异的手段包括新造词语、旧词新意的词汇变异手段,缩略句、紧缩句的句法变异手段,以及比喻、戏仿、讽刺等修辞手段。青年同时赋予网络语言变体情感色彩、语体色彩以构成身份认同的情绪及价值观表达。网络流行语的青年使用主体通过语言文本来创造阶层、性别等身份表达的语码、传达身份表达的情绪,并进行价值的评判。

2. 话语实践生产身份认同

费尔克拉夫将话语实践定义为:"文本生产、分配和消费的过程,这些过程的性质根据社会因素在不同的话语类型之间发生着变化。"[②]从社会建构论的

[①] 豪格,阿布拉姆斯.社会认同过程[M].高明华,译.北京:中国人民大学出版社,2011:31,24,191.

[②] 费尔克拉夫.话语与社会变迁[M].殷晓蓉,译.北京:华夏出版社,2003:72,80.

角度讲,"认同是由社会过程形塑的"①。网络流行语话语实践的过程,便是青年群体身份认同社会形塑的过程。青年群体以亚文化作为流行语生产的语料,基于情感、情绪的自我认同、个体认同寻找集体认同的虚拟空间聚集地,进行集体情感的生产、情绪的表达和身份的相互指认。在这个过程中,网络流行语作为交往的中介,以"圈话"的形式表达身份并形成身份的区隔。具有广泛群体认同、代表青年使用主体普遍情绪、能够形成身份共振的网络流行语还将与主流媒体进行互动,通过主流媒体的传播,上升为范围更为广泛的社会认同。

3. 权力政治规制身份认同

青年身份认同的实践还表现为权力的冲突与身份认同的规制。费尔克拉夫认为"应将话语置于一种作为霸权的权力观中,将话语置于一种作为霸权斗争的权力关系的演化观中"②。青年群体进行自我身份的类型化与范畴化生产,并进行社会形塑的过程,与基于社会结构的身份类型与范畴化发生冲突,与主流意识形态规制的身份意义相冲突,并与权力的霸权争夺身份意义的阐释权。在话语互动的过程中,青年群体不仅仅生产抵抗式认同,还有基于话语"接合"所产生的协商式身份认同。身份的意义在权力的冲突过程中,在青年群体与"他者"的对立过程中建构。

二、网络流行语中的青年身份实践

在福柯看来,话语对象应是话语动态的实践系统,而不是静止的符号系统,"应把话语作为系统地形成这些话语所言及的对象的实践来研究"③。因此,青年群体依据网络流行语形成身份认同的过程,应是其以符号为表征并依据文化语料寻求群体指认空间的动态形塑过程。2014 年以来,青年群体通过网

---

① 伯格,卢克曼. 现实的社会建构——知识社会学论纲 [M]. 吴肃然,译. 北京:北京大学出版社,2019:215.
② 费尔克拉夫. 话语与社会变迁 [M]. 殷晓蓉,译. 北京:华夏出版社,2003:72,80.
③ 福柯. 知识考古学 [M]. 谢强,马月,译. 北京:生活·读书·新知三联书店,2007:53.

络流行语建构的身份认同呈现出个体性、狂欢性、以"ACG"为主要亚文化语料,以及社群化、分层化等特征。

(一)"个体性"认同的符号表征

个体性是个体认同建构的过程,即个体探寻"我是谁",确立个体主体性的过程。"自我是反身代词,表示那个既可以是主体亦可以是客体的东西。"① 由此可以理解,主体以意识、情感、价值来确定自我的意义。"主我"与"客我"的互动离不开交往与评价活动。通过对客体的评价,主体将自我对象化、客体化,并在与客体的互动中构建自我。"而评价标准侧重于责任心、独立能力、协作意识、创新性等。"② 据此,可将"个体性"归纳为:第一,个体的自我独特性,主要依据个体的自我情感、意识、态度等价值确立;第二,个体对客体的评价活动,包括对"他者"的责任心、独立意识、协作意识、创新意识等评价标准。此阶段青年"个体性"的身份认同建构具体表现在网络流行语的文本主题、语言修辞、价值色彩当中。

1. 文本主题"去政治性",表达自我情绪

与此前的流行语相比,2014年以来的社会时事类网络流行语大幅度减少,文本主题的公共性、时政性、批判性有所削弱,青年群体更多地沉浸在个体生存体验之中。在文本主题上,此阶段网络流行语以满足个体需求的情绪、情感表达为重要主题。表征个体情感的网络流行语包括"我太难了""我的内心几乎是崩溃的""人间不值得"等,主要抒发青年群体在生存困境中的负面情绪。青年通过流行语表达自我的情感情绪体验,以及对个体人格、个体生活方式的关注,较少将目光投注于个体经验以外的抽象系统环境中去。与2014年以前的网络流行语相比,此阶段的网络流行语具有着"去政治性"的特点。

2. 侧重评价人格特质,"淡漠"人格凸显

近年来,诸如"屌丝""高富帅"等侧重于对系统环境进行批判的流行语

---

① 米德.心灵、自我与社会[M].赵月瑟,译.上海:上海译文出版社,2005:112.
② 韦岚.社会转型视域下的个体自我认同研究[D].上海:上海大学,2013:96.

大幅度减少,侧重于评价个体人格特质的流行语增多。在流行语所表征的青年群体的价值判断中,更强调对"他者"宜人性(协作意识)、责任心、开放性(创新意识)、情绪稳定性的评价。例如"也是蛮拼的""明明能靠脸,偏要靠才华"以及"人丑就要多读书"等是对个体"智能""勤奋"等特质的肯定;而"杠精""柠檬精"则是对个体交往中的"敌对"特质,即宜人性的评价。此外,在个体人格特质的价值评价中,"淡漠"人格特质凸显,具体包括"佛系青年""积极废人""高级丧"等网络流行语。减少个体对外界的情感与物质依赖,将个体从共同体、价值、意义中剥离的人格特质,也成为此时期青年"个体性"身份认同的特征。

(二)以游戏为主的"狂欢性"话语表达

巴赫金认为"狂欢"一般具备三个重要因素:诙谐的广场表演、语言作品(如戏仿体作品)以及不拘形迹的广场言语(骂人话、玩笑话、民间的褒贬诗等)。① 广场、戏仿的语言文体以及戏谑搞笑、插科打诨的言语构成了"狂欢"的重要因素,此阶段青年身份话语的表达风格符合"狂欢性"的特征。

1. 以戏仿、讽刺为主要修辞手段

首先,娱乐是此阶段文本的另一重要主题,且文本修辞以戏仿、讽刺与反讽为主。戏仿类网络流行语例如"葛优瘫""扎心了,老铁""皮皮虾,我们走""确认过眼神""陈独秀同学,请坐下""家里有矿""游泳健身了解一下"等。讽刺类流行语则包括"有钱就是任性""买买买""承包鱼塘体""城会玩""戏精""真香""杠精"等。

2014年以前,戏仿类网络流行语主要表达青年群体对精英阶层以及社会时事的调侃讽刺,如"恶搞""梨花体""我爸是李刚"等。此时期的戏仿类网络流行语主要实现青年群体游戏的目的,娱乐性强而较少带有价值与意义的诉求。

2. 表情包与流行语"共振"

此阶段网络流行语的语言传播与表情包的图像传播同步,微信群的虚拟

---

① 巴赫金.拉伯雷研究[M].李兆林,夏忠宪,等译.河北:河北教育出版社,1998:5.

社区成为流行语传播的主要阵地，同时构成了广场表演的新形式。在虚拟广场中，青年群体通过配以表情包图像的网络流行语，实现游戏的功能与狂欢的目的。在这种以亚文化为媒介的仪式传播中，青年群体完成了"草根"身份的表达。虽然此阶段的戏仿类流行语也呈现出了"草根"狂欢的特征，但这种"狂欢"并非通过对现实社会的调侃来实践草根政治，以肯定"草根"身份，更多的是满足使用主体"游戏"的目的。

（三）以"ACG"亚文化为主要文化语料

从文化社会学的角度来说，认同指个体对于所属文化以及文化群体形成归属感及内心的承诺，从而获得保持与创新自身文化属性的社会心理过程。[①]而在伯明翰学派的青年亚文化理论中，青年以亚文化的符号及行为表征，构成群体的文化指认与身份认同，以形成对主流社会的抵抗。网络流行语是现实语言的变体，其现实语言的文化来源构成青年建构身份认同的文化语料。在2014年以前，取材于新闻报道语体的网络流行语数量较大，例如"我爸是李刚""五道杠""中国式""正能量"等。而此阶段来自流行文化的网络流行语大幅度增多，其中起源于日本的ACG亚文化则是其重要的构成部分。

"ACG是由动画（animation）、漫画（comic）、游戏（game）三者的英文首写字母构成的合成词，常用于中文语境，一般特指源自日本的动画、漫画与游戏作品。"[②]当下的青年群体，更乐于以区别于主流文化与大众文化的亚文化来标记身份的差异与独特，因此亚文化对于青年群体而言，在一定程度上已成为一种象征消费与休闲能力的身份资本。而以"ACG"等动漫游戏文化作为形塑身份认同的文化语料，也体现出身份的"幼态化"。

2014年以前，以青年亚文化作为身份区隔的网络流行语如"驴友""玉

[①] 杨宜音.文化认同的独立性和动力性——以马来西亚华人文化认同的演进与创新为例［M］//张存武.海外华族研究论集（第三卷）：文化、教育与认同.北京：华侨协会总会出版社，2002：408.

[②] 李明，周梦青.虚拟社区中ACG爱好群体的区隔建构——基于stage1st论坛动漫区的虚拟民族志研究［J］.新闻大学，2018（3）：67-83.

米"等就已昭示出青年群体身份区隔化的特征。但这种区隔不仅体现为一种媒介文化，还常有相对应的现实组织化社群。"驴友"对应着旅游社团，社团中的个体不仅共享一种生活方式，彼此间还存在现实的互动，并发展出基于真实个体的社会关系。而 2014 年后，以"丧""佛系青年"等流行语为表征的亚文化组织群体更为媒介化，缺少现实的组织化社群，彼此间的互动也仅限于虚拟社群组织，以 ACG 为代表的亚文化便是此阶段建构区隔化、虚拟化青年身份认同的重要文化媒介。

（四）依"趣缘"形塑身份认同

当下青年以亚文化、趣味及其相对应的产品类型的区分，形成"五里不同音，十里不同俗"① 的多元媒介景观。因形塑身份认同的亚文化语料的细分，促使形塑空间的多元化、区隔化、社群化。"传播面宽、全网流行、能引起主流媒体与新媒体共振的流行语趋于减少，流行语的社群性增强。"②

青年群体也借助亚文化的"趣缘"以及网络应用产品的分层，形成身份的分层化。这种分层化体现在两方面：第一，身份意义的分层化。青年以不同媒介产品的内容格调、品位、价值观形成身份意义的认同。而内容的分层化，也就构成了身份的分层化。第二，基于内容的产品及使用主体分层化。这种分层基于文化资本、经济资本与社会资本，这也就使得分层化的虚拟部落成为区隔化身份认同的形塑空间。

以问答类产品知乎为例，大学本科学历在产品的使用人群中占 50% 以上，用户主要职业为教师、律师、设计师、产品经理等，用户的使用人群以北京、上海、广州、深圳等一线城市以及省会等二线城市为主。③ 基于"知识分享"社区定位的知识要求使得低学历、非知识型职业的群体被排除在外，

---

① 夏维波.新媒体文化中趣味的区隔与导向[J].社会科学战线，2019（7）：146-155.
② 新浪网.2019 年十大网络流行语发布：盘它、上头等流行语上榜[EB/OL].（2019-12-03）[2019-12-26].http://sh.sina.com.cn/news/m/2019-12-03/detail-iihnza-hi4990259-p2.shtml.
③ 数极客.大数据报告——百万知乎用户分析[EB/OL].（2019-01-09）[2019-12-26].https://www.shujike.com/blog/60012.

形成一种基于文化资本的身份区隔。再以短视频应用为例，抖音以一、二线城市用户为主，且本科学历占 41.9%；而快手以四线以下城市用户为主，高中学历比例最大，占 32.8%。[①] 如此，通过产品的分层形成了使用主体学历与地域的身份分层。而以弹幕文化为主的"B 站"，用户需回答 40 道有关弹幕文化的基础题以及 60 道关于 ACG 文化的题目，合格者方能注册为会员，也就形成了以亚文化为文化资本的身份分层。

三、青年身份认同的权力政治与社会生产

青年群体身份认同的生产过程包含着官方话语、商业话语、精英话语、青年话语等多元话语实践。而此时期，青年群体身份认同的实践特征也与"后工业社会"的社会结构特征相吻合。

（一）多元话语互动与消极抵抗

2014 年以前的网络流行语体现出青年对精英话语、官方话语及系统环境正义的强烈批判，建构一种"抵抗式"身份认同。而 2014 年以后的网络流行语虽然仍保留着狂欢、戏谑的话语特性，但身份认同的抵抗性有所下降。青年话语由对精英话语与官方话语的抵抗变为相互生产，并在互动中重新抒写、建构身份的意义。

1. 多元话语产生身份认同

2014 年后的网络流行语，呈现出了精英话语、商业话语、青年话语在互动中生产青年身份认同的态势。例如"佛系青年"的诞生，体现出商业话语对青年话语的迎合。新世相策划了《第一批 90 后已经出家了》一文，通过对青年话语及其身份表达的洞察，建构了"佛系"的身份类型及其行为范畴。精英知识分子冯唐则在《如何避免成为一个油腻的中年猥琐男》一文中，以

---

① 中文互联网数据研究资讯中心. 快手 & 抖音用户研究报告［R/OL］.（2018-06-08）［2018-10-11］. http://www.199it.com/archives/734185.html.

平实、简洁、幽默的网络语言、青年话语的形式生产了"中年油腻男"这一身份范畴。而对于经济资本占优势的经济精英，青年已由以"高富帅"所表征的"仇富"变为此时期以"买买买""小目标"为表征的"涮富"。

2. 与官方话语协商产生身份认同

此时期，官方话语对于与主流意识形态相悖的青年身份话语的表达进行了身份的协商与意义的重写。例如，《人民日报》发表的《也说"佛系青年"》，对"佛系"一词以"奋斗"的主流话语植入，以进行身份的重新范畴化与意义的增殖。

官方话语与青年话语的互动也不仅限于权力的规制，还有相互认同。青年群体以"996ICU"表达了对"资本压榨的雇佣者"这一身份的抵抗，官方话语则通过一系列权威媒体的发言，对青年群体的身份表达给予了支持；此外，"14亿护旗手"这一民族性身份的表达与传递，也得到了青年话语的支持。

3. 青年抵抗式认同削弱

2014年以前，青年以网络流行语表达的抵抗式身份认同都围绕着"二元"对立的价值观，即在贫与富、男与女的价值对立中，衍生出"白富美""高富帅""土圆肥""矮矬穷""屌丝"以及"青蛙""恐龙"等身份的区分。而此时期的网络流行语所表征的身份建构打破了二元对立的逻各斯主义，更趋于多元化，"高富帅""屌丝"等表征贫富差异、阶层对立的流行语已为"积极废人""隐形贫困人口"等象征消费、个体生活方式的流行语所替代，青年群体积极的抵抗式身份认同得以削弱。文化的多元化、价值的多元化、媒介介质的多元化都使得此时期青年群体身份认同更为多元，而致使抵抗性身份认同削弱。

（二）"后工业社会"的认同生产

"现代性的生成可分为两个阶段：古典的工业化，即工业化对封建社会的瓦解；第二次信息社会对古典工业社会的瓦解，即现代性的第二次理性化。第一次理性化是工业化、市场化对传统封建社会的解构，但保留了传统封建社会的部分传统性,如等级制、家庭、阶级、性别等。第二次现代性则进一步将传统性打破,朝向更为平等、多元、个体、自由的方向出发。"①对于我国目前所处的工业化阶段,可理解为"我国的社会分层结构,既有工业化初期特征、工业化后期特征,也有后工业化时期的特征。"②而后工业化社会的重要特征是个体化。③

个体不断从传统的结构单位中"脱嵌",从现实社会结构的"类型"与"范畴"中走出,依照个体的需求,建构新的身份意义,在个体化的情境中,身份认同也就趋于多元、自由、独立。"个体成为生存规划与指导的核心,个体在替代选择和青年亚文化的无数变体中以社会关系、个人生活和个人自身的身体进行实验。"④在个体性的社会内核中,青年以区隔于主流文化的亚文化形塑个体生活,并依照亚文化的文化语料指认形塑空间,也就构成了后亚文化视域中青年身份认同的特性,即以虚拟部落、个体生活方式以及游戏性、狂欢性的仪式表达完成身份的展演。此外,此阶段社会分化态势的减缓、网络空间表达的规制也对青年群体抵抗性认同的削弱起到重要作用。

---

① 贝克.风险社会[M].何博闻,译.南京:译林出版社,2004:2-6,106.
② 李培林.改革开放四十年我国阶级阶层的变化[J].收藏,2019,(1).
③ 贝克.风险社会[M].何博闻,译.南京:译林出版社,2004:2-6,106.
④ 贝克.风险社会[M].何博闻,译.南京:译林出版社,2004:2-6,106.

书香意境：纸质阅读的物质隐喻、身体感知与仪式构建*

书香是中国文化一个源远流长的代表性概念，是知识与精神的象征符号，也成为当前倡导全民阅读的助推器。自党的十八大以来，党和国家大力推动书香社会的建设，阅读蔚然成风。2015年，"书香社会"第一次出现在《政府工作报告》中。①2019年，习近平总书记在看望《读者》编辑部工作人员时强调，要提倡多读书，建设书香社会。②2020年10月，中宣部印发《关于促进全民阅读工作的意见》，提出了全民阅读工作的重点任务，对推进新时代全民阅读工作作出了部署。2021年3月，《中华人民共和国国民经济和社会发展第十四个五年规划和2035年远景目标纲要》进一步提出要建设"书香中国"。③党的二十大也提出要深化全民阅读活动。由此，"书香社会""书香中国"已成为全民阅读的重要话语，这需要对"书香"的来龙去脉进行更加透彻的研究。

基于此，本文从身体感和物质性视角切入，希冀既能够挖掘身体理论和物质性研究的中国学理，填补纸质阅读书香的物质性成分，也为书香中国建

---

* 本文原载于《出版发行研究》2023年第1期，与刘越飞合作。
① 熊静.论阅读史研究与"书香社会"建设的关系[J].高校图书馆工作，2017，37（2）：10.
② 习近平.要提倡多读书，建设书香社会［EB/OL］.（2019-08-22）[2019-10-15］.http://www.gov.cn/xinwen/2019-08/22/content_5423296.htm.
③ 尹琨.书香满神州阅读聚力量——党的十八大以来我国推进全民阅读、建设书香社会成就综述［EB/OL］.（2022-04-22）[2022-12-20］.https://www.chinaxwcb.com/info/578884.

设提供学理支撑。进而依托身体感等理论探讨如下问题：书香与身体之间的交互体验与阅读仪式；书香作为印刷文化的特有产物培养的独特身体感；读者通过书香进入异于现实世俗生活的意境，以实现文化熏陶与自我提升。

一、历史素描：书香物质性的构成

书香不只是具有历史纵深感的精神层面的象征符号，也是由具有实用性质的物质所构成的，具体来说，中国古代的书香由三部分构成。第一，以药草放置书中抵御虫蛀，药草香气融入书中。宋朝洪刍《香谱》记载，"鱼豢《典略》云：'芸香，辟纸鱼蠹，故藏书台称芸台'"[①]。在宋朝陈敬所著的《陈氏香谱》中也记载，"《琐碎录》云：古人藏书，辟蠹用芸"[②]。《淮南子》也说，"芸草，死而可以复生。采摘此草，放置于衣服、书册之中，可以驱除蛀虫"。[③] 芸香草不仅可以起到防止虫蛀书的作用，并且其本身就有着耐活的植物特点，以及"其叶极芬香"，[④] 以至于"因芸香与书结缘，所以古代有些与书有关的事物，就以芸香为名，如校书郎就有个很好听的名称芸香吏。又因古代书室中常备有芸草，所以书斋又称'芸窗''芸署''芸省'等"[⑤]。第二，则是函盒、书轴、墨香等与书相关的物所散发出的香味。函盒即木质盒子，是为了进一步保护书籍免受虫蛀、潮湿之侵扰，古人一般用楠木和樟木配合使用制作函盒。其中，楠木质地不硬且轻，"木理花纹美观，木质色泽典雅，书卷气极浓。且能防潮防水"[⑥]，而樟木的用处是以其为板，上下夹书，使书平整。两者本身散发清香的气味，书籍放置其中自然会浸润香味，糅杂于书香中。随着纸质书籍的制作技术成熟和普及，装帧形式便逐渐发展为卷轴装。书轴的材料依旧是木制品，《陈氏香谱》记载，必栗香"木可为书轴，碎

---

① 洪刍.香谱[M].上海：上海书店出版社，2019：13，82.
② 洪刍.香谱[M].上海：上海书店出版社，2019：13，82.
③ 周嘉胄，洪刍，陈敬.香典[M].重庆：重庆出版社，2017：65，67.
④ 沈括.梦溪笔谈[M].金良年，胡小静，译.上海：上海古籍出版社，2013：23.
⑤ 周嘉胄，洪刍，陈敬.香典[M].重庆：重庆出版社，2017：65，67.
⑥ 李致忠.中国古代书籍史话[M].北京：商务印书馆，1996：172.

白鱼，不损书"①。以上的木质材料既有防虫、防潮功能，也贡献自身的香气于书。作为书写工具的墨则通过加入香料，从而使得墨香留于纸上。唐代欧阳通写字时，"松烟为墨，末以麝香"②，南唐的韩熙载令制墨名家朱逢为自己制造名为麝香月的墨。唐笔记《陶家瓶余事》也曾记载唐元宗所用之墨为龙香剂。总之，制墨时所用香料主要有甘松、藿香、零陵香、白檀、丁香、龙脑、麝香。③如果说上述两部分的书香大致侧重于香对于书的实用功能，那么构成古代书香第三部分的读书焚香则体现出阅读时的仪式感与境界。岑之敬焚香读《孝经》，唐宣宗焚香读奏章，此类仪式在诗歌中也较为常见，袁枚的《寒夜》有"寒夜读书忘却眠，锦衾香烬炉无烟"。陈与义以《焚香》为题写"明窗延静书，默坐消尘缘。即将无限意，寓此一主烟"。可见，正是作为物质的香引发整个中国社会以书香隐喻有知识、有教养等社会性事务，书香进而成为一种崇高、美好的象征。

  由药草、函盒、焚香等构成的书香所依托的物质载体主要是纸质媒介，而目前对纸质媒介研究多集中在时空、文化和具身性阅读三个面向。约翰·高德特将纸质媒介称为第一媒介，由此出发探讨纸张与统治之间的关系。汤姆·斯丹迪奇则以历史观照当下，认为社交媒体的可供性在古代莎草纸上就已具备，两者在基础结构和发展态势上是相同的。哈罗德·伊尼斯将纸质媒介看作空间偏向的媒介并催生建立帝国的渴望，纸张和印刷术的兴起使世俗利益和教会利益发生冲突。④麦克卢汉则基于印刷术的同一性和可重复性，认为其导致民族主义和个人主义的兴起、自然和权力世界的祛魅。换言之，"改变了以往的文化边界和模式"⑤。这些研究大多着重于历史性、整体文化的宏观性思考，即偏重印刷术对于人类文明进程或国家历史发展的影响，

---

① 洪刍.香谱[M].上海：上海书店出版社，2019：69.
② 苏易简，等.文房四谱外十七种[M].上海：上海书店出版社，2015：5.
③ 周嘉胄.香乘[M].北京：九州出版社，2014：231.
④ 林文刚.媒介环境学：思想沿革和多维视野[M].何道宽，译.北京：中国大百科全书出版社，2019：241.
⑤ 麦克卢汉.理解媒介：论人的延伸[M].何道宽，译.江苏：译林出版社，2019：212.

忽略微观社会的毛细血管和个体与纸质媒介的关系。近年来，身体议题备受学界重视，纸质阅读研究也迎来具身性阅读的转向，从而弥补上述研究取向的未涉及之处。不少学者指出，不同阅读媒介诉诸不同的身体感知结构，纸质阅读包含视觉、嗅觉和触觉，数字阅读以视觉感知为主，"纸质书的'墨香'即是嗅觉感知的表达"[①]。在"视觉主导的阅读行为中，视觉、触觉和听觉其实都参与了整个阅读的经验过程"[②]。所以，纸质书有着不可替代的作用，"纸质书独特的书香气质正是建立在物质材料、文字内容和阅读行为三者的时空勾连之上"[③]。而已有关于具身阅读的研究，虽然注意到阅读的嗅觉角色，但更多关注纸质阅读中的触觉、视觉，忽略书香带来的嗅觉阅读。进一步讲，关于书香的物质性并未形成有针对性的研究，缺少阅读中身体对书香的感知。

二、分析框架：身体感研究视角与半结构访谈

为厘清纸质媒介的书香引发的嗅觉参与，进而形成何种身体感知，需要引入身体感理论作为分析工具。余舜德将身体感定义为"身体作为经验的主体以感知体内与体外世界的知觉项目，是人们于进行感知的行动中关注的焦点。经由这些焦点，我们展开探索这个世界的行动，作出判断，并启动反应"[④]。而身体感的理论特色在于"一是以人的感官经验为主轴，强调人的身体经验是由多感官交融互动共同构成的；二是相比于具身理论静态的反思性思考，身体感理论倾向于动态与多维的实践层面的分析，呈现出的身体图景更具有立体内涵；三是身体感不只是一种内化的身体感觉，更与个体所处的生活场景和社会文化环境相勾连，不同的文化背景塑造出异质性身体经验，弥

---

① 王雪.数字时代纸质阅读的"身体感"研究[J].编辑之友，2017（11）：17.
② 王颖吉.身体与阅读：从具身认知视角看纸阅读与屏阅读的差异[J].编辑之友，2020（4）：22.
③ 于文.无可替代的实体空间：论数字时代的纸质阅读[J].中国编辑，2022（10）：24.
④ 余舜德.身体感的转向[M].台北：台湾大学出版中心，2015：12.

补了具身理论忽视身体与外部环境相勾连的不足"[①]。因此，本文以身体（感官）作为感知媒介，探究身体媒介"嗅"到书香引发的独特身体感变化，从而根据身体感理解印刷文化的特色，文化反过来影响人的身体感，再进一步影响人们对书香的偏好，于是乎，身体感、书香（物）、文化三者是一个互构的持续过程（见图2）。

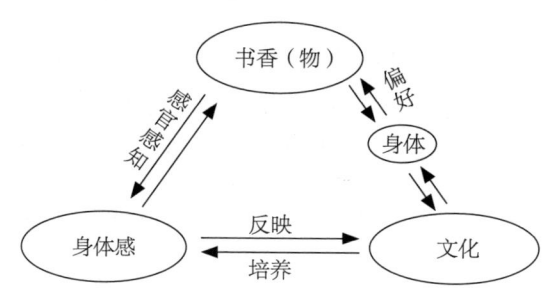

图2　身体感、书香（物）、文化三者互构的持续过程

为此，本研究选取半结构式访谈作为研究方法，一方面研究者可以保留一定的控制机制，也使得受访者可以积极参与到访谈中；另一方面，研究者可以根据访谈的具体情况不断调整访谈内容并及时进行追问，更易接近并了解受访者对社会事件的所思所想，访谈双方在持续的互动过程中更易建构出一定的针对性情境，从而探索受访者对于书香的注意及身体感受。

访谈共选取20位受访者，由于本研究以书籍这一知识媒介作为研究对象，所以在选取受访者时以受教育程度作为重要的选取指标。20位受访者都是大学本科以上学历，包括老师、硕博在读生和公司职员三类，访谈方式包括微信语音和面访两种形式。访谈问题包含三个部分，首先是受访者对于书香本身的觉察情况，包括物质的书香引发的阅读行为、书香的功能意义等；其次，侧重于书香的象征意义，包括书香引发的对话、思考及人文属性；最后，将象征意义同身体感结合，访谈受访者经由书香带来的身体感内容。

[①] 曹国东，刘越飞. 能动的身体感：移动阅读中的感官书写与身体经验[J]. 出版发行研究，2022（3）：42.

三、研究发现：身体、仪式、文化互构的书香意境

通过书香的物质性追溯和深度访谈，对所获得的经验材料进行研究后发现，书香是一种物质与精神象征兼有的媒介，一方面通过气味引发嗅觉启动，唤起身体感；另一方面，书香隐喻着美好的、理想的、文化的意蕴。伴着书香，读者进入书籍特有的意境之中，书香将读者与作者、读者与内容、世俗与想象空间连接。

（一）以身阅读：由嗅觉启动的纸质阅读

无论是柏拉图的理念论、康德的"范畴"，还是黑格尔的"绝对精神"、笛卡尔的"身心二元"，西方主流哲学范式均属于心灵上的范式。自19世纪中后期以来，德国哲学家叔本华和尼采、法国哲学家比朗和柏格森逐渐开始论及身体问题，而现象学更是在身体问题上推进，以至于身体逐渐成为一个认知的主体。阅读作为知识获取、思考的实践方式，一直以来是心灵的专属，身体被排除在外。同时，以往研究过于注重内容，也将内容的载体予以一定程度的忽视。但是，无论是德布雷意义上的媒介学，还是北美的媒介理论抑或近些年兴起的媒介物质性转向，都意在说明内容的物质载体同样重要，它是知识习得的重要维度。而书香是由多种物质材料合成的一种香气，同样是纸质书籍的物质构成部分。读者首先面对的并不是书籍的内容，而是以嗅觉、触觉和视觉为主要感官感知的物质载体。换言之，阅读的第一环节是身体感官感受，并非对内容的认知。可以说，读者从书香引发的嗅觉感受就已经开启了阅读体验，继而沉入内容世界。受访者C就认为"书香是引入作用，是即将进入阅读状态的信号，闻到书香意识到阅读将要开始"。这正是书香的可供性与身体的双向互动，"外物需要对人有'能供'的价值或功用，才会启动人的感知。物'能供''给出'（afford）功用，人产生意图，感知才启动，人物二者才有关联"。[①] 而书香引起的嗅觉并非单一感知，相伴的感知还有触觉、

---

① 余舜德. 身体感的转向[M]. 台北：台湾大学出版中心，2015：68，8.

视觉等,由此书香成了一种物质的隐喻,书香唤起关于读书的身体感知,进而产生人与书的文化行为。

所以说,虽然是嗅觉在感知书香,但是嗅觉与书香的互动是身体感项目整体作用的结果。闻到书香,嗅觉唤起即将开始阅读的信号,同时,双手捧书,经由触觉身体接收到开始阅读的信号,视觉也出场,书中的文字充当视觉的内容,然而视觉并不能直接理解书中的内容而是再进一步作用于不可名状的"心灵",来解读书中的内容。可见,虽然书香唤起身体嗅觉感应,唤醒潜藏在身体中的香味记忆感知,但是触觉、视觉同时贯穿于阅读的各个环节,阅读实则是一种身体各感官相互联结的感知。戴安娜·阿克曼(Diane Ackerman)就认为"日常生活对一个人的感知不断地冲击,以至于每个人都经历过一些感官的混合"①,阿克曼超越五官的感觉划分,总结出感官之间共同作用的"共感觉"。书香所引发的身体阅读实则就是一种"共感觉"作用下的相互机制,也就是说,读书的感觉是一种难以言说的身体感,很难分清各种感官作用的大小。受访者 D 对此很有感触:"眼睛对于看书来说很重要,因为有时候眼睛不舒服读不下去书,但是有时候鼻子不通畅也会读不下去。不仅如此,当工作完一天身体特别累,回到家时也很难再拿起一本书。"与受访者经验形成呼应,余舜德提出身体感项目,意欲说明身体感官"将一些不同的讯息归纳为相同,方能将复杂且纷杂的讯息以分门别类的方式赋予能被我们理解的秩序"②,当嗅觉接受书香刺激之后,阅读带来的身体感项目化过程就已经开始运行,最后经由大脑的诠释而识别书中的价值内容,基于此,"读书感"其实是人们接收多重感官的讯息并项目化的结果。

当然,并非每一个人对书香都有同样的身体感,鉴于数字阅读提供的方便感,不少读者会舍弃书香。受访者 E 表示:"我觉得这个缺失(指数字阅读书香的缺失)对阅读不重要,我在外出的时候更喜欢看电子书,还有一些没必要收藏和购买的书,我也会看电子书,经济又环保。"所以说,不同的身体

---

① ACKERMAN D. A natural history of the senses[M]. New York:Vintage,1991:290.
② 余舜德.身体感的转向[M].台北:台湾大学出版中心,2015:68,8.

感需求会引发不同的阅读实践，正因如此，身体感项目化并不是先天的，书香引发的身体感阅读实则是后天的文化习得所致，也就是说，浸润于纸质书刊中的读者更易于体味书香带来的独特身体感与阅读仪式。

（二）构建仪式：书香身体感的阅读习得

迄今人类学各流派对仪式这一重要概念虽看法不一，但是一个基本的认知原则是将其作为一种象征。[①] 而书香集合多种香料所发出的香味，再加上焚香读书等古人的阅读实践，书香通过历史传承与读者建构，逐渐成为一种美好事物的象征，由此读书"闻"香形成纸质阅读特有的仪式。当然，香作为美好事物的象征，并不是书所独有，在西方婚礼、成人礼、宗教仪式等场合中，香就被作为一种美好事物的象征而使用，康斯坦斯·克莱森（Constance Classe）将此称为"嗅觉编码"（olfactory codes），考察嗅觉与香的勾连如何通过仪式转变为实践。[②] 换言之，纸质阅读之所以能够成为普遍的阅读实践，嗅觉加持的书香仪式是不可缺少的环节。

从身体感角度来看，书香所引发的阅读仪式实则是通过与身体的互动来完成的，书香通过嗅觉引发身体感知，由于多次的经验性认知，身体感存储特有的书香记忆，之后，身体感便识别书香引起记忆联想。进而，纸质书香阅读特有的仪式匹配特有的身体感，虽然数字阅读也能够形成特有的身体感，但是与纸质阅读的嗅觉加持相比，数字阅读缺失了书香的身体感。

如此来看，书香的身体感有着文化的属性，是印刷文明培养出来的特有身体感。因为"身体感具有文化的特色，而至有些项目乃属文化特有"[③]，而人类学中的仪式的另一个意义则是"作为人类社会实践的经历和经验表述"[④]，所以，书香的身体感实际上经验着、表达着纸质阅读仪式并成为一个文明史分

[①] 彭兆荣.人类学仪式研究评述［J］.民族研究，2002（2）：93.
[②] CLASSEN C，HOWES D，SYNNOTT A. Aroma：the cultural history of smell［M］. London and New York：Routledge，2002：135，123.
[③] 余舜德.身体感的转向［M］.台北：台湾大学出版中心，2015：45，72.
[④] 彭兆荣.人类学仪式研究评述［J］.民族研究，2002（2）：89.

期的具象感知经验。受访者 A 对此深有感受："如果是在旧书市场淘到的书，那种味道带着书香和霉味，每次都使我难忘，有一种历史和文化传承的印记通过具象表现出来的生动感。"受访者 C 也认为，"一般不太愿意拿电子书来看，因为这种阅读没有了生理上的、身体上的香味的感染诱导。它进而会导致心理上的那种满足感、幸福感缺少很多。特别是缺少了阅读纸质书籍时的一些形式和仪式，比如说我们在看书的时候，加一个古色古香的书签，在书中用笔来做标记、做标注等等，这些东西是进行电子阅读时所没有的"。

这也说明，之所以说纸质阅读的书香仪式、身体感是一种特定文化的表征，是因为这种身体感并不是先天赋予的，而是后天习得的。嗅觉经由书香反复不断地训练、培养，经过无数次的环境识别、气味辨别，培养出特定的书香的身体感，以至于书香的身体感是纸质阅读的身体感的重要组成部分，更是识别纸质书籍文化的身体感标志，"所谓不同'文化'便是在于对人的身体感作出不同的分类与粗细不均等的重视与训练"①。基于此，通过了解一个人的身体感就可以知晓其具体的阅读背景，通过了解一个群体的身体感可以归纳其大致的阅读成长环境，进而以身体感作为切入点，了解不同个体的阅读实践与媒介体验以及具体的文化差异及其身体技术。正如马塞尔·毛斯所论，身体技术是"人们在不同的社会中，根据传统了解使用他们身体的各种方式"②。在纸质阅读中，人们的身体技术，即人们的看书方式是一套特有的身体姿势，身体或坐或卧，双手捧读，书香向鼻子敞开并贯穿于阅读的全程，手指在不断地触翻，读到发人深省处或圈圈点点或掩卷而思。这一套身体技术实则也是纸质阅读的特有仪式，作为物的纸张与身体互动，使得身体采用上述动作予以配合，直至生发出书香的身体感，身体与书香在互动情境中进入想象空间。

读书引发的对话与思考，一直以来与内容相关，如此一来也就忽略了不同阅读文化、不同媒介的特性与作用。以身体感作为阐释文化与媒介的入口，

---

① 余舜德. 身体感的转向 [M]. 台北：台湾大学出版中心，2015：45，72.
② 毛斯. 社会学与人类学 [M]. 上海：上海译文出版社，2003：301.

则可以说明在内容之外，已经有物质能够先通过身体感知引发对话与思考进入想象空间，在书香的牵引下唤起身体的记忆与感知，形成独特的阅读体验。

（三）书香意境：纸质书籍的阅读体验

作为物质的书香是引发读者进入阅读想象空间的物质基础，再加上中国历代文人的建构，书香逐渐成为美好事物的象征符号，例如书香门第、书香社会、书香中国。诚如米勒（Miller）所说，物具有两面性，一面是物质性质，另一面是象征性质，[①]物质性质意味着物可以影响人，象征性质则说明物可以展现人的观念。书香兼备两者，一方面书香散发香味，人嗅到后引发感官刺激，进而通过感官间的次序性形成全身感知；另一方面人通过阅读仪式，将书香表达为一种与现实世俗世界有所区隔的神圣的、引发联想的阅读空间。简言之，书香是身体通往阅读想象空间的关键，充当着居中转换的角色。关于香的居中转换角色，丹·斯佩伯（Dan Sperber）则以转喻形容香味的功能，"在气味领域，转喻仍然是活跃的，并正确地唤起原因或结果"[②]，康斯坦斯·克莱森（Constance Classe）和大卫·豪斯（David Howes）则在《香味》（*Aroma*）中以"跨界"（boundary-crossing）来说明气味的特质是用来帮助参与者进入一个仪式的通道（passage），从一个阶段到达另一个阶段，[③]而大卫·豪斯则以"范畴改变"（category-change）来表示嗅觉和过渡（transition）之间的连接，也认为香是一种中介（liminality）的角色。[④]总之，香具有中介者的作用，能够使人进入超越世俗的想象空间。如张珣所言，"两位作者（指康斯坦斯·克莱森和大卫·豪斯）均不再细分'香仅是中介者'或'香是想象空间的构成性质'二者之间的差异"，因此香具有媒介的性质，作为媒介的

---

① 张珣.馨香祷祝：香气的仪式力量［J］.台湾大学考古人类学刊，2006（65）：9-33.
② SPERBER D, SPERBER D, LEACH E, et al. Rethinking symbolism［M］. Cambridge: Cambridge University Press, 1975: 116.
③ CLASSEN C, HOWES D, SYNNOTT A. Aroma: the cultural history of smell［M］. London and New York: Routledge, 2002: 123.
④ HOWES D. The varieties of sensory experience: a sourcebook in the anthropology of the senses［M］. Toronto Buffalo London: University of Toronto Press, 1991: 142.

书香能够让人进入另一个经验世界。① 受访者 G 认为,"阅读时纸质书籍散发的香气沁人心脾,会让阅读者短暂地忘却生活纷扰,抛开一地鸡毛的生活,心无旁骛地进入阅读,促使读者快速投入阅读的氛围,短时间获取阅读带来的快感,阅读度过的时间更像是逃离现实世界进入世外桃源"。

进一步讲,书香使得读者进入一种中国古典美学所论的审美状态——意境,这也是中国传统文化、中国纸质阅读传统的至高境界。而意境是"客观物境与主观情思互相交融而形成的艺术境地"②,即人与书香的互相缠绕形成一种阅读境界,从身体感角度来看,这种意境是一种全身的感觉经验,而非单一的嗅觉经验,需要全身心感受与反复回味。③

当然,电子阅读同样能够通过内容引发读者思考对话,进入意境,但书香的缺失意味着嗅觉感官参与阅读的缺失,也即电子阅读引发的意境的身体感是不完整的。电子阅读因极大的方便感而牺牲嗅觉,正如麦克卢汉所说媒介即人的延伸,而延伸则恰恰意味着截除。④ 受访者 A 对此深有感触:"的的确确是这样的(指书香引发感觉),但是比如说我们对着这种现代化的电子产品与古人和未知世界对话,它多了一种现代感、科技感,但是缺少一种传统文化的熏陶和浸染,这甚至会让你在阅读的时候有一种失序和错乱的感觉。"从身体感的角度来看书香带来了独特的意境,而从物质性的视角来说,阅读纸质书籍是一种文化与物质的互动过程。例如,"'夜窗听雨翻书叶',翩翩翻卷的'书叶'不仅是阅读意象的最佳表征,也是纸质书物质性的独特所在"⑤。在数字阅读中,便不会存在作为物质的书籍与自然的情景交融,当然也不会产生如此意境的诗词。

总之,书香意境是由物质、身体、仪式、文化等关键面向交互构筑的。

---

① 转引自余舜德.体物入微:物与身体感的研究[M].台北:台湾清华大学出版社,2008:224.
② 蒋寅.说意境的本质与存在方式[G]//古代文学理论研究编委会.古代文学理论研究(第十六辑).上海:上海古籍出版社,1992:217.
③ 余舜德.身体感的转向[M].台北:台湾大学出版中心,2015:85,96.
④ 麦克卢汉.理解媒介:论人的延伸[M].何道宽,译.上海:译林出版社,2019:62.
⑤ 于文.无可替代的实体空间:论数字时代的纸质阅读[J].中国编辑,2022(10):21.

作为物质的书香启动着嗅觉感知,进而嗅觉作为主感官唤起身体记忆,伴随着相关仪式,召唤阅读的身体感,让读者步入美好的阅读想象空间。由此,纸质书香的身体感是受到纸质文化的培养而体现的,纸质书香的身体感使得读者产生对于纸质阅读的偏爱,那么身体既展演着纸质文化,也是书香的感官基础,作为物质的书香也是书香的身体感形成的关键媒介物。

四、结论与讨论

书香一直以来被研究者们作为约定俗成的精神象征概念来使用,实际上,书香有着物质基础。正是由于物质书香能够唤起特有的身体感,本研究认为,阅读不只是心灵的专属,也是一种身体认知,这在身体研究中已成共识。梅洛·庞蒂在调和二元论和实在论基础上曾言"身体的知觉本性对感觉材料进行了构建和塑造,心灵功能则并没有起这样的作用。我们较高的思想过程也是建立在我们身体的知觉框架基础上的"[①]。换言之,心灵植根在我们的身体中。吉尔伯特·赖尔甚至认为,身心理论本身就是一个范畴错误(category-mistake),即两者不属于同一个逻辑范畴。19、20世纪的科学家们也认为,"心灵的事件就是物质的大脑活动的结果"[②]。这说明,"身体感并非仅关注'身体'而是兼顾'身体'与'认知','感官'与'感知'二者不偏废。如果我们的身体随时处于感觉状态,而未经过心智作用,一个人大概会失心疯或丧心病狂"[③]。也就是说,身体在心里,心在身体里,身心是一体的,书香启动的身体感若是不经过心智的作用,可能是一种丧失理智的感应。

身体认知的书香阅读并不是纯粹的生物性质的感官感知,书香的身体感反映着印刷文化的物质、生产、设计、流通等特征,通过身体感项目能够追

[①] 斯通普夫,菲泽.西方哲学史[M].邓晓芒,等译.北京:北京联合出版公司,2019:495,503.

[②] 斯通普夫,菲泽.西方哲学史[M].邓晓芒,等译.北京:北京联合出版公司,2019:495,503.

[③] 余舜德.身体感的转向[M].台北:台湾大学出版中心,2015:85,96.

溯超越五官的"共感觉"的文化意义，追寻中国传统文化的实践与理论探索，甚至从书香和身体之间的互动也可以说明，中国传统文化异于西方主客二元之分的文化和哲学特征，秉承着一种齐物、物我两忘的处世观念。由此，书香启动的身体感文化意境则可以为目前的媒介物质性研究提供文化维度的补充，因为目前的媒介物质性研究多数只关涉物与技术，较少关注活生生的文化以及物的文化史，鲜有讨论中国传统文化中物的存在方式。诸如意境等代表着中国传统文化的独特韵味的概念，无疑有助于超越西方五官划分、单一感官的研究，走向如钱钟书所说的"通感"似的全身整体经验分析的研究，所以如何将此学理化以与西方身体、物质性理论对话是一个值得深思的问题。在现实层面也值得注意的是，关于书香的研究能够为书香中国这一重大现实命题找寻传统文化、美学、物质性和身体感等多重文化和理论的支撑，也意在表明书香中国的建设离不开具身性、全感知、仪式化的阅读体验与想象空间。

诚然，数字阅读已是大势所趋，而书香及其独特意境的缺位是数字阅读方便感之外亟待解决的问题。目前的数字阅读可以通过模拟书中内容场景最大化地使读者实现沉浸式阅读体验，但是迄今为止，书香这种气味还是难以在数字空间中被嗅神经和鼻三叉神经系统感知到。数字技术在这方面有所探索，一些嗅觉信息化产品通过在现实环境中与数字化应用联动进而实现气味与嗅觉的碰撞，早在1999年"数字气味"（DigiScents）公司开发了一种名为"爱嗅"（iSmell）的计算机外设设备，旨在当用户访问网站或打开电子邮件时释放气味，这些气味可以被编码、数字化并嵌入网页或电子邮件中。①2016年美国马萨诸塞州的"蒸汽通信"（Vapor Communications）公司推出了一款名为"大鼻子"（Cyrano）的圆柱形嗅觉设备，它储存了包括"金银花"在内的12种人工合成的特殊气味，可以通过控制配套的手机App来释放气味。②

虽然目前数字技术已初步实现气味的释放，但是以目前的技术水平来看，

---

① 孙晓天.嗅觉信息化产品的发展综述及其设计研究［J］.包装工程，2022，43（6）：25.
② 陈焱松，王之纲.嗅觉的景观："气味电影"的记忆、情感与叙事［J］.艺术传播研究，2022（1）：34.

反而将纸质阅读纯粹的书香复杂化，甚至将象征人类思考和文明传承的读书活动也"托付"给技术，人进一步面临着技术奴役。更需要探讨的是，数字阅读可能会使人进入想象空间感的滞后，阅读的身体感不完善，以及产生麦克卢汉所言的截除等一系列隐忧问题。如果我们继续从身体感角度来看待两种阅读文化的不同表现和深层机理，继续推进未来的身体感研究或阅读研究，则可能会认为书香的身体感笼统来说，体现着一种慢的、传统的生活文化。比如透过书香的身体感我们仍然能够寻觅到中国古代的生活文化气息，甚至是古代的秩序观念和古人对于天人关系的想象，焚香读书，遁入想象空间。数字阅读以身体的方便感、技术感著称，实则是一种快的、超文本的现代性文化体现。也许正是由于数字文化极大的便捷效率，现代人的身体感支离破碎，不断地加速运转来回穿梭于各个时空，形成一种现代独特的脱域身体感。虽然两种文化有所对立区别，但是也应该看到两者在趋于融合，在印刷文化下成长的读书人也逐渐使用数字阅读，这意味着两种身体感也在碰撞融合，构成当今时代的一种临界身体感，也许随着数字阅读身体感的丰富性和整体性的提升，两种身体感会不断碰撞融合以适应两种阅读文化。

构建舆论引导新格局需要重视微观话语的针对性*

当前，中国的舆论环境正处于前所未有的复杂变局之中，媒体业也正由大众化、标准化向分众化、定制化和智能化转型，国际传播也正处于全球性信息入口的竞争与复合生态圈的角力之中。由此，不仅传统媒体深感焦虑、迷茫甚至恐慌，新媒体亦是如此，国内外舆论更是"天下熙熙""众生嚷嚷"。党中央高度重视新闻舆论工作，习近平总书记在2016年2月19日的讲话中系统地阐述了新形势下新闻舆论工作的职责和使命以及发展战略，指出"党的新闻舆论工作必须创新理念、内容、体裁、形式、方法、手段、业态、体制、机制，增强针对性和实效性"。"要适应分众化、差异化传播趋势，加快构建舆论引导新格局"。"要推动融合发展，主动借助新媒体传播优势"。"要加强国际传播能力建设，增强国际话语权，集中讲好中国故事，同时优化战略布局，着力打造具有较强国际影响的外宣旗舰媒体"。简言之，舆论引导新格局的构建是当前所有媒体的重要使命，也是国际传播的重要任务，这不仅关乎新闻舆论工作能否从全局出发，更精准有力地引导国内舆论，更关系到如何打破"西强我弱"的国际舆论局面。

一、当前新闻舆论工作面临的话语传播困境及趋势

在互联网时代，传统主流媒体不仅要面对个性化、多样化、碎片化和社

---

* 本文原载于《红旗文稿》2016年第23期。

交化的传播态势、受众转移与新媒体颠覆性的变革，还要面对多元复杂的社会舆论、无序的民众舆论表达和海量庞杂的信息，更要面对业已成为世界舆论焦点的中国与依旧"西强我弱"的国际舆论格局之间的巨大落差等局面，同时还需清醒地面对一个事实：传统主流媒体在国内外舆论场中不仅缺用户、技术和资本，缺品牌影响力，更缺互联网时代舆论引导的新方式和新手段。

这与多年来，我们的新闻舆论工作只重视运用全局化、笼统化和官方化的宏观话语，而较少分析研究具体化、细节化和生活化的微观话语的针对性有很大关系。如，较少研究党的创新理论特别是中国特色社会主义理论体系如何与国家的具体政策结合来指导企业、社会团体和群众的话语建设。再如，在宣传党和国家大政方针、描绘宏伟蓝图时，较少将其转化为切合群众具体生活和工作目标的话语形式；在强调宏大叙事时，多以民族、国家、政府、人民等大概念统领丰富多样的个体需求，抑或将微观事件、个体事务冠以宏大主题，将其抽象为宏大叙事的一个符号、一组数字，而较少重视其话语形式的个体表达与细节挖掘。因此，必须认识到，新闻舆论工作的创新既是一个信息传播生态系统重构过程，也是一种基于融媒体的话语体系再造过程，而其关键是个体化、具体化、精准化的有针对性的微观话语建设。

二、发挥有针对性的微观话语的力量，有效引导国内外舆论

（一）把社会主义核心价值与个体价值紧密联系，增强传播话语的针对性，以赢得民心

近年来，对民主、公平、公正、发展、安全和环境等人类共同面临问题的关注、讨论和传播日渐从"国家本位"向"个体本位"转移，这些问题不再仅是国家的关注点，也成为每个民众讨论的焦点，特别是关乎个人的生存、自由、权利和福祉的话题越来越受到普通人的广泛关注。这些话题不仅是作为个体人的根本追求，也是一个国家舆论引领的价值底线，更是我国社会主义核心价值观在个人、集体和国家达成共识的关键触点。

进一步讲，数字技术、移动互联和智能技术等让人类社会日趋无缝联结，

信息公开的速度之快、范围之广和内涵之深，已达到前所未有的高度，而且传播模式也越来越趋于去组织化、去中心化和去疆域化，以实现每个人的核心价值为中心的传播生态网络正在形成，而这些价值正是人们在不断联结中秉承、表达和形成的共同信念、共同期待和共享意义。实际上，无论是集体主义还是个人主义，无论是社会主义核心价值观还是西方资本主义价值观，都寻求传播的公平、自由和安全，这也是舆论引导的核心内容，更是融通中外、贯通古今的基本传播观念。

因此，舆论引导的关键在于通过深入了解并帮助解决舆情中所展露出的社会问题来塑造核心价值，达成共识，特别是那些关乎民众切实利益和价值诉求的问题。也就是说，每一次舆论化解工作都应该争取到更多人对社会主义核心价值观，对党、国家和政府的认同和亲近，从而积累我们的情感资源、关系认同和价值认同，最终赢得民心。这才是舆论化解的根本目的，也是舆论引导的关键点，更应是新闻舆论工作的出发点与归宿。诚如习近平总书记所言，问题是时代的声音，人心是最大的政治，人心是决定历史走势的最强大政治力量，人心向背是最根本、最重要的政治力量对比。

外交是内政的延续，构建良好国际舆论的前提和基础是良好的国内舆论，在国际舆论场中，一个国家的核心价值观一定是国内核心价值观的对外体现，同样，能引领国际舆论的价值观也一定是引导国内舆论传播的价值观。

（二）充分发挥互联网时代微观主体的作用，创新宣传模式

话语主体既有国家、民族、族群等宏观主体，也有民众、个人等微观主体。在舆论引导中，主流媒体、官方声音的扛鼎作用自然不容忽视，但在互联网时代，新闻舆论传播的结构关系业已发生了根本性的变化。媒体融合语境下传播变革的核心在于过去被动接受信息的受众已变成了现在主动产销信息的用户，专业媒体主导的大众传播时代正在转向以个人为中心的精准传播时代，智能化的大数据网络正在形成，媒介不仅仅是人的延伸，而是人媒、人机日渐合一。舆论引导者与民众之间不再是过去单向传受关系，而是主体间关系，民众常常直接参与社会舆论建构，成为话语主体，以往单向传递的

宣传模式已经让位于全民参与的资讯互动和观点交锋，传播的交互性、主动性、针对性更强。微博、微信等新兴媒体形态正在消解着传统媒体主导的大众传播模式，为个人言论、行为的展露提供了便捷的条件和途径，赋予了每个社会成员以话语权。传播主体更加微众化，普通个体（微众）的言行从未像现在这样广泛地影响着社会舆论。特别是在国际传播中，诸如乱扔垃圾、闯红灯、插队等不文明个体行为，往往备受海外媒体关注，形成了对中国不利的状况。而这些行为与西方舆论场中的"中华帝国"话语相结合，就会将中国崛起解读为一种缺乏理念、破坏制度和空间性的帝国扩张势力。

同时，民众常常利用日常生活的智慧并通过社交媒体等新兴传播手段，对舆论监管、权力控制进行巧妙的规避和抵制，甚至可能成功"逆袭"。通过线上线下联动，瞬间就会形成强大的舆论，舆论一旦成形，道理、理智和理性常常会被感情、情绪和非理性裹挟，产生网络效应。

因此，传统媒体必须改变过去的宣传模式，向社会化、移动化和个性化转型，不仅成为民众意见表达、交流和共享的平台，营造有效良性舆论表达氛围，而且在引导舆论理性、客观表达的过程中，增强舆论的引导能力。

（三）将关注衣食住行等社会生活的微观领域同关注事关党和国家发展的重大题材、重大主题、重大命题、重大事件、重要人物紧密结合起来

当今互联互通时代，舆论传播主体日趋多元化，日常生活的细微之处日益成为重要的传播内容。微信等个性化、社会化传播方式的影响力和价值日渐凸显。只有将微观话语与宏观话语结合起来，事关党和国家发展的重大题材才能落地生根，重要人物才能有血有肉；国家的、民族的内容只有与鲜活的个体结合起来，才能形成良性循环的话语生态，才能做到润物细无声。当前舆论工作的核心也是民生问题，特别是在国际传播中需要向海外展示国民的当前生存状态、生活理念和生活方式，通过细微事件、细微视角展现中国特色社会主义制度的优越性。

（四）重视微小叙事，多采用自下而上的叙事方式

在媒体融合时代，人不仅离不开传播，传播甚至意味着一切，平等对话交流成为主要的传播方式。应该少说官话、套话、大话，多用接地气、应时需、合民意的微话语，特别是善于运用和创造网络语言，讲当代公众喜闻乐见的话语。诚如习近平总书记所言，新闻舆论工作者"要转作风改文风，俯下身、沉下心，察实情、说实话、动真情，努力推出有思想、有温度、有品质的作品"。

（五）媒体融合不仅仅是传统媒体和新媒体的融合，更是主流媒体与个人媒体的融通，最终形成多层次媒体生态圈

在媒体融合时代，亟须充分发挥和增强移动互联网、社交媒体和自媒体的作用。一直以来，我们过多地倚重传统手段、传统渠道，表达笼统而生硬，缺少对新信息传播手段的深入认识和把握，特别是对基于新媒体的微关系的认识缺乏必要的研究。如今年轻一代已将社交媒体、移动媒体和自媒体等新兴媒体作为获取信息的主要渠道，社交媒体等新形态已经由舆情的发酵地转变为舆情的发源地。因此，打通传统媒体与新媒体的界限已成为我们党新闻工作必须面对的重要问题。

（六）在国际传播中，关注小国、亚文化，建构用户数据库，实现精准传播

微观话语意味着在舆论传播中要围绕对象精准定位、精心策划、精细服务。传播的观念要从精确和一致的要求中解放出来，我们的任务是认识他者的特性更有针对性地有效传播，而再也不能是按照自己的喜好和形式去向受众传播。过去，我们过多地看重大国关系，高度重视核心城市、主流群体，而忽视了对周边小国、弱势群体的关注。而实际上，周边小国对我国在国际舞台上塑造形象起着重要的作用，亚文化、小群体的影响作用同样不容忽视，特别是新生代，他们更多地关注自己的兴趣小组，这就需要我们的微观话语建设更有针对性地面向这些群体。

当前的传播讲求的是精准、定制，没有有关受众对象的数据，传播就等于盲人摸象，因此，要研究传播对象，特别是网络原住民的行为，建构对象数据库。同样，在国际舆论传播中，更需要沉下心来分析受众对象的需求，通过数据精准地分析不同民族、国家、地区和阶层的习惯，促使国际传播更有针对性，方能有效构建舆论引导的新格局。增强紧扣用户需求的新技术研发和运用能力，要抓住时机、把握节奏、讲究策略，从时度效着力，体现时度效要求。比如，在对外传播活动的品牌设计中，侧重点都在"我想表达什么"，而忽略了"你怎么想""我怎么表达才能打动你"。研究表明，对外宣传片中常见的"宏观"话语，如中国—东盟博览会宣传片的"中国历史悠久，文化源远流长"的主题，因为缺乏对受众思维图景的了解，最终流于自说自话的境地，失去了打动人心的力量。

（七）突破世界主流话语至上的迷思，展示国家独特的历史和不断变化的国情

当前，西方控制的国际主流话语在很多情况下是一种话语霸权，是对各国微观话语的一种集体遮蔽。其产生更多的是现有国际权力结构的再现，而无视各国的具体国情。

刘安《淮南子·缪称训》曾言"积羽沉舟，群轻折轴，故君子禁于微"，"尽小者大，慎微者著"（《资治通鉴．汉纪九》）。当前新闻舆论工作需要高度重视万涓之流，舆论是社会的皮肤，情同"保天下者，匹夫之贱，与其有责焉耳矣"，只有高度重视微观话语，方能更好地、有效地构建舆论引导的新格局。

增强全民族文化创造活力*

文化是一种最具创造性的社会活动和现象，创造活力是文化繁荣发展的源泉。党的十八大报告指出，"建设社会主义文化强国，关键是增强全民族文化创造活力"。繁荣发展社会主义先进文化，需要形成全民族文化创造活力持续迸发的体制、氛围和环境。

一、深化改革，构建科学、灵活、高效的文化体制

改革是经济发展的强大动力，也是增强文化创造活力、推动文化繁荣发展的强大动力。党的十六大以来，我国文化体制改革取得显著成绩，明确文化事业和产业分类发展，推进政事、政企、事企分开和管办分离，推动了文化事业和文化产业快速发展。不过，面对日益激烈的国际文化竞争和日趋多样的人民群众文化需求，我国文化软实力亟待提升，文化产品和服务亟待丰富，文化创新能力亟待提高。深化改革，第一，应继续转变政府文化管理职能，增强政府服务功能和治理能力，消除行政本位主义，打破管办一体格局，深入推进政事分开、政企分开、事企分开；第二，应继续推动文化事业和文化产业协调发展，既满足人民群众日益增长的精神文化需求，又增强文化产业竞争力，做大做强文化产业；第三，应继续深化转企改制，增强企业的自主性、竞争力，放宽市场准入，突破行业壁垒，培育一批具有活力和竞

---

* 本文原载于《人民日报》理论版 2013 年 4 月 8 日第 7 版，与王丽合作。

争力的国有和民营文化企业；第四，应继续完善文化发展评价激励办法，形成有利于社会效益与经济效益相统一的评价激励机制，防止为片面追逐利润而迎合庸俗、低俗、媚俗之风，忽视社会责任；第五，应继续完善文化发展的服务和保障体系，加强法治建设，净化文化发展环境，拓展文化发展空间。

二、发扬民主，形成多元、理性、公平的创造氛围

创造活力的迸发，离不开理性宽松、公平民主的氛围。只有大力发扬学术民主、艺术民主，坚持文化发展的多元性、开放性和包容性，才能在各种文化的交流碰撞中迸发出创造的火花和力量。因此，"百花齐放、百家争鸣"既是我国发展社会主义先进文化的重要方针，也是推进文化创新的基本原则。发扬民主，首先，应解放思想，改变"领导说了算"和"唯专家独尊"的局面，调动和发挥各种文化主体的积极性、主动性、创造性；其次，应鼓励不同艺术流派、不同文化学派、不同思想观点相互尊重、相互切磋、取长补短、共同发展，形成理性讨论、协商交流和共存并进的氛围；最后，应坚持文化多样性原则，包容差异，提倡题材、样式、风格、创作手法的多样发展，促进多元文化并存共荣，形成丰富多彩的文化产品和服务竞相涌现的生动局面。

三、广开源流，营造自尊、自主、自信的文化环境

文化创造活力往往在本土与世界、传统与现代、历史与现实的交流碰撞中生发。文化创新发展需要扎根于民族文化传统，借鉴世界优秀文化，汲取时代精华，吸收群众智慧。因此，增强全民族文化创造活力，需要敬重传统、立足现实、面向世界、扎根群众，广开文化源流。首先，应尊重历史、敬畏传统，正确对待传统文化，取其精华、去其糟粕，不断赋予其新内涵、新思想、新精神；其次，应尊重人民群众的创造主体地位，重视民间文化创意，

广泛搭建平台，积极创造条件，鼓励人民群众自觉自主创新，增强人民群众的创造力和自信心；最后，应放眼全球、关注现实，紧扣时代脉搏，积极推动中国文化走出去，广泛引进和吸纳世界各国的优秀文化资源和人才，以更加开放、包容和自信的姿态汇聚全球优秀文化资源，促进中外文化交流，繁荣和丰富中国特色社会主义文化。

后 记

　　这本书成稿之际,恰逢丁香花怒放之时,校园里弥漫着丁香花的香味,淡雅、清新、芬芳、飘逸,沁人心脾,仿佛一股昂扬向上的青春气息拂面而来,全然觅不到戴望舒所言的"忧愁""冷漠,凄清,又惆怅",尽管也有"丁香一样的颜色,丁香一样的芬芳"的人儿。自然也体味不到源远流长的"丁香结"之愁,更无李商隐的"芭蕉不展丁香结,同向春风各自愁"。大抵情境、心境迥异,所谓"以我观物,故物皆著我之色彩"。换言之,这些感悟与个人的生命体验密不可分,不同境遇的人对同一事物感受不一,即使是同一个人对同一事物,在不同时期的感怀也不尽相同。廿年前,我怀揣理想从商海跃出,备考广院博士,每日在南图书馆埋头悦读,丁香花的味道夹杂着北京初春宜人的清凉随风阵阵袭来,浸润其中,倍感神清气爽、斗志昂扬、无比惬意。这么多年过去了,每次闻到丁香花香味,尤其是伴着春之清新与校园之静谧时,我都会为之精神一振,考博时悦读的情景瞬间涌现,已成为一种嵌入身心的美好记忆,宛如普鲁斯特品味"小玛德莱娜"点心时仿佛被"一种可贵的精神充实"着。这种持久而强烈的情感是从哪里涌现出来的呢?仔细想来,不外乎情、理、法、度、道五字,这也是这些年的为学之悟。

　　在世纪交替之际,我决定弃商从文的情境迄今历历在目,那日晚应酬醉归,游荡回家,手指无意中触摸到尘封已久的书籍,不禁潸然泪下,挥笔写下一首"致我亲爱的小屋"。随即致电央视工作的大学同学兼好友,请他为自己推荐导师,完全不顾当时已是什么时辰,好在电视台工作的哥们儿大多是夜猫子。未承想，老友很赞许我的决定，告知了他倾慕的两位"大牛"老师的联系方式，所幸的是，后来居然得到了这两位老师的指导！实话说，当时我对这两位老师的情况知之甚少。在那个年头，互联网刚刚起步，不像现在分秒可以搜到相关信息，不过电子邮箱已较为普遍使用。因为喜欢传播学，我就先给胡正荣老师写了一封饱含情理的邮件，里面的内容基本忘记了，只记得那封邮件把我自己感动得热泪盈眶、唏嘘良久。不晓得当时正荣老师阅读这份素昧平生的邮件时是何种感受，只记得我很快就收到了他鼓励报考的回复，当时的欣喜之情难以言表。随后的日子，便是在繁忙的营销工作之余捧读胡老师推荐的《传播学总论》《传播理论》《传播学史》《现代传播（中国传媒大学学报）》《新闻大学》《国际新闻界》等书刊。我不再迷惘于日常生活的细碎，也不再做找不到出路的梦，仿佛进入了陈晓东所唱的《心有独钟》的意境。感恩当时单位同事好友的体谅、包容与支持，尤其是在两次考博期间，大家的补位与默契让我难忘。所幸最终如愿以偿，从此开启了全新的生命体验，这无疑是我人生的一大转折点，从商海到学海，从边疆到首都。三年的博士生涯全程高能，宛若在沙漠里走了好久，终于发现一片绿洲，如饥似渴地阅读传播学、政治学、经济学等书刊杂志，好多是胡老师海外访学归来带回来的复印本。三点一线单调的生活却快意无边，好像进入金庸先生笔下的"笑傲江湖"之境，大抵意识到自己天命如此，做不了商海蛟龙，不过是一条畅游于书海的小虫。那真是"书生意气，挥斥方遒。指点江山，激扬文字，粪土当年万户侯"。无法忘却吾导讲传播理论课时的风采，我有一种被瞬间照亮的感觉，一种被启迪的快乐；无法忘却吾导批改的第一篇论文，满篇圈圈点点，至今还存放在我的书架上；无法忘却吾导带我首次赴海外参加学术会议，推着我用英文向百余人讲中国传媒改革，然后他来解释被我讲懵的学者们的疑惑；无法忘却和我在7号楼一起"厮混"的同学好友们，是大家一起营造了逍遥自在的学术"桃花源"，而今每次路过七号楼时我都会看一眼，仿佛看到了当年的情景，以至有时不禁会发呆。正是因为痴迷于吾导等一批老师们的学术造诣与教学风采以及我们这群朝夕醉心于学海的"老家伙们",让我觉得广院是最好的地方,能安生于此,便是莫大的造化,这自然要感恩学校、感恩这个时代。起初的办公室居然是当年我考博集中复习之地,那栋助我实现梦想的高能之楼,幸哉!研究中心氛围宜人,我在这里养成了一种开放、包容和自强的内驱力与互相激励、共同进步的团队精神。后来搬到39号楼,环境更为宜人,楼前不仅有丁香花,还有超脱空灵的银杏树和恬淡虚空的竹林,这为我和师友、学生潜心研究、交流讨论提供了场所,本书收录的不少论文即诞生于此,"瞻彼淇奥,绿竹猗猗。有匪君子,如切如磋,如琢如磨"。感谢我的硕博士们,教学相长,共同成长,是充满青春活力的你们带给我许多感动与激励。

校园里还有一个地方让我常常瞩目,尽管它现在已被一片草地和若干雕塑占据,但每次路过此地,依稀能听到当年5号楼一层西侧办公室热烈的讨论声,尤其是西北角那间会议室里,经常是灯火通明,直到深夜,那是胡智锋老师带着团队在研讨课题。有幸能成为智锋老师的博士后,结识了众多同门好友,一起随着导师调研祖国东西线广播电视公共服务,一起探讨中国公共文化服务体系建设问题,一起聆听导师深论中国影视艺术与创意问题。常常想起与智锋老师合作写的有关影视文化创意的大稿子时,老师对稿件圈圈点点,字斟句酌,让人受益匪浅。

我常想,自己是一个幸运的人,有何德何能加入两位胡老师的团队,与学养深厚、才思敏捷、口若悬河、英俊潇洒的师友同门一起研讨中国乃至世界问题?又有何德何能指导众多优秀的学子们?这些年一路走来,深感科研教学工作离不开情理,情理得法适度方谓之悟道。

两位导师是照亮我学术之路的光,依稀想起小时候父亲送我上学时照亮前路的那一束手电筒光,在静静暗暗的黎明前,小村庄的小道是那么光明、透亮,充满力量!

行文至此,我突然想起崔护的《人面桃花》,辅之以秦腔,显得更加悲壮苍劲、高亢悠长,唱尽生命的美好与短暂,道尽人间的欣喜与无奈。来一首《情理丁香》吧:"去年今日此时中,情理丁香交相互,情理随道何处去?丁

香犹在醉春风"。幸运的是，现在的办公室浸润于丁香的香味之中，大抵是校园里丁香花最多的一隅，抬眼望去，满目丁香花如此美好，或洁白，或淡紫，或淡粉，或蓝紫，或单叶，或重瓣，花团锦簇，郁郁葱葱。唯有"终日乾乾，夕惕若厉"，以不辜负学校、领导、师友、学生所望。

李继东